古典文獻研究輯刊

二七編

潘美月・杜潔祥 主編

第6冊

上博楚簡「禮記類」文獻研究（下）

黃武智 著

國家圖書館出版品預行編目資料

上博楚簡「禮記類」文獻研究（下）／黃武智 著 — 初版 —
新北市：花木蘭文化事業有限公司，2018〔民 107〕
目 6+238 面；19×26 公分
（古典文獻研究輯刊 二七編；第 6 冊）
ISBN 978-986-485-564-3（精裝）
1. 禮記 2. 研究考訂 3. 簡牘學
011.08　　107012285

古典文獻研究輯刊
二七編 第六冊　　ISBN：978-986-485-564-3

上博楚簡「禮記類」文獻研究（下）

作　者　黃武智
主　編　潘美月　杜潔祥
總編輯　杜潔祥
副總編輯　楊嘉樂
編　輯　許郁翎、王筑　美術編輯　陳逸婷
企劃出版　北京大學文化資源研究中心
出　版　花木蘭文化事業有限公司
發行人　高小娟
聯絡地址　235 新北市中和區中安街七二號十三樓
電話：02-2923-1455／傳眞：02-2923-1452
網　址　http://www.huamulan.tw 信箱 hml 810518@gmail.com
印　刷　普羅文化出版廣告事業
初　版　2018 年 9 月
全書字數　426601 字
定　價　二七編 24 冊（精裝）新台幣 46,000 元

上博楚簡「禮記類」文獻研究（下）

黃武智 著

目次

上冊

序言

第一章　緒論 …… 1

第一節　研究動機 …… 1

第二節　研究概況 …… 2

第三節　研究對象及範圍 …… 8

第四節　研究目的 …… 11

第五節　研究方法 …… 12

一、文獻整理方面 …… 12

二、內容論述方面 …… 16

第二章　文獻整理方案（一）：有其他抄本或傳本可資校對之文獻 …… 21

第一節　〈緇衣〉校對釋讀 …… 21

一、第一章（傳世本第二章） …… 25

二、第二章（傳世本第十一章） …… 26

三、第三章（傳世本第十章） …… 27

四、第四章（傳世本第十二章） …… 29

五、第五章（傳世本第十七章）……………30
六、第六章（傳世本第六章）……………32
七、第七章（傳世本第五章）……………33
八、第八章（傳世本第四章）……………34
九、第九章（傳世本第九章）……………35
十、第十章（傳世本第十五章）……………36
十一、第十一章（傳世本第十四章）…………37
十二、第十二章（傳世本第三章）…………39
十三、第十三章（傳世本第十三章）…………41
十四、第十四章、第十五章（傳世本第七章）……………………………………………42
十五、第十六章（傳世本第八章）…………44
十六、第十七章（傳世本第二十四章）………45
十七、第十八章（傳世本第十九章）…………47
十八、第十九章（傳世本第二十三章）………49
十九、第二十章（傳世本第二十二章）………50
二十、第二十一章（傳世本第二十章）………51
二十一、第二十二章（傳世本第二十一章）…53
二十二、第二十三章（傳世本第二十五章）…54
二十三、小結……………………………………55
第二節　〈性情論〉整理方案…………………58
一、第一部分……………………………………61
二、第二部分……………………………………69
三、第三部分……………………………………74
四、小結…………………………………………79
第三節　〈民之父母〉校對釋讀………………82
一、民之父母……………………………………84
二、五至…………………………………………86
三、三無…………………………………………87
四、引詩…………………………………………89
五、其在語也……………………………………90
六、五起…………………………………………91
七、小結…………………………………………93

第四節　〈天子建州〉甲、乙本校對釋讀…………94
一、第一章…………………………………………95
二、第二章…………………………………………96
三、第三章…………………………………………97
四、第四章…………………………………………99
五、第五章…………………………………………100
六、第六章…………………………………………102
七、第七章…………………………………………104
八、第八章…………………………………………105
九、第九章…………………………………………106
十、第十章…………………………………………106
十一、第十一章……………………………………109
十二、小結…………………………………………110
第五節　結語………………………………………111
第三章　文獻整理方案（二）：無其他抄本或傳本可資校對之文獻——對話體……………113
第一節　〈子羔〉整理方案…………………………113
一、簡序排列及釋讀………………………………116
二、全文結構及大意………………………………125
三、簡 7 之簡序及釋讀……………………………126
四、小結……………………………………………131
第二節　〈仲弓〉整理方案…………………………132
一、可編連之段落及其內容釋讀…………………133
二、各編連組之次序………………………………149
三、零簡之歸置……………………………………150
四、小結……………………………………………152
第三節　〈魯邦大旱〉釋讀…………………………154
第四節　〈季康子問於孔子〉整理方案……………161
一、原釋所提可以編連之段落及其內容釋讀·162
二、其他學者所提可以編連之段落及其內容釋讀……………………………………………167
三、本文所提之編連組：迫邦甚難………………179
四、全篇簡序之安排………………………………183

五、小結……188
第五節　〈孔子見季桓子〉整理方案……190
一、可編連之段落及其內容釋讀……192
二、已編排段落之次序及零簡之歸置……219
三、小結……223
第六節　〈相邦之道〉釋讀……226
第七節　結語……231

下　冊

第四章　文獻整理方案（三）：無其他抄本或傳本可資校對之文獻——集錄體……233
第一節　〈從政〉甲、乙篇整理方案……233
一、學者所提諸可以編連之段落及其內容釋讀……235
二、各編連組之次序……247
三、零簡之歸置……248
四、小結……249
第二節　〈君子爲禮〉整理方案……250
一、顏回與孔子問答……251
二、君子儀態……254
三、子羽與子貢論孔子之賢……256
四、零簡之歸置及全篇簡序之安排……258
五、小結……259
第三節　〈弟子問〉整理方案……260
一、可以編連、拼合或歸類的段落……260
二、零簡之歸置……267
三、各段之次序之安排……270
四、小結……271
第四節　〈內豊〉、〈昔者君老〉整理方案……272
一、立孝……273
二、事父母……275
三、父母有疾……280
四、悌……282
五、昔者君老……283

六、小結……………………………………………… 288
第五節　結語……………………………………………… 290
第五章　上博楚簡「禮記類」文獻所見特殊觀念解析及其意義 ……………………………… 291
第一節　〈性情論〉、〈民之父母〉所見戰國儒家對孔子思想之發展及其相關問題 ………… 292
一、〈性情論〉思想論述及其相關問題——兼解〈民之父母〉「五至」、「氣志」 ……… 292
二、〈性情論〉(〈性自命出〉)之文獻性質…. 303
第二節　受他家思想影響之篇章…………………… 319
一、〈民之父母〉所述「以無爲本」之論述方式……………………………………………… 319
二、〈子羔〉所提「血統與統治之正當性」問題……………………………………………… 326
三、〈君子爲禮〉、〈季康子問於孔了爲主〉所見「德位關係」之論述…………………… 339
四、〈魯邦大旱〉、〈天子建州〉所載「陰陽刑德」思想……………………………………… 347
五、小結……………………………………………… 362
第三節　結語……………………………………………… 363
第六章　上博楚簡「禮記類」文獻的學術價值——以「文獻學」為主 ……………………… 365
第一節　書寫者對簡本典籍內容之影響 ………… 369
一、簡本典籍之異文性及其因素 ……………… 371
二、簡本典籍內容之改變及其內涵之轉移…. 375
三、簡本典籍「演化論」 ……………………… 387
四、小結……………………………………………… 388
第二節　上博楚簡「禮記類」文獻與傳世文獻考論……………………………………………… 389
一、上博、郭店本〈緇衣〉與《禮記・緇衣》……………………………………………… 390
二、〈民之父母〉與《禮記・孔子閒居》、《孔子家語・論禮》 ………………………… 393
三、〈內豊〉與《大戴記》「曾子十篇」……. 401

四、小結…………………………………………… 407
第三節　《大戴記》、《禮記》文獻性質重考 …… 408
一、〈漢志〉所載「《記》等五種文獻」之性質 …………………………………………… 409
二、大、小戴《記》之文獻來源 …………… 413
三、傳世本《大戴記》、《禮記》是否爲二戴原貌問題之討論 ………………………………… 416
四、小結…………………………………………… 418
第四節　〈仲弓〉三考…………………………… 419
一、仲弓所任爲「家宰」 ………………………… 419
二、春秋時代「家宰」的職責 ………………… 421
三、「仲弓任季氏宰」之時間及所事對象 …… 423
第五節　結語………………………………………… 423
第七章　結　論 ………………………………… 425
第一節　研究結果述要 ………………………… 425
一、第二、三、四章——文獻整理方面…… 425
二、第五章——內容論述方面 ………………… 433
三、第六章——學術價值方面 ………………… 436
第二節　上博楚簡「禮記類」文獻之研究性評估‧ 438
一、文字學方面 ………………………………… 438
二、文獻學方面 ………………………………… 440
三、學術史、思想史方面……………………… 442
引用、參考書目 ………………………………… 445

第四章　文獻整理方案（三）：無其他抄本或傳本可資校對之文獻——集錄體

第一節　〈從政〉甲、乙篇整理方案

〈從政〉甲、乙篇自整理者張光裕在《上海博物館藏戰國楚竹書（二）》〔註 1〕發表時即分爲甲、乙兩篇，其云：

> 由於兩組竹簡長度各異，編繩部位亦不相同，然內容則彼此相關，文句又有可以互作參考者，今分別命名爲《從政（甲篇）》、《從政（乙篇）》。

然而，學者對於原釋之分篇多有異見。陳劍在〈上博簡《子羔》、《從政》篇的拼合與編連問題〉〔註 2〕一文中首先認爲《從政》並無甲、乙篇問題，其云：

> 整理者據以分篇的根據「兩組竹簡長度各異，編繩部位亦不相同」（《上海博物館藏戰國楚竹書（二）》頁 213），其實相當薄弱，因爲所謂乙篇中只有一支整簡，即第 1 簡。而此簡長 42.6 釐米，跟甲篇的幾支整簡 5、8、11、18 長度完全相同。甲篇餘下的三支整簡第 1、

〔註 1〕馬承源等，《上海博物館藏戰國楚竹書（二）》（上海：上海古籍出版社，2002 年 12 月）。

〔註 2〕陳劍，〈上博簡〈子羔〉、〈從政〉篇的拼合與編連問題小議〉，《文物（2003 年第 5 期）》（北京，文物出版社，2003 年 5 月），頁 56～59。（以下所見同一作者之說除另有標示外，皆出於初次引用之著作）

> 15 簡長 42.5 釐米，第 19 簡長 42.8 釐米，也沒有多少出入。所謂編繩位置的問題，細看圖版，也很難看出兩篇有什麼不同。……。總之，這 25 支簡本應屬於同一篇，《從政》篇共無所謂甲篇乙篇的問題。

並在對《從政》進行整理工作時皆將二者視爲同篇，學者多從之。職是，本文將二者置於同節處理，唯原釋甲、乙篇之稱已爲大部分學者使用，故下文簡號仍從原釋所編分爲甲、乙二篇。因此，本節仍名爲「《從政》甲、乙篇整理方案」。

原釋發表後，對〈從政〉之簡序有所調整者除陳劍前揭文外，尚有王中江〈上博館藏戰國楚竹書（二）《從政》試編〉〔註 3〕、〈《從政》重編校注〉〔註 4〕（兩篇文章當中當以後者爲其定說，故下文所引其說皆從後者）及史儀〈《從政》篇編連拾遺〉〔註 5〕、楊朝明〈上博竹書《從政》篇分章釋文〉〔註 6〕等文。其中，陳劍及史儀皆依簡文文意重新編連，並提出了數個「編連組」，所提大抵爲學界認可，唯二者所提調整方案略同，而史文發表時間晚，故僅於文中詳細論述陳文所無之說。此外，王中江、楊朝明除參考陳劍所提之「編連組」外，亦針對全篇提出整理方案。其中，王文僅排列其所提之整理方案，並於文中加注說明，對於簡序之論述著墨不多；而楊文則依《從政》內容將之分爲九章，加以排序，所提方案廣泛地參考學者之研究成果，並有所取捨，且對於所提簡序之安排亦有所說明，唯所提方案中部分意見仍爲權宜之說、不易有定論。因此，本文以下討論之基礎，仍以陳劍所提之編連組爲主，並參考其他學者意見。

以下，本文首先以學者所提之「編連組」爲目，討論其編連排序、拼合補字及文字考釋等問題；其次討論諸「編連組」之次序問題；接著，針對尚且無法歸類、編連之零簡歸置問題加以討論；最後提出一合理之整理方案。

在討論之前，有必要對竹簡之形制作一簡單說明：原釋在「說明」中僅

〔註 3〕「清華大學簡帛研究網－Confucius2000」2003 年 1 月 10 日。http://www.confucius2000.com/confucian/shgczgcj2czsb.htm。

〔註 4〕「清華大學簡帛研究網－Confucius2000」2003 年 1 月 16 日。http://www.confucius2000.com/confucian/czcbjzhu.htm。

〔註 5〕〈《從政》篇編連拾遺〉，「簡帛研究網站」2003 年 1 月 17 日。http://www.jianbo.org/Wssf/2003/shiyi01.htm。

〔註 6〕「簡帛研究網站」2003 年 5 月 11 日。http://www.jianbo.org/Wssf/2003/yangchaoming03.htm。

提及完簡長度約 42.6cm，至於字數則見於內文，但對於編繩位置則無置喙。案：完簡中除甲 5 計 39 字（合文不計），其餘完簡字數皆在 35～37 字左右。而簡 5 之所以字數較多，當與其中多次出現「一」、「二」、「三」等字，所佔空間較小有關，今不計入。至於天頭與地腳，筆者距內文小圖版測量，發現各約佔 1.5cm 及 2cm。然則，扣除天頭地腳，每字所佔空間（含字距）約在 1.1cm 左右。

一、學者所提諸可以編連之段落及其內容釋讀

目前學者所提出之編連組凡五，爲討論方便計，今依先秦典籍命名之習慣，取首句數字或全段中之重要語詞爲章名〔註 7〕，以爲各「編連組」之名稱。準此，諸編連組之名稱如下：其一、「三代之明王」章、「善人」章；其二、「四勿」章、「五德、三愼、十怨」章；其三、「七幾」章；其四、「君子樂、憂、怒、懼」章；其五、「君子先人」章、「行在己」章、「言行」章等段，說詳下。

（一）「三代之明王」章、「善人」章

本段由「甲 1＋甲 2＋甲 3＋甲 4」所編連，編連後內容如下：

> **餌**（聞）之曰：昔三弋（代）之明王之又（有）天下者，莫之畬（予〔註 8〕）也，而☐〔註 9〕取之，民〔註 10〕皆㠯（以）爲義〔註 11〕，夫

〔註 7〕依〈從政〉通篇文例，各章以「**餌**（聞）之曰」爲起句，且章末有「■」符號。（「■」符並不限於章末使用）。

〔註 8〕「**畬**」字，劉樂賢、周鳳五、陳偉、孟蓬生讀爲「予」，可從。參劉樂賢，〈讀上博簡《民之父母》等三篇札記〉，「簡帛研究網站」2003 年 1 月 10 日。http://www.bamboosilk.org/wssf/2003/liulexian01.htm。周鳳五，〈讀上博楚竹書《從政》甲篇箚記〉，《上博館藏戰國楚竹書研究續編》（上海：上海書店出版社，2004 年 7 月），頁 181～195。陳偉，〈上海博物館藏戰國楚竹書《從政》校讀〉，「簡帛研究網站」2003 年 1 月 10 日。http://www.jianbo.org/Wssf/2003/chenwei01.htm。孟蓬生，〈上博竹書（二）字詞箚記〉，《上博館藏戰國楚竹書研究續編》（上海：上海書店出版社，2004 年 7 月），頁 472～477。

〔註 9〕「☐」字，周鳳五釋作「盡」；孟蓬生補「自」；楊澤生釋爲「終」。參楊澤生，〈讀上博竹書札記（六則）〉，《古文字研究》第二十五輯（北京：中華書局，2004 年 10 月），頁 352～356；何有祖疑補「曰」。參何有祖，〈楚簡校讀四則〉「簡帛網」2008 年 3 月 18 日。http://www.bsm.org.cn/show_article.php?id=800。

〔註 10〕「民」字，何琳儀隸作「**伈**」。參何琳儀，〈滬簡二冊選釋〉，「簡帛研究網站」2003 年 1 月 14 日。

〔註 11〕「義」字，疑讀爲「宜」。「民皆以爲宜」者，言人民認爲三代之明王所作所爲皆合宜。

是則戰（守）之㠯（以）信，𡥈（教）〔甲 1〕之㠯（以）義，行之㠯（以）豊（禮）也。其𤔔（亂）王舍（予）人邦豪（家）土墬（地）〔註12〕，而民或弗義，夫〔註13〕〔甲 2〕〔註14〕【是則行之以□則□，戰（守）之㠯（以）】豊（禮）則募（寡）〔註15〕而〔註16〕爲悬（仁），譗（教）之㠯（以）型（刑〔註17〕）則逐（遯〔註18〕）■。䎽（聞）之曰：善=人=（善人，善人）也，是㠯（以）𢔶（得）臤（賢）士一=人=（一人，一人）譔（譽）〔甲 3〕【□□□□□□□□□】四𠭯（鄰）。遊（失）臤（賢）士一人，方（謗〔註19〕）亦坂（反〔註20〕）是=（是，是）故羣（君子）斳（慎）言而不斳（慎）事■〔註21〕。〔甲 4〕【䎽（聞）之曰：□□□□□□□□□□□□□□□】

本段由兩章組成，前章比較「明王」及「亂王」之施政教化，可稱之爲「三代之明王」章；後章論及君子「善人」之重要性，可稱之爲「善人」章。其「編連及排序」及「拼合及補字」等問題討論如下：

第一、編連及排序：本段次序爲原釋所排，學者多從之，唯其間尚有佚

〔註12〕陳美蘭認爲此處所謂「予人邦家土地」所指乃是戰國燕王噲讓位給燕相子之的歷史事件，並進而推論上博簡的時代當在其後，而認爲上博簡的斷代當在西元前 278 年至西元前 318 年之間。參陳美蘭，〈從〈從政〉「王予人邦家土地」談上博簡的斷代（摘要）〉，「簡帛研究網站」2003 年 6 月 8 日。又此說亦見於氏著〈從政釋讀〉，載，載季旭昇，《《上海博物館藏戰國楚竹書（二）》讀本》（臺北：萬卷樓，2003 年 7 月），頁 53～85。（以下所引陳著皆出於後者）。

〔註13〕「夫」字殘泐，原釋無釋，陳偉從字跡及上下文推測，認爲當爲「夫」字，可從。

〔註14〕王中江認爲簡 2 後可補「是故」二字，並置簡 10 於其後。

〔註15〕周鳳五認爲「寡」字之後脫「過」字。

〔註16〕「而」字，李守奎釋作「娩」。參李守奎，〈讀《上海博物館藏戰國楚竹書》（二）雜識〉，《上博館藏戰國楚竹書研究續編》（上海：上海書店出版社，2004 年 7 月），頁 478～483。

〔註17〕「型」字，王中江讀爲「行」。

〔註18〕「逐」字，原釋作「述」，讀爲「遂」；陳偉、李守奎認爲右旁與甲簡 2 及乙簡 1「家」字所从「豕」旁同形，釋作「逐」，可從；李守奎又讀爲「遯」，姑從。

〔註19〕「方」字，原釋讀爲「防」；劉樂賢讀爲「謗」，可從。

〔註20〕「反」字，蘇建洲釋作「厚」、劉樂賢釋作「隨」。參蘇建洲，〈《上博（二）·從政甲篇》考釋一則〉，「簡帛研究網站」2003 年 6 月 16 日。http://www.bamboosilk.org/Wssf/2003/sujianzhou20.htm。

〔註21〕此處有「■」符號，原釋漏釋。

文待考，詳下。

第二、拼合及補字：甲 2、甲 3、甲 4 皆上端完整，下端殘損，今依其殘損長度及內容補字如下。

1. 甲 2：周鳳五認爲簡 2、簡 3 間可補佚文方案有二，其一爲假設其間無佚簡，而可補「夫是則行之以禮，教之以刑也。行之以」15 字；其二爲假設其間佚一簡，而可補「夫是則守之以□，行之以禮，教之以刑也。其明王守之以信則□，教之以義則□，行之以禮則□。其亂王守之以□則□，行之以」49 字。李守奎、楊朝明認爲甲 3 前可補「齊之以」。案：甲 2 上端完整、下端殘損，長 27.9cm，與完簡長約 42.6cm 相差 14.7cm，扣除簡尾留白處 2cm 及此前「夫」字所佔空間，約可容納 11 個字。從上下文觀之，甲 3 當置於甲 2 之後，且現存其他簡文皆無可置於其間者。此處依簡文殘損長度及上下文或可補「是則行之以□則□，戰（守）之㠯（以）」11 字。

2. 甲 3：上端完整、下端殘損，長 30.8cm，與完簡長約 42.6cm 相差 11.8cm，扣除簡尾留白處 2cm 約可容納 8 個字。

3. 甲 4：簡 4 上端完整、下端殘損，長 22.8cm，與完簡長約 42.6cm 相差 19.8cm，扣除簡尾留白處 2cm 可容納 16 個字。又，「■」號之前的文意已足，此章當於此結束，故其下可補「𦖞（聞）之曰」三字。

（二）「四勿」章、「五德、三慎、十怨」章

本段由「甲 15＋甲 5＋甲 6＋甲 7＋乙 1＋乙 2」所編連，編連後內容如下：

> 毋（勿）𢍏（暴〔註 22〕）、毋（勿）禠（虐〔註 23〕）、毋（勿）惻（賊）、毋（勿）悋（貪）。不攸（修）不武〈戒〔註 24〕〉，胃（謂）之必城（成）則𢍏（暴）；不𡥈（教）而殺則禠（號）■；命（令〔註 25〕）亡（無）旹（時），事必又（有）𣆳（期〔註 26〕）則惻（賊）■；

〔註 22〕「𢍏」字，陳劍、周鳳五、何琳儀釋作「暴」，可從。

〔註 23〕「禠」字：原釋讀爲「號」，陳劍、周鳳五、何琳儀釋作「虐」，可從。

〔註 24〕「武」字，陳劍、周鳳五認爲當爲「戒」字之訛，可從。顏世鉉讀爲「誨」。參顏世鉉，〈上博楚竹書散論（四）〉，「簡帛研究網站」2003 年 2 月 20 日。http://www.jianbo.org/Wssf/2003/yuanshixuan02.htm；《齊魯學刊》（曲阜：曲阜師範大學，2003 年 6 期），頁 101～103。

〔註 25〕「命」字，周鳳五讀爲「令」，可從。

〔註 26〕「𣆳」字，原釋讀爲「基」，周鳳五讀爲「期」，可從。

爲利桂（枉）〔甲 15〕事則貽（貪）■。餌（聞）之曰：從正（政），章（用〔註 27〕）五德■。固三折（愼），敘（除）十悄（怨）■。五德：一曰愋（寬〔註 28〕）■，二曰共（恭）■，三曰恵■，四曰息（仁）■，五曰敬■。孯（君子）不愋（寬）則亡（無）〔甲 5〕㠯（以）頌（容）百眚（姓）■；不共（恭）則亡（無）㠯（以）敘（除）辱■；不恵則亡（無）㠯（以）聚民■；不息（仁）〔甲 6〕則亡（無）㠯（以）行正（政）■；不敬則事亡（無）城（成）■。三折（愼）：峙（持）行視〔註 29〕上衣〔註 30〕飤（食）〔甲 7〕【……。十怨：……九】曰：軛（犯）人之矛（務）■，十日口恵而不係〔註 31〕■。興邦豙（家），紿（治）正畬（教），從命則正（政〔註 32〕）不袋（勞）。穽（壅〔註 33〕）戒先遻（匿〔註 34〕），則自异（己〔註 35〕）司（始）；㬎（顯）訪（嘉）懽（勸）信，則慯（僞）〔乙 1〕不章（彰）■；毋占（佔）民贍（歛），則同；不膚（敷〔註 36〕）灋（法）赢（盈〔註 37〕）亞（惡），則民不悄（怨）■。餌（聞）之曰：〔乙 2〕□

〔註 27〕「章」字，原釋讀爲「敦」，何琳儀、黃德寬指出其爲《說文》「墉」之古文，讀作「庸」，訓作「用」，可從。參黃德寬，〈戰國楚竹書（二）釋文補正〉，《上博館藏戰國楚竹書研究續編》（上海：上海書店出版社，2004 年 7 月），頁 434～443。

〔註 28〕「愋」字，陳劍讀爲「緩」。

〔註 29〕「視」字，原釋作「見」；陳偉釋作「視」，可從；王志平讀爲「祗」，訓作「敬」。參王志平，〈上博簡（二）劄記〉，《上博館藏戰國楚竹書研究續編》（上海：上海書店出版社，2004 年 7 月），頁 495～510。

〔註 30〕「衣」字，原釋作「卒」，陳劍釋作「衣」，可從。

〔註 31〕「係」字，徐在國釋作「繇」，讀爲「由」，訓作「從。參徐在國，〈上博竹書（二）文字雜考〉，「簡帛研究網站」2003 年 1 月 14 日。http://www.jianbo.org/Wssf/2003/xuzaiguo02.htm；《學術界》（安徽：安徽省社會科學界聯合會，2003 年第 1 期），頁 100～101。

〔註 32〕「正」字，原釋讀爲「政」；陳偉讀爲「正」；王中江隸作「政」。

〔註 33〕「穽」字，陳美蘭釋作「容」。

〔註 34〕「遻」字，陳美蘭讀成「慝」，訓作「惡」。

〔註 35〕「异」字，原釋讀爲「忌」，王中江隸作「忌」，讀爲「己」。案：依下文「㬎（顯）訪（嘉）懽（勸）信，則慯（僞）〔乙簡 1〕不章■，毋占（佔）民贍（歛），則同，不膚（敷）灋（法）赢（盈）亞（惡），則民不悄（怨）」，言從政者之種種德行對人民之行爲有直接的影響，故「异」讀爲「己」較符下文文意，王說可從。

〔註 36〕「膚」字，王中江讀爲「拂」。

〔註 37〕「赢」字，何琳儀讀爲「贏」。

□□□□□□□□□□□□□□□□□□

本段由兩章組成，前章論述從政者勿可存有之四種心態、作法：暴、虐、賊、貪，可稱之爲「四勿」章；後章論述從政者之必須遵循之五種德行、必須謹慎之三件事、以及必須免除之十種招民怨的行爲，可稱之爲「五德、三慎、十怨」章。其「編連及排序」、「拼合及補字」及「重要文字釋讀」等問題討論如下：

第一、編連及排序：「甲 5＋甲 6＋甲 7」及「乙 1＋乙 2」爲原釋編連。陳劍認爲「甲 5＋甲 6＋甲 7」之前可加綴甲 15，而其後當接「乙 1＋乙 2」，但二者間有佚簡。王中江認爲乙 1 當置於甲 7 之後。案：「甲 15＋甲 5＋甲 6＋甲 7」、「乙 1＋乙 2」編連後文意通順，可以連讀；可從。至於二編連組間所佚簡數問題，甲 7 後述及三愼云：「時（持）行，視上衣飤（食）」，所述是否結束無法確知，故此段文字與「十惠」間或有其他佚文，亦未可知，今暫存疑。

第二、拼合及補字：本編連組中，甲 5 及乙 1 爲完簡，且甲 6、甲 7 亦可以拼合爲一完簡（原釋指出甲 6「簡文可與第七簡相接」，而甲 7「斷口形狀及文句內容皆可與第六簡連綴，兩簡本屬一簡」），而乙 2 上端完整，故「甲 15＋甲 5＋甲 6＋甲 7」、「乙 1＋乙 2」二編連組之中皆當無佚文待補。至於二編連組間內容，王中江認爲乙 1、甲 7 之間可補入「十惠……九」字，可從。餘須說明者，乃爲乙 2 下端所佚之字數。案：乙 2 長 23cm，與完簡長約 42.6cm 相差 19.6cm，扣除簡尾留白處 2cm，約可容納 16 個字。

第三、重要文字釋讀：

1. 甲 5「固三折（愼）」句：「折」字，圖版作：

原釋讀爲「誓」；陳劍、陳偉、朱淵清讀爲「制」，俞志慧讀爲「愼」。〔註 38〕案：上博〈仲弓〉載有執政者必須特別謹愼的三件事，其文曰：「孔子曰：『今之君〔簡 20B〕子所竭其情、盡其愼者三，蓋近□矣。〔簡 20C〕雍，汝知諸？』

〔註 38〕參俞志慧，〈《從政》：「三誓」、「三制」或者「三愼」〉，「清華大學簡帛研究網－Confucius2000」2003 年 1 月 18 日。http://www.confucius2000.com/confucian/cz3sszhss.htm。

仲弓答曰：『雍也弗聞也。』孔子曰：『夫祭〔簡 6〕，至敬之本也，所以立生也，不可不慎也；夫喪〔簡 23B〕，至愛之卒也，所以成死也，不可不慎也；夫行，巽華學〔簡 23A〕之，一日以善立，所學皆終；一日以不善立〔簡 24〕，所學皆崩，可不慎乎？』」〔註 39〕所載君子之「三慎」為「祭」、「喪」及「行」，然則儒家即有「三慎」之說。此處所言，其內容固不必然與〈仲弓〉所云相同，但無礙於「三慎」名稱之使用，俞說值得參考，今姑從之。

2. 乙 1-2「𣈤（顯）訪（嘉）懽（勸）信，則僞（僞）不章（彰）」句：此句言在上位者若能彰顯嘉行、鼓勵講信，則虛僞的風氣不會盛行。「章」字，圖版作：

訓作「彰顯」，故可讀為「彰」。〔註 40〕

（三）「七幾」章

本段由「乙 6＋甲 8＋甲 9」所編連，編連後內容如下：

【□而〔註 41〕】不武則志不遼（匿），𢛳（仁）而不智則〔乙 6〕〔註 42〕【□□□；□而□□則□□□，□而□□則□□□，□而不武則□□□，□】而不智則奉（逢）𢦏（災）害。䎽（聞）之曰：從正（政）又（有）七幾：獄〔註 43〕則興〔註 44〕，愄（威）則民不道（導）■，滷（鹵）則遊（失）眾■，惛（怲〔註 45〕）則亡（無〔註 46〕）新（親），罰則民逃■，好型（刑〔註 47〕）〔甲 8〕【、殺】

〔註 39〕參第三章第二節第一小節（三）「三慎」一段。

〔註 40〕參第二章第一節第二小節「第二章（傳世本第十一章）」。

〔註 41〕王中江認為此處可補「文而」二字。案：依下文句式，此前當有「□而」二字。

〔註 42〕王中江認為此處可補「愚」字。

〔註 43〕「獄」字，陳美蘭讀為「桷」、「嗀」，訓作刻薄。

〔註 44〕「興」字，周鳳五讀為「營」，訓作「貪」；陳美蘭讀為「乘」、「凌」，訓作欺凌。

〔註 45〕「惛」字，原釋作「怲」；陳劍釋作「猛」；單周堯、黎廣基讀為「迫」。參單周堯、黎廣基，〈讀上博楚竹書《從政》甲篇「惛則亡新」札記〉，「簡帛研究網站」2003 年 1 月 22 日。http://www.jianbo.org/Wssf/2003/shanli01.htm；《中國文字研究》（上海：華東師範大學，2007 年 9 月），頁 48～49。

〔註 46〕「亡」字，當讀為「無」。

則民复（作）䜌（亂）■，凡（凡）此七者，正（政）之所（之所）台（殆）也。䎽（聞）之曰：志䜣（氣）不缶（達〔註 48〕），其事不〔甲 9〕□□□□□□□□□□□□□□□□□□

本段涉及三章，然前後兩章內容皆有所缺佚，今以中間完整之一章以爲名。該章論述七種從政者使人民產生負面心理或行爲的作法，可稱之爲「七幾」章。其「編連及排序」、「拼合及補字」及「重要文字釋讀」等問題討論如下：

第一、編連及排序：原釋將甲 8、甲 9 依序相次，但於二者說明處云「簡文前後皆無所承」。陳劍認爲「甲 8＋甲 9」有編連的可能，唯此處所述僅六點：獄、愄（威）、滷（鹵）、㥒（怲）、罰、好型（刑），與前後文所述「七幾」、「凡此七者」不符；史儀認爲其前可接「乙 6」。王中江認爲其後可接「乙 6」，其說正與史儀相反。案：史儀就句型的角度提出其說，認爲甲 8 開頭「【□】而不智則奉（逢）㷍（災）害」等字與乙 6「【□而】不武則志不逹（匿），㤅（仁）而不智則【□□□】」句型相同，當爲同段，可從。又，此段文字〈季康子問於孔子〉亦有類似記載，其文爲：「𡥈=（君子）弜（強）則遻（遺），愄（威）則民不〔簡 9〕道（導），卥（滷）則遊（失）眾，𥁰（僵）則亡（無）新（親），好型（刑）則不羊（祥），好殺則复（作）䜌（亂）。」〔註 49〕據其文，則甲 8、甲 9 當可編連。

第二、拼合及補字：乙 6 上端完整、下端殘損，甲 8 爲完簡，甲 9 據編繩位置估計，其前當佚 1 字，故待補字者爲乙 6 下端及甲 9 上端，詳下。

1. 乙 6：史儀於乙 6、甲 8 間補入「□□□，□而□□則□□□，□而□□則□□□，□而□□則□□□，□」等字。案：乙 6 長 12.5cm，與完簡長約 42.6cm 相差 30.1cm，扣除簡尾留白處 2cm，其間約可容納 26 個字，史儀所補爲 28 字，慮及其間可能有合文或句型略有參差的情況，姑從其說。又，參乙 6 文例「□而不武則志不逹（匿），㤅（仁）而不智則□□□」，甲 8 前當爲論述「不武」的句子，可補「不武」二字。

2. 甲 9 上端：此段中，甲 8、甲 9 間接續文句「好型（刑）則民复（作）䜌（亂）」若爲一「幾」，則此處所載僅有其「六幾」，與上下文不符。陳劍

〔註 47〕「型」字，字形殘泐，原釋無釋；陳偉據筆意釋作「型」，讀爲「刑」；王中江認爲可補入「勇」字。案：〈季康子問於孔子〉類似文字即作「型」（讀爲「刑」），陳說可從。

〔註 48〕「旨」字：原釋作「旨」；周鳳五讀爲「達」；王中江讀爲「至」。

〔註 49〕參第三章第四節第二小節（一）「烈今及臧文仲言」一段。

以爲，簡文或有脫漏，可備一說。另一個可行的方案是，據〈季康子問於孔子〉類似文字補入「殺」字，而末句爲「好刑、殺則民作亂」，兼述「二幾」，然則即符「七幾」之數。

第三、重要文字釋讀：

1. 乙 6「□而不武則志不逹（匿），急（仁）而不智則□□□」句：「智」字，圖版作：

原釋讀爲「知」。案：此處「智」字不做動詞用，當爲與前文的「武」同爲某種品格，宜讀爲「智」。

2. 甲 8「從正（政）又（有）七幾」句：「幾」字，圖版作：

原釋讀爲「機」；陳美蘭如字讀，並引《說文》所載「幾：微也，殆也。」爲說。案：依下文載「凡此七者，正之所殆也」，文意正與「幾」字相符，陳說可從。又，依下文，此字或亦可讀爲「忌」，言從政的七種忌諱。

3. 甲 8「愄（威）則民不道（導）」句：「道」字，圖版作：

當讀爲「導」，「導民」爲儒家常見政治觀念。〔註 50〕

4. 甲 8「滷（鹵）則遊（失）眾」句：「滷」字，圖版作：

〔註 50〕參第二章第一節第十六小節「第十七章（傳世本第二十四章）」。

原釋以爲「其右旁有異於西，暫缺釋」；周鳳五以爲「此字右旁從舟聲」，釋讀爲「輈」或「譸」；王中江釋作「輕」；何琳儀釋作「灑」；黃錫全釋作「滷」，並引《莊子・則陽》「君爲政焉勿鹵莽」，以及疏文「鹵莽，不用心也」讀爲「鹵」。〔註 51〕案：黃錫全之說可從，「七幾」一段文字與上博〈季康子問於孔子〉中孔子聞諸臧文仲之言相似，文載「孝=（君子）弜（強）則遻（遺），愄（威）則民不道（導），鹵（滷）則遊（失）眾，盟（礌）則亡（無）新（親），好型（刑）則不羊（祥），好殺則复（作）亂（亂）。」其相對字作「鹵」，可見此字所从爲「西」旁（或「鹵」旁，二者同形）。然則，此字从水从鹵（或从「西」），可隸作「滷」，讀爲「鹵莽」之「鹵」。〔註 52〕

4. 甲 9「正（政）肯（之所）台（殆）也」句：「台」字，圖版作：

原釋作「忌」，下旁從「心」；周鳳五讀爲「殆」。此字楚簡恆見，下部作「口」，此處當混作「心」旁，甲 16 及乙 1「紿」（治）字亦同：

甲 16「紿」（治）　　乙 1「紿」（治）

參照〈季康子問於孔子〉類似文字，此處所述七者皆爲負面作爲，且「七幾」之「幾」字即可訓作「殆」，周說可從。

（四）「君子樂、憂、怒、懼、恥」章

本段由「甲 16＋乙 3」所編連，編連後內容如下：

> 吕（以）軓（犯）赓軛（犯）見，不訓（順）行吕（以）出之■。餌（聞）之曰：孝=（君子）藥（樂）則紿（治）正〔註 53〕■，惪（憂）

〔註 51〕參黃錫全，〈讀上博楚簡（二）箚記八則〉，《上博館藏戰國楚竹書研究續編》（上海：上海書店出版社，2004 年 7 月），頁 456～464。

〔註 52〕參第三章第四節第二小節「（一）烈今及臧文仲言」一段。

〔註 53〕「正」字，王中江隸作「政」。

> 則〔甲 16〕【□□，妥（怒）則□□，愳（懼）則□□，恥則□】復（復）■；少（小）人藥（樂）則悆（疑）■，惪（憂）則䎽（昏〔註 54〕）■妥（怒）則勳（勝），愳（懼）則伓（背）■，恥則軓（犯）■。䎽（聞）之曰：從正（政），不紿（治）則亂（亂）■，紿（治）已〔註 55〕至則▨〔乙 3〕□□□

本段亦涉及三章，然前後兩章內容皆有所缺佚，今以中間完整之一章爲名。該章論述君子及小人歡樂、憂愁、憤怒及恐懼時的表現，可稱之爲「君子樂、憂、怒、懼」章。其「編連及排序」及「拼合及補字」等問題討論如下：

第一、編連及排序：陳劍認爲「甲 16＋乙 3」可以編連。案：「甲 16＋乙 3」編連後接續文句爲「孝=（君子）藥（樂）則紿（治）正■，惪（憂）則〕【□□，妥（怒）則□□，愳（懼）則□□，恥則□】復（復）■」，文意通順，可以連讀，陳說可從。

第二、拼合及補字：甲 16 及乙 3 皆上端完整、下端殘損，故二者間待補字爲甲 16 下端所佚者。陳劍據上下文補入「□■（怒）則□，愳（懼）則□■，恥則□」等 11 字，王中江認爲「恥」的前一字可補入「立」字；史儀認爲此段文句各個「則」字之後皆可補 2 字，故所補者爲 13 字。案：甲 16 本段首句爲「孝=（君子）藥（樂）則紿（治）正」，則字後爲 2 字。又，甲 16 長 25.1cm，與完簡長約 42.6cm 相差 17.5cm，扣除簡尾留白處 2cm，約可容納 14 個字，與史說大抵相符，今從之。

（五）「君子先人」章、「行在己」章、「言行」章

本段由「甲 17＋甲 18＋甲 12＋乙 5＋甲 11＋甲 14」所編連，編連後內容如下：

> 【孝=（君子）先】人則啓道（導）之，遂（後）人則奉相之，是𠄌（以）曰孝=（君子）難得而惕（易）叓（使）。亓（其）叓（使）人，器之■。少（小）人先=（先人〔註 56〕）則弁（慢）敔（侮〔註 57〕）之〔甲 17〕，【遂（後）人】則𡔏（陷〔註 58〕）毀之，是𠄌（以）

〔註 54〕「䎽」字，黃德寬讀作「悶」、「惛」。參安徽大學古文字研究室，〈上海楚竹書（二）研讀記〉，《上博館藏戰國楚竹書研究續編》（上海：上海書店出版社，2004 年 7 月），頁 425～433。

〔註 55〕「已」字，原釋讀爲「也」。

〔註 56〕「先=」合文，原釋讀爲「先之」，陳劍、周鳳五讀爲「先人」，可從。

〔註 57〕「弁敔」二字：「弁」字，原釋不辨；周鳳五釋讀爲「絆」；何琳儀、黃德寬

曰少（小）人惕（易）得而難㕜（使）也。亓（其）㕜（使）人，必求備安（焉）■。䎽（聞）之曰：行在㠯（己）而名在人，名難静（爭）也〔甲 18〕𩫏（庸〔註 59〕）行不倦（倦），㞷（持）善不猒（厭），唯（雖）殜（世）不𢿢（識）〔註 60〕，必或智（知）之，是古（故）〔甲 12〕𦢡=（君子）弜（強）行㠯（以）㞷（待）名之至也。𦢡=（君子）䎽（聞）善言，㠯（以）改（改）亓（其）〔乙 5〕言；見善行，内（納）亓（其）𨈖（身〔註 61〕）安（焉），可胃學（學）矣〔註 62〕■。䎽（聞）之曰：可言而不可行，君子不言；可行而不可言，君子不行〔甲 11〕；又（有）所又（有）舍（餘）而不敢𦘔（盡）之■，又（有）所不足而不敢弗〔甲 14〕【勉之■。□□□□□□□□□□□□□】

本段由三章組成，其前後兩章內容雖皆有缺佚，然大抵可知其意旨：前章論述君子及小人「先人」及「後人」時之心態及表現，可稱之爲「君子先人」章；中章論述君子僅須致力於善言善行，而毋須顧及名聲問題，可稱之爲「行在己」章；後章論述君子之言行必須相符，可稱之爲「言行」章。其「編連及排序」、「拼合及補字」及「重要文字釋讀」等問題討論如下：

第一、編連及排序：陳劍認爲「甲 17＋甲 18＋甲 12＋乙 5＋甲 11」可以編連。王中江認爲甲 11 之後可補「君子」二字，並與甲 14 編連。楊朝明認爲甲 11 之後可接甲 10。案：依陳劍之說，則本段可以通讀，可從。又，〈中庸〉

釋作「弁」，可從；楊澤生讀爲「反」。「敔」字，何琳儀讀爲「御」。「弁敔」二字，楊澤生引《荀子》「小人能則倨傲僻違以驕溢人」讀爲「慢詡」；顏世鉉讀爲「慢侮」，可從。

〔註 58〕「𧧒」字，原釋無說；周鳳五讀爲「譖」或「讒」；楊澤生讀爲「陷」，姑從。參楊澤生，〈《上海博物館所藏竹書》（二）補釋〉，「簡帛研究網站」2003 年 2 月 15 日。http://www.jianbo.org/Wssf/2003/yangzesheng02.htm。

〔註 59〕「𩫏」字，何琳儀釋作「墉」，讀爲「庸」，訓作「用」；黃錫全釋作「墉」，讀爲「庸」，訓作「常」。

〔註 60〕「唯殜不𢿢」四字中，「𢿢」字何琳儀釋作「識」；此句周鳳五、李銳釋讀爲「雖世不識」，可從。參李銳，〈讀上博館藏楚簡（二）劄記〉，《上博館藏戰國楚竹書研究續編》（上海：上海書店出版社，2004 年 7 月），頁 523～531。

〔註 61〕「𨈖」字，原釋作「仁」；陳劍釋作「身」，可從。

〔註 62〕〈仲弓〉載：「夫行，巽華學〔簡 23 前〕之，一日以善立，所學皆終；一日以不善立〔簡 24〕，所學皆崩，可不慎乎？」……〔簡 25〕，可參看。參第三章第二節第一小節（三）「三慎」一段。

載：「庸德之行，庸言之謹，有所不足不敢不勉，有餘不敢盡，言顧行，行顧言。」類以文字亦見〈弟子問〉中論及有餘、不足之文句，其文為：「子曰：「君子亡所不足，無所又（有）夵（餘），割（蓋）〔簡 13〕□□□□□□□□□□□□□□□□□□□□□□□□□□□□□□□□□□□□【又（有）夫行】也，求為之言，又（有）夫言也，求為之行，言行相𢓜（近），肰（然）句（後）君子■。」（簡 13→簡 12）然則上述所謂「有餘」、「不足」，所指乃為言行之是否相符，蓋所謂不足者，指言過其行也；所謂有餘者，指行過其言也。「無所不足」者，指無過其行之言論；「無所有餘」者，即「有餘不敢盡」，指所持善行善德不敢盡言之。簡 11 為完簡，簡 14 上端完整，二者文意相通，可以編連，王說可從，唯二者間當無佚文。

第二、拼合及補字：本編連組中，甲 17、甲 14 上端完整、下端殘損，甲 18、11 為完簡，「甲 12＋乙 5」可以拼合為一完簡。然則，所待補字者為甲 17 下端。又，依文意推之，本編連組之前後亦可補入文字，詳下。

1. 甲 17 前：陳劍、周鳳五認為此處依下文可補「君子先」三字。案：陳、周之說可從，唯簡文中「君子」二字多作合文，故此處以合文補入。

2. 甲 17 後：陳劍據上下文補入「逡（後）人」二字，可從。

3. 甲 12＋乙 5：甲 12 上端完整、下端殘損，長 22.4cm；乙 5 上端殘損、下端完整，長 20cm。二者合計長 42.4cm，與完簡長 42.6cm 相近。拼合後文意通順，可以連讀。

4. 簡 14 後：陳偉引中庸「庸德之行，庸言之謹，有所不足不敢不勉，有餘不敢盡，言顧行，行顧言」之文，認為此處可補入「勉」字，姑從。案：依上下文句式，此句末字當為「之」字，可補。

第三、重要文字釋讀：甲 17「㝵=（君子）先人則啓道（導）之」句：「道」字，圖版作：

此處當讀為「導」，訓作引導。本句指君子之才德在他人之上，則啓發引導他人，使之進步。

二、各編連組之次序

以上，爲〈從政〉中可以組成之「編連組」。爲明眉目，可將諸「編連組」編號如下：

第一組：「三代之明王」章、「善人」章。

第二組：「四勿」章、「五德、三愼、十怨」章。

第三組：「七幾」章。

第四組：「君子樂、憂、怒、懼」章。

第五組：「君子先人」章、「行在己」章、「言行」章。

由簡文位置觀之，第一組當爲全文開頭。又，王中江、楊朝明認爲甲 4（第一組）後可接甲 17（第五組）。又，王中江認爲乙簡 2（第二組）下可接「甲 8」（第三組）；楊朝明認爲下可接「乙 6」（第三組），再接「甲 8」（第三組），理由是甲 8 所云「從正（政）又（有）七幾」之「又」字楊氏如字讀，表明此段與另兩段關於「從政」的文字可編連，且此段（第三組）當置於另兩段（第二組）後。案：總上，王、楊二氏皆認爲第二組後當接第三組，唯楊氏另綴「乙 6」於第三組中。「從正（政）又（有）七幾」句中，讀「又」爲「有」固然尚待討論，但亦不妨礙其將第三組置於第二組後，姑從楊說。

此外，從以上段落可知，〈從政〉一文之內容可分爲兩大主題：其一論君子之修養、言行；其二論從政之方法。此兩大主題亦在上博楚簡其他篇章中出現，如〈仲弓〉、〈季康子問孔子〉等〔註 63〕。就篇章結構而言，二者往往涇渭分明、互不混雜。〈從政〉一文，其文章結構雖由各自獨立之章節構成，諸章間文意或無邏輯可言，自不可以上述二文類推之。但在無更多證據顯示各「編連組」之關係前，從文獻整理的角度，將性質相近的章節「以類相從」，亦不失爲一可行方案。職是，本文之整理方案擬準此而進行。

值得注意的是，第四組中論及君子、小人樂、憂、怒、懼、恥時的反應後，接下來的一章即述及「從政」。因此，若〈從政〉篇中其論「從政」的段落皆置於同段，則第四組當爲此一主題之起始。然則，第四組當置於第二組、第三組前。然則，第四組以前乃爲論君子之主題部分，而第一組之末章及第五組皆論及君子，故若從王、楊二氏，將第一、第五接序，而其序第四組、第二組、第三組於其後，則符合上述「以類相從」的原則。

〔註 63〕上博楚簡中此種兼述兩大主題傾向大抵符合「內聖」、「外王」的分別，頗値得玩味。

總上，諸編連組之次序爲：第一組→第五組→第四組→第二組→第三組。

三、零簡之歸置

以上，爲〈從政〉中可加以編連之簡文。此外，甲 10、甲 13、甲 19、乙 4 等簡尚無法歸置。其中除甲 19 外，其餘諸簡之內容與其他簡文並無必然關係，故亦難以歸置，僅能依其內容大抵置於篇中，說詳下。甲 19 載：

> 之人可也。䎽（聞）之曰：行險（險）至（致）命〔註 64〕，饑（饑）滄（寒）〔註 65〕而毋會，從事而毋訟（訩〔註 66〕），君子不㠯（以）流言戕（傷）人■。〔甲 19〕

從簡文形制的角度觀之，甲 19 下留有空白，當爲全篇末簡。甲 10 載：

> 【䎽（聞）之】〔註 67〕曰：從正（政）所矛（務）三■：敬、誂〔註 68〕、信=（信。信）則𢔶（得）眾■；誂則遠=戾=（遠戾。遠戾）所㠯（以）〔甲 10〕【……；敬則……】〔註 69〕

楊朝明認爲甲 10 可次於甲 15 之前。案：此段屬「從政」部分，姑從楊說。甲 13 載：

> 肰（然）句（後）能立道。䎽（聞）之曰：君=（君子）之相讓（就），不必才（在）近遅（昵〔註 70〕）藥（樂）〔甲 13〕【□□□□□□□□□□□□□□□□□□□□】

王中江認爲「君子樂、憂、怒、懼」章前可綴甲 13。案：此段屬「君子」部分，姑從王說。乙 4 載：

> 也。䎽（聞）之曰：☐（？〔註 71〕）悬（誨）而共（恭）孫（遜），

〔註 64〕陳美蘭引《禮記・中庸》「君子居易以俟命，小人行險以徼幸」爲說，可參。

〔註 65〕「饑滄」二字中，原釋無說；黃德寬認爲「饑」字从食、日、幾聲，即「饑」字。「饑滄」訓作「饑寒」。案：「饑滄」當讀爲「饑寒」。

〔註 66〕「訟」字，原釋無說，黃德寬認爲即《說文》「訩」字異文，又省作「訩」，訓作爭訟。案：釋作「訩」可從，《荀子・天論》論載「君子不爲小人之訩訩也輟行。」（載李滌生，《荀子集釋》（臺北：學生書局，1988 年 10 月），頁 371），與此處所言「從事而毋訩，君子不以流言傷人」可參看。推論其文意，則「訩」有以言語攻擊他人之意。

〔註 67〕王中江、楊朝明依上下文補入「䎽（聞）之」二字，可從。

〔註 68〕「誂」字，〈王中江 2〉釋作「謹」或「矜」；陳美蘭讀爲「謙」。

〔註 69〕王中江依上文文例，認爲簡 10 後當有「敬則……」之文，可從。

〔註 70〕「遅」字，黃德寬釋讀爲「暱」。

〔註 71〕此字原釋不辨，陳偉釋作「遣」，讀爲「愆」；王志平釋作「詩」、讀爲「時」。

>季（教）之縷（勸）也。昷（溫）良而忠敬，悬（仁）之宗也。〔乙4〕【□□□□□□□□□□□□□□□】

此段文字當爲論「君子」者，姑置於甲 13 之前。

四、小　結

以上，乃本文關於〈從政〉整理方案之討論。其中，除採學者之說外，在簡序排列方面及文字釋讀方面亦有少數個人意見。以前者言，提出甲 8、甲 9 可以編連，而乙 4 當置於甲 13 之後的方案；以後者言，提出乙 2「章」字可讀爲「彰」、甲 8、甲 17「道」字可讀爲「導」之說，並對學者所提，甲 5「折」字讀爲「愼」、甲 8「滷」字讀爲「鹵」字之說補充新證。總上，〈從政〉甲、乙篇可整理、破讀如下：

>聞之曰：昔三代之明王之有天下者，莫之予也，而▨取之，民皆以爲義，夫是則守之以信，教〔甲 1〕之以義，行之以禮也。其亂王予人邦家土地，而民或弗義，夫〔甲 2〕【是則行之以□則□，守之以】禮則寡而爲仁，教之以刑則遯■。聞之曰：善人，善人也，是以得賢士一人，一人譽〔甲 3〕【□□□□□□□□□】四鄰。失賢士一人，謗亦反是，是故君子愼言而不愼事■。〔甲 4〕【聞之曰：□□□□□□□□□□□□□□□】

>【君子先】人則啓導之，後人則奉相之，是以曰君子難得而易使。其使人，器之■。小人先人則慢侮之〔甲 17〕，【後人】則陷毀之，是以曰小人易得而難使也。其使人，必求備焉■。聞之曰：行在己而名在人，名難爭也〔甲 18〕庸行不倦，持善不厭，雖世不識，必或知之，是故〔甲 12〕君子強行以待名之至也。君子聞善言，以改其〔乙 5〕言；見善行，納其身焉，可胃學矣■。聞之曰：可言而不可行，君子不言；可行而不可言，君子不行〔甲 11〕；有所有餘而不敢盡之■，有所不足而不敢弗〔甲 14〕【勉之■。□□□□□□□□□□□□□□】

>【□而】不武則志不匿，仁而不智則〔乙 6〕【□□□；□而□□則□□□，□而□□則□□□，□而不武則□□□，□】而不智則逢災害。聞之曰：從政有七幾：獄則興，威則民不導■，鹵則失眾■，悈則無親，罰則民逃■，好刑〔甲 8〕【、殺】則民作亂■，凡此七

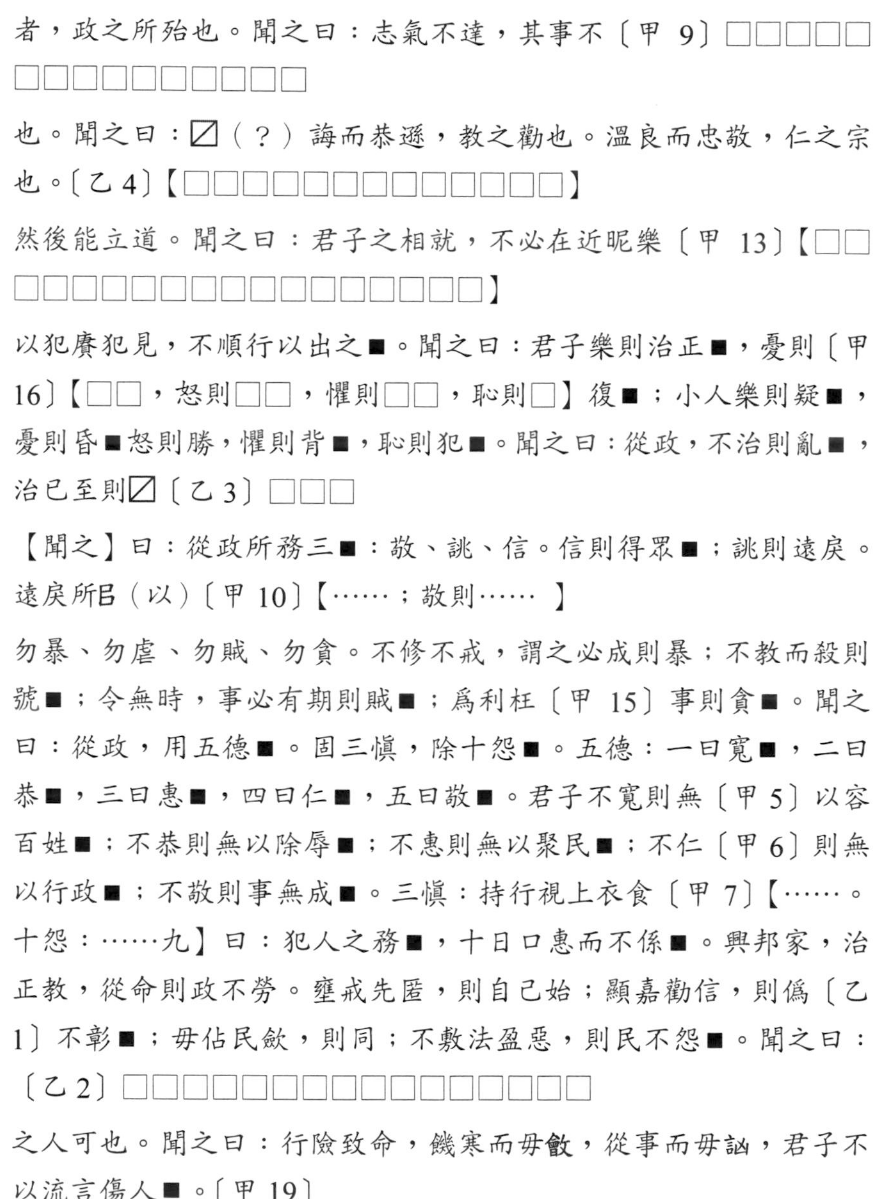

者，政之所殆也。聞之曰：志氣不達，其事不〔甲 9〕□□□□□□□□□□□□□□□

也。聞之曰：▨（？）誨而恭遜，教之勸也。溫良而忠敬，仁之宗也。〔乙 4〕【□□□□□□□□□□□□□】

然後能立道。聞之曰：君子之相就，不必在近昵樂〔甲 13〕【□□□□□□□□□□□□□□□□□□】

以犯廥犯見，不順行以出之■。聞之曰：君子樂則治正■，憂則〔甲 16〕【□□，怒則□□，懼則□□，恥則□】復■；小人樂則疑■，憂則昏■怒則勝，懼則背■，恥則犯■。聞之曰：從政，不治則亂■，治已至則▨〔乙 3〕□□□

【聞之】曰：從政所務三■：敬、訛、信。信則得眾■；訛則遠戾。遠戾所㠯（以）〔甲 10〕【……；敬則…… 】

勿暴、勿虐、勿賊、勿貪。不修不戒，謂之必成則暴；不教而殺則虢■；令無時，事必有期則賊■；爲利枉〔甲 15〕事則貪■。聞之曰：從政，用五德■。固三愼，除十怨■。五德：一曰寬■，二曰恭■，三曰惠■，四曰仁■，五曰敬■。君子不寬則無〔甲 5〕以容百姓■；不恭則無以除辱■；不惠則無以聚民■；不仁〔甲 6〕則無以行政■；不敬則事無成■。三愼：持行視上衣食〔甲 7〕【……。十怨：……九】曰：犯人之務■，十日口惠而不係■。興邦家，治正教，從命則政不勞。壅戒先匿，則自己始；顯嘉勸信，則僞〔乙 1〕不彰■；毋佔民斂，則同；不敷法盈惡，則民不怨■。聞之曰：〔乙 2〕□□□□□□□□□□□□□□□□

之人可也。聞之曰：行險致命，饑寒而毋歙，從事而毋訩，君子不以流言傷人■。〔甲 19〕

第二節　〈君子爲禮〉整理方案

〈君子爲禮〉與上博另一篇文獻〈弟子問〉內容相類，多屬孔門弟子與孔子間之答問。《上海博物館藏戰國楚竹書（五）》〔註 72〕整理者張光裕指出，

〔註 72〕馬承源等，《上海博物館藏戰國楚竹書（五）》（上海：上海古籍出版社，2005

「從竹簡切口位置、文字書寫風格及特徵，大致可區分爲兩類，例如『而』、『也』、『子』、『其』、『韋』諸字，無論運筆或形體，皆有其獨特寫法。今乃依據上述標準，並結合部分簡文內容，分爲《君子爲禮》及《弟子問》兩篇。」然則，原釋區分二篇之依據爲「竹簡切口位置」及「文字書寫風格及特徵」兩點。必須說明的是，由於兩篇中簡文殘缺部分甚多，部分殘簡之切口位置難以確定，而楚簡中同一字出現不同寫法之情況亦不無可能，加以二者內容相近，故其間或有可調整之空間，詳下。

〈君子爲禮〉、〈弟子問〉二篇的內容，乃由許多文句或段落組成，且文句、段落之間並無文意上之關係；其性質屬雜錄不同段落之文字於同篇之文獻。此種雜錄成篇之文獻性質使得全篇的編連工作變得相當困難。職是之故，除整理者約略分爲兩篇外，此後學者雖然皆各提出其調整意見，如陳劍〈談談《上博（五）》的竹簡分篇、拼合與編聯問題〉〔註 73〕、陳偉〈《君子爲禮》9 號簡的綴合問題〉〔註 74〕、徐少華〈論《上博五・君子爲禮》的編聯與文本結構〉〔註 75〕、劉洪濤〈談上海博物館藏戰國竹書《君子爲禮》的拼合問題〉〔註 76〕等，爲〈君子爲禮〉的整理工作提出了許多合理的意見，但皆屬對個別段落之討論。至於全篇之編連，限於書寫方式，在簡文有所亡佚的情況下，恐怕暫時難以得出一令人信服的結論。不過，此種雜錄成篇之文體，亦使得篇中各段落間之次序問題可被忽略，因爲只要能理解段落文句，其置於篇中何處大抵無關宏旨。因此，本文對於〈君子爲禮〉、〈弟子問〉之整理方案，其焦點乃放在各個段落之文句編連釋讀。

以下，首先討論學者所提可以拼合、編連之段落，並依其內容立一標題，再討論各段落之次序安排問題，而爲〈君子爲禮〉提出一合理之整理方案。綜合學者意見，其中可以編連的段落有三，詳下。

一、顏回與孔子問答

本編連組由「簡 1＋簡 2＋簡 3＋簡 9A＋簡 4＋簡 9B」組成。編連後內

年 12 月）。

〔註 73〕載「簡帛網」2006 年 2 月 19 日。http://www.bsm.org.cn/show_article.php?id=204。

〔註 74〕載「簡帛網」2006 年 3 月 6 日。http://www.bsm.org.cn/show_article.php?id=266。

〔註 75〕載《楚地簡帛思想研究（三）》（武漢：湖北教育出版社，2007 年 4 月），頁 70～78。

〔註 76〕「簡帛網」2006 年 9 月 6 日。http://www.bsm.org.cn/show_article.php?id=415。

容如下：

> 𢊑（顏）困（淵）時（侍）於夫=子=（夫子，夫子）曰：「韋（回），君子爲豊（禮），以依於悬（仁）。」𢊑（顏）困（淵）复（作）而含（答）曰：「韋（回）不𢘓（敏），弗能少居。」夫子曰：「坐（坐），虛（吾）語女（汝）。言之而不義，〔簡 1〕口勿言也；視之而不義，目勿視也；聖（聽）之而不義，耳勿聖（聽）也；逴（動）而不義，身毋逴（動）安（焉）。」𢊑（顏）困（淵）退，𡕒（數）日不出，ノ〔註 77〕【□□問】〔簡 2〕之曰：「虛（吾）子可（何）其䐜（瘠）也？」曰：「肰（然），虛（吾）新䎽（聞）言於夫子，欲行之不能，欲迲（去）之而不可，虛（吾）是以䐜（瘠）也。」■𢊑（顏）困（淵）時（侍）於夫=子=（夫子，夫子）曰〔簡 3〕：「韋（回），蜀（獨）智，人所亞（惡）也；蜀（獨）貴，人所亞（惡）也；蜀（獨）䡴（富），人所亞（惡）〔簡 9A〕【也。𢊑（顏）】困（淵）迟（起），逾箬（席）曰：「敢䎽（問）可（何）胃（謂）也？夫子【曰】〔註 78〕：「智而〼信，斯人欲其〔簡 4〕【□智】也；貴而能壞（讓），斯人欲其長〔註 79〕貴〔註 80〕也〔註 81〕；䡴（富〔註 82〕）而〔簡 9B〕【□□，斯人欲其□富也。】

本編連組可分爲兩章，皆述及孔子與顏淵之對話。依其內容文意，可暫稱爲「顏回與孔子問答」，其「編連及排序」、「拼合及補字」及「重要文字釋讀」等問題討論如下：

第一、編連及排序：本段編連組參考原釋、陳劍、徐少華及陳偉之說而成：簡號表示原釋意見；陳劍認爲「簡 1＋簡 2＋簡 3＋簡 9」可以編連；徐少華認爲簡 9 可置於簡 3、簡 4 間；陳偉認爲簡 9 並非同一枚竹簡，原釋拼

〔註 77〕「ノ」字：原釋無說。案：此字與前字距離甚近，當爲補入之字，且細審圖版所存筆畫自成首尾，底下似無其他筆畫，可能已畫寫完畢，疑爲某種符號，待考。

〔註 78〕此處依上下文當有「曰」字，下文爲孔子對顏回的回答。

〔註 79〕「長」字，原釋無釋，何有祖釋作「長」，然則本句可讀爲：「貴而能讓，斯人欲其長貴也。」文意通順，姑從。

〔註 80〕「貴」字，原釋無釋，蘇建洲釋爲「貴」，比對本簡前所載「貴」字，可從。參蘇建洲〈初讀《上博五》淺說〉，「簡帛網」2006 年 2 月 18 日。

〔註 81〕「也」字，原釋無釋，依上下文可補。

〔註 82〕「富」字，原釋作「貴」，蘇建洲釋爲「富」，比對前文所載「富」字，可從。

合有誤，而將簡 9 分為 9A、9B 兩段，並簡 4 置於其間。編連後文意通順，可以連讀。

第二、拼合及補字：本段拼合、補字後為 3 枚完簡、1 枚殘簡，依次分別為簡 1、簡 2、簡 3、「簡 9A＋簡 4」、簡 9B。其中，簡 1、簡 3 為完簡，故待討論者僅以下 3 枚：

1. 簡 2：長 50.5cm，上端完整、下端殘損，與完簡差距 4cm 左右，約可補三字。徐少華從上下文推測此處問顏淵者乃其同門，可從。

2. 簡 9A＋簡 4：此為陳偉拼合。案：簡 9A 簡首完整，下端殘損，長約 23cm；簡 4 簡尾完整，上端殘損，長 27.6cm。二者合計長 50.6cm，與簡長 54.1～54.5 間差距近 4cm，其間約可補 3 字，依上下文，並扣除 9A 末字「亞（惡）」所佔空間，可再補「也」、「顏」二字。

3. 簡 9B：上下皆殘，長 13cm，依上下文其前可補「□智」二字，後可補「□□，斯人欲其□富也。」九字。

第三、重要文字釋讀：

1. 簡 3「䖒（吾）子可（何）其膳（瘠）也？」句：「膳」字，圖版作：

陳劍讀為「瘠」，訓作「瘦」。廖名春引《尸子・佚文》及《韓非子・喻老》所載閔子騫及子夏之言，指出文獻所載，孔門弟子內心有所矛盾時往往「臞」；從先王之言、義時往往「肥」。認為「臞」即陳劍所謂「瘠」。〔註 83〕案：下文顏淵云「吾是以膳也」，然則顏淵亦認為其「膳」。職是，若「膳」讀為「惰」，則顏乃認為其數日不出乃因其「懶惰」，似與文獻中顏淵頗注意自身修養之形象不同。反之，若讀為「瘠」，訓作「瘦」，則與其形象相符。陳、廖之說可從。

2. 簡 3「䖒（吾）新䎽（聞）言於夫子，欲行之不能，欲迲（去）之而不可。」句：「新」字，圖版作：

〔註 83〕參廖名春，〈《上博五・君子為禮》篇校釋劄記〉，「清華大學簡帛研究網－Confucius2000」2006 年 2 月 28 日。http://www.confucius2000.com/admin/list.asp?id=2276。

原釋讀爲「親」。案：一般而言，顏淵所聞於孔子者當皆爲親聞，似無另行指出的必要。此處疑讀如字，「新聞言於夫子」，指最近從孔子處聽到沒聽過的言論。

3. 簡 9A「蜀（獨）智，人所亞（惡）也」句：「智」字，圖版作：

原釋讀爲「知」，廖名春如字讀，並引郭店〈成之聞之〉所載：「故君子不貴庶物，而貴與民有同也。智而比咨，則民欲其智之遂也；富而分賤，則民欲其富之大也；貴而能讓，則民欲其貴之上也。」認爲簡文此處所載意旨及語句皆同於〈成之聞之〉而於「智」後斷句，可從。

二、君子儀態

本編連組由「簡 5＋簡 6＋簡 7＋簡 8」組成。編連後內容如下：

> 好。凡色毋㥑（憂）、毋佻、毋復（作）、毋誋（謠）、毋〔簡 5〕俛〔註 84〕視〔註 85〕、毋昊（側）睨（睇〔註 86〕）；凡目毋遊，定〔註 87〕視〔註 88〕是求。毋欽、毋去，聖（聲）之僭（疾）徐（徐）〔註 89〕，

〔註 84〕「俛」字，原釋作「正」，陳斯鵬釋讀作「俛」。案：此字字形殘泐，然觀其筆意不似「正」字，今姑從陳斯鵬釋讀。參陳斯鵬，〈讀《上博竹書（五）》小記〉，「簡帛網」2006 年 4 月 1 日。http://www.bsm.org.cn/show_article.php?id=310。

〔註 85〕「視」字，原釋作「見」，何有祖認爲依其字形乃爲「視」字，可從。

〔註 86〕「睨」字，原釋讀爲「視」，何有祖認爲該字以「尸」爲聲，並引《玉篇》「夷，或夷字」之載讀爲「睇」，並引《說文》、《易》、《禮記》之文指出字亦作「睇」，訓作「小視」或「傾視」，可從。參何有祖，〈上博五《君子爲禮》試讀〉，「簡帛網」2006 年 2 月 19 日。http://www.bsm.org.cn/show_article.php?id=205。

〔註 87〕「定」字，秦樺林讀爲「正」。參秦樺林，〈楚簡《君子爲禮》札記一則〉，「簡帛網」2006 年 2 月 22 日。http://www.bsm.org.cn/show_article.php?id=220。

〔註 88〕「視」字，原釋作「見」，季旭昇認爲依其字形乃爲「視」字，可從。參季旭

> 爯（稱）其眾㝡（寡）。〔簡6〕
>
> 𩠐〔註90〕而秀。肸（肩〔註91〕）毋癹（廢）毋㾓（痌〔註92〕），身毋軗（偃）毋倩（欠），行毋㕣（眡）毋敎（搖），足毋豙（墜）毋高。其才〔簡7〕庭〔註93〕則欲齊=（齊齊），其才（在）堂則〔簡8〕□□□□□□□□□□
>
> 毋又（有）柔𡥈（教），毋又（有）首猷，植〔〈弟子問〉簡3〕

本編連組述及個人之言行舉止所須遵循之規範。依其內容文意，可暫稱為「君子儀態」。其「編連及排序」、「拼合及補字」及「文字釋讀」等問題討論如下：

第一、編連及排序：本段為原釋所序，唯原釋對於其是否可以編連則無說。案：「簡5＋簡6」及「簡7＋簡8」二簡可以拼合（詳下），且當屬同段。又〈弟子問〉簡3與該篇其他簡文內容內容不類（參下節），而其語氣乃近於本段，今附於下。

第二、拼合及補字：本段拼合後為兩枚完簡，如下。

1. 簡5＋簡6：劉洪濤、徐少華認為簡5、簡6可以拼合。案：簡5上端完整、下端殘損，長17.5cm；簡6下端完整、上端殘損，長37.2cm。二者合計長54.7cm，與完簡54.5近。拼合後文句通順，可以連讀，劉、徐之說可從。

2. 簡7＋簡8：陳劍、徐少華認為「簡7＋簡8」可以拼合。案：簡7上端完整、下端殘損，長32cm；簡8上下端皆殘損，長10.5cm。二者合計長42.5cm，與完簡54.5cm差距12cm，其下約可補9字。拼合後文句通順，可以連讀，陳、徐之說可從。

昇，〈上博五雜議（下）〉，「簡帛網」2006年2月18日。http://www.bsm.org.cn/show_article.php?id=196。

〔註89〕「聖之㑆俆」，季旭昇讀為「聲之疾徐」，可從。

〔註90〕「𩠐」字，何有祖釋作「頸」。

〔註91〕「肸」字，原釋讀為「縈」；季旭昇引宋華強〈由新蔡簡肩忠疾說到平夜君成所患為心痛之症〉（「簡帛網」2005年12月7日。http://www.bsm.org.cn/show_article.php?id=127。）釋作「肩」；宋華強〈新蔡簡「肩」字補證〉（「簡帛網」2007年3月14日。http://www.bsm.org.cn/show_article.php?id=284。）亦認為此字可讀為「肩」，可從。

〔註92〕「㾓」字，季旭昇釋作「卷」。

〔註93〕「庭」字，原釋作「廷」，何有祖認為其上有「宀」旁，釋作「庭」，可從。

三、子羽與子貢論孔子之賢

本編連組由「簡 11＋簡 15＋簡 13＋簡 16＋簡 14＋簡 12」組成。編連後內容如下：

> 行〔註 94〕子人_〔註 95〕。子羽䎽（問）於子贛（貢）曰：「仲屖（尼）與虖（乎）子產篙（孰）臤（賢）？」子贛（貢）曰：「夫子絧（治）十室之邑亦樂，絧（治）萬（萬）室之邦亦樂，肰（然）則〔簡 11〕【臤（賢）於子產】壴（矣）。」「與墨（禹）篙（孰）臤（賢）？」子贛（貢）曰：「墨（禹）絧〔註 96〕（治）天下之川☐〔簡 15〕以為异〔註 97〕（己）名，夫〔簡 13〕子絧（治）时（詩）箸（書）〔簡 16〕，亦〔註 98〕以异（己）名，肰（然）則臤（賢）於墨（禹）也。「與〔註 99〕叜（舜）〔簡 14〕篙（孰）臤（賢）？」子贛（貢）曰：「叜（舜）君天下〔簡 12〕【……，夫子……肰（然）則臤（賢）於叜（舜）也。】

本編連組述及子羽與子貢比較古人與孔子孰賢之對話。依其內容文意，可暫稱為「子羽與子貢論孔子之賢」。其「編連及排序」、「拼合及補字」及「文字釋讀」等問題討論如下：

第一、編連及排序：陳劍、徐少華認為「簡 11＋簡 15＋簡 13＋簡 16＋簡 14＋簡 12」可以繫連，又陳劍認為此一編連組後可遙綴〈弟子問〉簡 22。案：陳、徐二人所提簡 11 至簡 12 之編連就文意及竹簡形制觀之皆甚為合理，當無疑義。至於〈弟子問〉簡 22 與此處所載並無明顯關係，今暫不置於此。

第二、拼合及補字：本段拼合、補字後為 2 枚完整，1 枚殘簡，如下。其中，簡 11 及「簡 15＋簡 13＋簡 16＋簡 14」為完簡，簡 12 上端殘損、下端完整，為殘簡。

〔註 94〕「行」字，原釋作「非」，陳劍認為與簡 7「行」字字形相同，當釋作「行」，可從。

〔註 95〕「人」字之下有一小短橫，疑為段落符號。然則「行子人」三字乃與以下「子羽䎽於子貢」一段並非同段。

〔註 96〕「絧」字，原釋無「台」一偏旁，然同字他處釋作「絧」，今統一作「絧」。

〔註 97〕「异」字，何有祖認為下旁當隸作「火」。

〔註 98〕「亦」字，原釋作「非」，何有祖釋作「亦」，可從。

〔註 99〕「與」字，原釋作「契」，何有祖認為字形與簡 15「與」字同，釋作「與」，可從。

1. 簡 11：簡 11 長 51.8cm，與完簡長 54.5 約差 2.7 字，故其下約可補 2 字。陳劍認爲此處依下文文例「肰（然）則臤（賢）於壘（禹）」，可補「臤（賢）於子產」四字。然則，簡 11 下端所殘之字爲「賢於」二字。至於「子產」二字，當書於下一簡（詳下）。

2. 簡 15＋簡 13＋簡 16＋簡 14：簡 15、簡 13、簡 16 均首尾皆殘，長度分別爲 20.3cm、7.5cm、6cm；簡 14 上端殘損、下端完整，長 17cm。以上四者合計長 50.8cm，與完簡長 54.5cm 差約 3.7cm，約可再補 2～3 字。此四簡間文字可以連讀，無補字空間，故其所佚字當在簡首處，適可補入「子產」二字。

3. 簡 12 之後文字亡佚，然從上文內容、語氣可推知，全章主旨乃在透過孔子與古人之比較顯現出其「賢」，故其下當可補「……夫子……肰（然）則臤（賢）於叒（舜）也。」一句。

第三、重要文字釋讀：

1. 簡 11「仲屔（尼）與虗（乎）子產管（孰）臤（賢）？」句：「乎」字，圖版作：

原釋讀爲「吾」，陳劍以爲此處稱「吾子羽」，故「子羽」非如原釋所云爲孔子弟子澹臺滅明，而是與子產共事的「行人子羽」，並認爲作者此處忽略「行人子羽」與子貢時代不同的事實。案：〈君子爲禮〉所載雖難以確定是否屬實，然即便爲依托之作，其書寫時亦當會儘量尊重史實，而不致將不同時代之人物錯亂，故「子羽」當以原釋所述爲是。本文以爲，楚文字中「虗」、「唐」二字常有混用現象，其字視上下文可讀爲「吾」或「乎」。若將此處「虗」字當讀爲「乎」，作語氣詞，無義，則全句作「仲尼與乎子產孰賢」，文句通順。

2. 簡 11-15「肰（然）則〔簡 11〕【臤（賢）於子產】壴（矣）。」句：「壴」字，圖版作：

原釋無釋，僅摹其字形，陳劍釋作「亖」，讀爲「矣」，但仍存疑。案：將此字殘存字形對照〈弟子問〉簡 6、簡 9「亖」字：

〈弟子問〉簡 6

〈弟子問〉簡 9

可以發現即爲同字，陳說爲是。

四、零簡之歸置及全篇簡序之安排

總上，除簡 10 外其餘諸簡皆有所編連，其文爲：

昔者仲屖（尼）箴〔註 100〕徒三人，窮徒五人，芫贅之徒〔簡 10〕〔註 101〕

原釋將簡 10 置於簡 11 前，乃以爲其屬「子羽與子貢論孔子之賢」一段。就文意言，簡 10 與該編連組間似無必然關係，唯〈君子爲禮〉、〈弟子問〉中其他諸簡亦無可與此簡歸爲同類者，且稱孔子「仲尼」之情況，在〈君子爲禮〉及〈弟子問〉中唯「子羽與子貢論孔子之賢」一段有，或爲原釋將簡 10 置於該處之故，姑附於後。

此外，待討論者爲以上三段之次序問題。依原釋，則三段之次序當爲「顏回與孔子問答」、「君子儀態」及「子羽與子貢論孔子之賢」。案：簡 1 自簡首書寫，且爲「顏回與孔子問答」之開頭，故原釋將「顏回與孔子問答」次於首段，乃屬合理，唯編連後可以發現，「君子儀態」及「子羽與子貢論孔子之

〔註 100〕「箴」字，蘇建洲認爲與《包山楚簡》157 號「鐵」字相類。

〔註 101〕陳劍認爲簡 10 可與「弟子問」簡 18 拼合。案：就文意觀之似可通，唯簡 10 末字「徒」雖有殘泐，但末筆尚存於簡 10，而「弟子問」簡 18「者」字之前似存前字殘筆，故二者即屬同簡，其間亦有佚文。此外必須說明的是，即便如此，亦不能排除二者並非同段文字之可能性。在尚無其他合理之說提出前，姑从陳劍之說。

賢」二段之前後當皆有佚簡，其先後關係難以確定，而就內容言，「顏回與孔子問答」與「子羽與子貢論孔子之賢」皆屬記載孔子或其門人言論之文獻，性質較近，且〈君子爲禮〉、〈弟子問〉中稱孔子爲「夫子」者僅此二段，故次「子羽與子貢論孔子之賢」於「顏回與孔子問答」之後，較爲合理。

五、小　結

以上乃本文對於〈君子爲禮〉整理方案之討論。其中，除簡 11「虘」字本文以爲可讀爲「乎」外，其餘部分大抵皆自學者說法中擇善採用。整理後，〈君子爲禮〉可破讀如下：

> 顏淵侍於夫子，夫子曰：「回，君子爲禮，以依於仁。」顏淵作而答曰：「回不敏，弗能少居。」夫子曰：「坐，吾語汝。言之而不義，〔簡 1〕口勿言也；視之而不義，目勿視也；聽之而不義，耳勿聽也；動而不義，身毋動焉。」顏淵退，數日不出，丿【□□問】〔簡 2〕之曰：「吾子何其瘠也？」曰：「然，吾新聞言於夫子，欲行之不能，欲去之而不可，吾是以瘠也。」■顏淵侍於夫子，夫子曰〔簡 3〕：「回，獨智，人所惡也；獨貴，人所惡也；獨富，人所惡〔簡 9A〕【也。顏】淵起，逾席曰：「敢問何謂也？夫子【曰】：「智而☒信，斯人欲其〔簡 4〕【□智】也；貴而能讓，斯人欲其長貴也；富而〔簡 9B〕【□□，斯人欲其□富也。】
>
> 行子人_。子羽問於子貢曰：「仲尼與乎子產孰賢？」子貢曰：「夫子治十室之邑亦樂，治萬室之邦亦樂，然則〔簡 11〕【賢於子產】矣。」「與禹孰賢？」子貢曰：「禹治天下之川☒〔簡 15〕以爲己名，夫〔簡 13〕子治詩書〔簡 16〕，亦以己名，然則賢於禹也。「與舜〔簡 14〕孰賢？」子貢曰：「舜君天下〔簡 12〕【……，夫子……然則賢於舜也。】
>
> 昔者仲尼箴徒三人，寀徒五人，芫贅之徒〔簡 10〕
>
> 好。凡色毋憂、毋佻、毋作、毋謠、毋〔簡 5〕俛視、毋側睇；凡目毋遊，定視是求。毋欽、毋去，聲之疾徐，稱其眾寡。〔簡 6〕
>
> 醢而秀。肩毋廢毋痌，身毋偃毋欠，行毋眡毋搖，足毋墜毋高。其才〔簡 7〕庭則欲齊齊，其在堂則〔簡 8〕□□□□□□□□□□□毋有柔教，毋有首猷，植〔〈弟子問〉簡 3〕

第三節　〈弟子問〉整理方案

如前節所述，〈弟子問〉與〈君子爲禮〉之內容相類，且全篇亦由許多各自獨立之小段落組成，其文獻性質屬「雜錄」一類。限於此種特質，〈弟子問〉全篇之編連難度甚高，故自整理者張光裕在《上海博物館藏戰國楚竹書（五）》〔註 102〕中發表其整理結果後，學者對該篇所提出之調整意見亦限於個別段落之討論，如陳劍〈談談《上博（五）》的竹簡分篇、拼合與編聯問題〉〔註 103〕、陳偉〈上博五《弟子問》零釋〉〔註 104〕等。職是之故，本文對〈弟子問〉之整理重點亦放在段落之編連釋讀。以下，首先討論可以拼合、編連或歸類之段落，並依其內容立一標題；其次，討論各段落之次序安排問題；最後，討論無法拼合、編連之零簡歸屬問題，以爲〈弟子問〉提出一合理之整理方案。

一、可以編連、拼合或歸類的段落

綜合學者及本文意見，〈弟子問〉中可以編連的段落有六，如下：

（一）延陵季子

本編連組由「簡 2＋簡 1」拼合而成。拼合後內容如下：

子曰：「前〔註 105〕（延）陵季=（季子），其天民也虐（乎）！生而不困（因）其浴（俗）。吳人生七〔註 106〕**𢘋**（年〔註 107〕）〔簡 2〕而**𢼄**（動〔註 108〕）**𢿭**（散）〔註 109〕，**伩**（文）**虐**〔註 110〕（乎）其

〔註 102〕載馬承源等，《上海博物館藏戰國楚竹書（五）》（上海：上海古籍出版社，2005 年 12 月），頁 267～283。

〔註 103〕載「簡帛網」2006 年 2 月 19 日。http://www.bsm.org.cn/show_article.php?id=204。

〔註 104〕載「簡帛網」2006 年 6 月 21 日。http://www.bsm.org.cn/show_article.php?id=215。

〔註 105〕「前」字，小虫（筆名）釋作「腱」。參小虫（筆名），〈說《上博五・弟子問》「延陵季子」的「延」字〉，「簡帛網 2006 年 5 月 22 日。http://www.bsm.org.cn/show_article.php?id=351。

〔註 106〕「七」字，原釋作「十」，陳劍釋作「七」，可從。

〔註 107〕「**𢘋**」字，原釋無釋，范常喜觀其筆意釋作「**𢘋**」，讀爲「年」，可從。

〔註 108〕「**𢼄**」字，范常喜釋作「壤」，讀爲「讓」。參范常喜，〈《上博五・弟子問》1、2 號簡殘字補說〉，「簡帛網」2006 年 5 月 22 日。http://www.bsm.org.cn/show_article.php?id=349。

〔註 109〕「**𢿭**」字，原釋作「**数**」；蘇建州認爲字形與〈曹沫之陣〉簡 43 釋作「散」的「**𢿭**」字相同；范常喜讀爲「札」。案：觀此字殘筆，其結構與「**𢿭**」字相符，二者當爲同字，特〈曹沫之陣〉「**𢿭**」字原釋作「散」，但無說解，姑從。

雁（胸），前（延）陵季=（季子）僑（喬）〔註111〕而弗受。前（延〔註112〕）陵季=（季子），其天民也虐（乎）！」■子贛（貢）【曰】〔簡1〕〔註113〕

本編連組述及廷陵季子之事。依其內容文意，可暫稱爲「延陵季子」。其「拼合及補字」及「文字釋讀」等問題討論如下：

第一、拼合及補字：陳劍認爲「簡2＋簡1」可以拼合。案：簡2上端完整、下端殘損，長23.6cm；簡1上下皆殘，長30cmm，二者合計長53.6cm，與完簡約長54.5cm差0.9cm，其下當可補一「曰」字。拼合後文意通順，可以連讀，陳說可從。

第二、重要文字釋讀：

1. 簡1「伒（文）虐（乎）其雁（胸）」句：「伒」字，圖版作：

蘇建洲認爲右旁从「皮」；何有祖比對郭店〈忠信之道〉簡2「民」字，認爲右旁爲「民」，故可隸作「伒」，讀爲「文」；范常喜隸作「佣」。案：此字殘泐，字形右旁與「皮」、「民」皆有相似之處而不全同。陳劍認爲此段文字與吳人「文身」習俗有關，然則此處讀「文」甚通順。又，「雁」字，原釋作「所」，陳劍隸作「雁」，讀作「膺」，即「胸」字，可從。〔註114〕因此，本句當讀爲「文乎其胸」，訓作「在胸部紋身」。

（二）父母之喪

本編連組由「簡7＋簡8」拼合而成。拼合後內容如下：

□□□□□□□□子曰：「虗（吾）䎽（聞）父母之喪〔簡7〕，飤（食）

〔註110〕「虐」字：原釋作从「虎」从「口」。案：由篆而隸時从「虎」之偏旁通常省略「几」，今直接隸作「虐」，下同。

〔註111〕「矯」字，原釋如字讀，陳劍讀爲「矯」，范常喜引《公羊傳・襄公二十九年》「季子去之延陵，終身不入吳國。」及《吳越春秋》：「吳人固立季札，季札不受，而耕於野，吳人捨之。」之文，認爲當如字讀，訓作「遷居、旅居」之義。

〔註112〕此處原釋誤將「前」之本字「廷」標示於「陵」字後，今改正。

〔註113〕又「延陵季子」一段與「子羽與子貢論孔子之賢」皆與子貢有關，可置於其前。

〔註114〕此字亦見《香港中文大學文物館藏簡牘》（甲・戰國楚簡）簡3〕，可與上博〈子羔〉編連，讀作「胸」當無疑義，參本文「〈子羔〉整理方案」一節。

肉女（如）飯土，酓（飲）酉（酒）女（如）滏（淆〔註115〕），信虐（乎）？」子贛（貢）乚（曰）：「莫新（親）虐（乎）父母，死不䫉（顧），生可言虐（乎）？其信也。」〔註116〕子〔簡8〕【曰】〔註117〕

本編連組述及孔子及子貢討論父母之喪時的飲食狀況。依其內容文意，可暫稱爲「父母之喪」，其「拼合及補字」及「文字釋讀」等問題討論如下：

第一、拼合及補字：本簡由陳劍拼合。案：簡7上下皆殘，長9.5cm；簡8下端完整、上端殘損，長36.1cm。二者合計長45.6cm，與完簡約長54.5cm差8.9cm，其上約可補7字。拼合後文句通順，可以連讀，陳說可從。

第二、重要文字釋讀：簡7及簡8「子曰」之「子」字，圖版作：

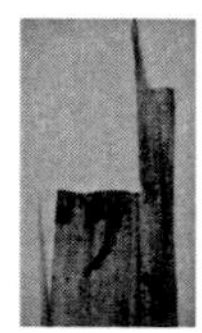

簡7

簡8

原釋未釋，觀殘存字形及上下文意，當爲「子」字。

（三）子過曹

本編連組由「簡10+簡17＋簡20→簡4」組成。編連後內容如下：

□□□□□□□□□□□□□女（汝）弗智（知）也虐（乎）？繇（由）！夫以眾軛（犯）墭（難），以新（親）受備（服〔註118〕），裳（勞）以成事，見〔註119〕以俉（樹）官，士戠（鈎〔註120〕）以力則𢆶（組〔註121〕），以〔簡10〕……弗王，善款（矣），夫安（焉）能王人？

〔註115〕「滏」字，陳斯鵬讀爲「澆」。

〔註116〕原釋斷句爲「莫親乎父母，死不顧生，可言乎其信也。」此處從陳偉斷句。參陳偉，〈《弟子問》零識（續）〉，「簡帛網」2006年3月7日。http://www.bsm.org.cn/show_article.php?id=270。

〔註117〕依上下文，此可補「曰」字。

〔註118〕「備」字，何有祖釋讀爲「祿」。

〔註119〕「見」字，何有祖釋作「印」；陳偉釋作「色」，讀爲「嗇」，訓作愛惜。

〔註120〕「戠」字，何有祖認爲左旁作「司」，可讀爲「治」。

〔註121〕「𢆶」字：原釋未釋，張振謙指出包山楚簡有此字，作「組」，可從。參張振謙，〈上博（五）札記二則〉，「簡帛網」2006年2月27日。http://www.bsm.org.cn/show_article.php?id=244。

> 繇（由）！■。子逃（過）𡧍（曹），彥（顏）〔簡 17〕囦（淵）馭（馭），至老丘，又（有）成〈戎〉（農）植其槈而訶（歌）安（焉），子䖾（據〔註 122〕）虖（乎）軾（軾）〔註 123〕而〔簡 20〕……□□□□□□◪風也，䜌（亂）節而悷（哀）聖（聲）。曹之喪，其必此虖（乎）？韋（回）！」子𪅾（嘆）曰：「烏（於）！莫我智（知）也夫。」子遊（游）曰：「又（有）墬（施）之胃（謂）也虖（乎）？」子曰：「偠（偃）〔簡 4〕

本編連組由三段記載組成，其前後兩段佚文較多；中間一段依前後文尚略可推求大意，乃述及孔子過曹國聞農夫詠歌之事。今依中間一段大意，暫稱爲「子過曹」。其「編連及排序」、「拼合及補字」及「文字釋讀」等問題討論如下：

第一、編連及排序：陳劍認爲「簡 17＋簡 20」可以拼合（詳下），又認爲簡 4 可次於其後。案：就上下文意觀之，三簡當屬同段，陳說可從。又，簡 10 孔子云「女（汝）弗智（知）也虖（乎）？繇（由）！」並述及行政事務，簡 17 孔子云「夫安（焉）能王人？繇（由）！」就行文語氣及內容言，二者當屬同段，今置簡 10 於簡 17 前。

第二、拼合及補字：

1. 簡 10：下端完整、上端殘損，長 38.4，與完簡約長 54.5cm 差 16.1cm，其前約可補 12 字。

2. 簡 17＋簡 20：簡 17 上下皆殘，長 18.5cm；簡 20 上下皆殘，長 21.9cm。二者合計 40.4cm，與完簡約長 54.5cm 差 14.1cm，前後合計約可補 11 字。又，二者拼合後接續文句爲「子逃（過）𡧍（曹），彥（顏）囦（淵）馭（馭）」，文句通順，可以連讀，當可拼合。其中「彥」字殘泐，原釋認爲此處所指當爲顏淵爲孔子馭，然則其間可補「彥（顏）」一字。

3. 簡 4：下端完整、上端殘損，長 45.2cm，與完簡約長 54.5cm 差 9.3cm，其前約可補 7 字。

第三、重要文字釋讀：

〔註 122〕「䖾」字：季旭昇認爲下半部可隸作「乘」，讀爲「據」，可從。

〔註 123〕「軾」字，原釋作「軒」，陳劍隸作「軾」，讀作「軾」。案：楚文字中「干」旁與「弋」旁字形相近而小異，其差異處在豎筆中間是否有一劃或一點，本字右旁中間有一點，當爲「弋」旁，陳劍之說可從。

1. 簡 10「見以侸（樹）官」句：「侸」字，圖版作：

原釋未釋，何有祖認爲該字从「尸」从「旦」，讀爲「擅」；陳偉釋作「侸」，讀爲「屬」；曹建國從陳偉隸作「侸」，並引《說文》「侸，立也。从人、豆聲，讀若樹」段注之說釋作「樹」，可從。〔註 124〕

2. 簡 17「夫安（焉）能王人？繇（由）！」句：「繇」字，圖版作：

原釋如字讀，牛新房讀爲「由」，作爲孔子所呼告仲由（字子路）之名用，簡 17「繇」字同，可從。

3. 簡 20「又（有）成〈戎〉（農）植其槈而訶（歌）安（焉）」句：「成」字，圖版作：

原釋無釋，陳劍釋作「戎」，讀爲「農」。案：此字與簡 10「城」（讀作「成」）所差別者在底下一橫，當隸作「成」；類似字形見郭店〈緇衣〉簡 35，以及上博〈三德〉簡 8「成」字，尤其是前者與此字甚爲接近，且末筆中間似有一點，亦與此字相同。然而，此處讀爲「成」文意難解，而釋讀作「農」則文意通順，疑乃「戎」字誤書，讀爲「農」。

5. 簡 4「子曰：『佞（偃）！』」句：「佞」字，圖版作：

〔註 124〕參曹建國，〈上博竹書《弟子問》關於子路的幾條簡文疏釋〉，《楚地簡帛思想研究（三）》（武漢：湖北教育出版社，2007 年 4 月），頁 85～94。

原釋未釋，季旭昇師認為該字左半部偏旁从「彳」、右半部偏旁从「安」。然則可隸定為「侒」，此處疑讀作「偃」，為子游之名。「侒」字《說文》無，當从「安」得聲。「安」、「偃」二字上古皆為「影紐元部」，〔註 125〕音同可通。且从「安」之字與从「匽」之字多可通。〔註 126〕〈君子為禮〉及〈弟子問〉中常見孔子直呼弟子名字的記載，故此處釋讀為「偃」，當屬合理。

（四）孔子與顏回論友賢

本編連組由「簡 13→簡 12＋簡 15」組成。編連後內容如下：

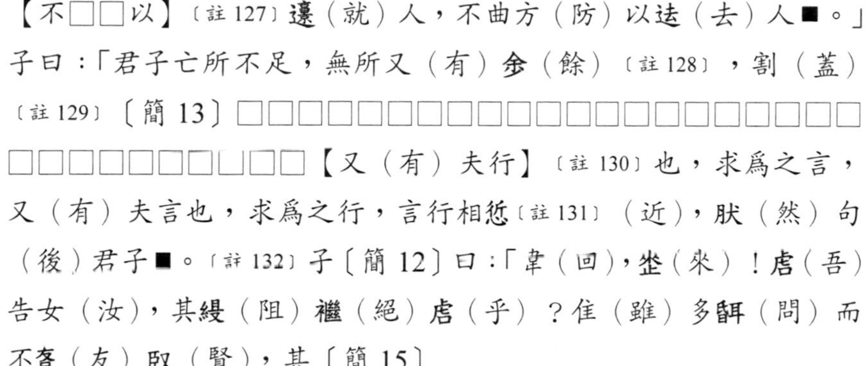

【不□□以】〔註 127〕遠（就）人，不曲方（防）以迲（去）人■。」子曰：「君子亡所不足，無所又（有）余（餘）〔註 128〕，割（蓋）〔註 129〕〔簡 13〕□□□□□□□□□□□□□□□□□□□□□□□□□□□□□□□【又（有）夫行】〔註 130〕也，求為之言，又（有）夫言也，求為之行，言行相悊〔註 131〕（近），肰（然）句（後）君子■。〔註 132〕子〔簡 12〕曰：「韋（回），坐（來）！虐（吾）告女（汝），其緀（阻）繼（絕）虐（乎）？隹（雖）多聑（問）而不畜（友）臤（賢），其〔簡 15〕

本編連組至少可分兩段，前段述及君子所言所行當相應、一致；後段述及孔子與顏淵之對話，提及「友賢」的觀念，今依後段所載，暫稱為「孔子與顏回論友賢」。陳劍認為「簡 12＋簡 15」可以連讀，且簡 15 為簡尾，其上接

〔註 125〕載李珍華、周長楫，《漢字古今音表》（北京：中華書局，1999 年 1 月），頁 203、218。

〔註 126〕參高亨，《古字通假會典》（北京：齊魯書社，1997 年 7 月）「安字聲系」、「宴字聲系」部分，頁 172～176。

〔註 127〕依下文，此處可補「不□□以」四字。

〔註 128〕〈從政〉甲篇有論及有餘、不足之文句曰：「又（有）所又（有）舍（餘）而不敢盡（盡）之■，又（有）所不足而不敢弗〔簡 14〕【之】」。二者或可連讀。

〔註 129〕此字蘇建洲釋作「割」，何有祖指出此字與郭店〈語叢四〉簡 18「割」字形近，讀為蓋，可從。

〔註 130〕陳偉認為本簡前可補「又（有）行」三字，可從。

〔註 131〕「悊」字，亦見〈性情論〉簡 37 上旁从「彳」从「斤」，即「近」字或體（楚文字从彳从辵每每相通），下旁从「心」；郭店〈性自命出〉對等字上旁从「厶」，可參看。

〔註 132〕〈從政〉甲篇有論及言行之文句曰：「聑（聞）之曰：可言而不可行，君子不言；可行而不可言，君子不行〔簡 11〕。」二者或可連讀。

簡 12 後契口位置符合本篇形制，故二者可以拼合。陳偉則認爲「簡 13＋簡 12」可以拼合，其間可補「又（有）夫行」三字。案：簡 13 上端完整、下端殘損，長 23.9cm；簡 12 首尾皆殘，長 25.4cm；簡 15 下端完整、上端殘損，長 20.5cm，三者合計長 69.8cm，無拼合爲一簡的可能。〈中庸〉載：「庸德之行，庸言之謹，言顧行，行顧言。」〔註 133〕又上博〈從政〉甲 11-14 載：「聞之曰：可言而不可行，君子不言；可行而不可言，君子不行；有所有餘而不敢盡之■，有所不足而不敢弗〔甲 14〕【勉之■。」可參看。又，若三者爲同段，則須在簡 13 及簡 12 間補入與〈從政〉所載之類似文字，姑從陳劍編連。

（五）宰我問君子

本段由「附簡＋簡 11＋簡 24」組成。編連後內容如下：

> 曰：「考（巧）言窒（令）色，未可胃（謂）急（仁）也。☐者其言，☐而不可。〔附簡〕□□□□□□□此之胃（謂）急（仁）。剚（宰）我昏（問）君子-〈=〉（子。子）〔註 134〕曰：「余（予）！女（汝）能新（慎）訇〔註 135〕（始）與冬（終），其善款（矣〔註 136〕），爲君子虐（乎）？〔簡 11〕女（汝）安（焉）能也?」■。〔簡 24〕

本編連組至少由兩段組成，前段論「仁」；後段述及宰我問孔子「君子」之對話，今依其後段內容文意，暫稱爲「宰我問君子」。其「編連及排序」、「拼合及補字」及等問題討論如下：

第一、編連及排序：陳劍認爲「簡 11＋簡 24」可以拼合（詳下）。又，附簡論及「仁」，綜觀全篇，與之相關者僅簡 11 首句「此之胃（謂）急（仁）」，今姑編連之。

第二、拼合及補字：案：簡 11 上下皆殘，長 33cm；簡 24 下端完整、上端殘損，長 12.5cm。二者合計長 45.5cm，與完簡約長 54.5cm 差 9cm，其前約可補 7 個字。

〔註 133〕宋・朱熹，《四書章句集注》（北京：中華書局，2001 年 11 月），頁 23。

〔註 134〕此處孔子回答宰我的回答逕作「曰」，與本篇他處皆作「子曰」不同。「子」字下有一短橫「-」，疑當爲重文符號「=」誤抄。

〔註 135〕「訇」字：原釋左半部偏旁从「糸」。案：此字不从「糸」，且多見於楚簡如：〈仲弓〉簡 26、〈季康子問於孔子〉簡 1，皆隸作「訇」。又，〈君子爲禮〉簡 10 另有「絢」字，右半部即此字，亦隸作「訇」。職是，此字當隸作「訇」。

〔註 136〕「款」字，陳偉斷作下句，讀爲「幾」。

（六）未之見也

本編連組由「簡6＋簡9」組成。編連後內容如下：

安（焉）。」子曰：「貧戔（賤）而不約者，虐（吾）見之壴（矣）；貴（富）貴而不喬（驕）者，虐（吾）聑（聞）而〔簡6〕【未之見也。】士，虐（吾）見之壴（矣）；事而弗受者，虐（吾）聑（聞）而未之見也。」子曰：「人而下臨，猷（猶）上臨也。〔簡9〕

本編連組至少涉及三段，但前後段佚文甚多。中間一段述及孔子論其「未之見」之人、事。今依中間一段內容文意，暫稱爲「未之見也」。簡6、簡9孔子所云句法相同，當可編連。在補字方面，簡9，上下皆殘，長31.6cm，與完簡約長54.5cm差22.9cm，其前後約可補18字。又「簡6＋簡9」中據上下文，至少可補「未之見也」四字。

二、零簡之歸置

以上，乃〈弟子問〉中可以拼合、編連的簡文，其餘簡文則目前尚無有力論據使之與他簡拼合或繫連。然觀其行文與內容，或有可與上述諸編連組相關而可歸爲同段者。今姑略加歸類，並次於相關段落之前後，如下：

第一、簡23與「父母之喪」，其文爲：

☐☐之又（有）？」子曰：「剌〔註137〕（列）虐（乎）其下，不斱（折〔註138〕）其枳（枝），飤（食）其實（食）〔簡23〕【者，不毀其器】

以上，「飤」字，圖版作：

原釋無釋。案：此字楚文恆見，即「食」字。「實」字，原釋如字讀，劉洪濤引《韓詩外傳》、《新序》、《淮南子》所載「食其食者，不毀其器」句讀爲「食」，並於其下補「者，不毀其器」，姑從之。以上所載，提及飲水思源的觀念，疑與「父母之喪」同段。

〔註137〕「剌」字，蘇建洲隸作「剌」。

〔註138〕「斱」字，蘇建洲認爲左旁當隸作「叀」，釋作「斷」。

第二、簡 22 與「子過曹」，其文爲：

> 子䎽（聞）之曰：「賜，不𠁁（吾）智（知）也。夙（夙）興夜𢘅（寐），以求䎽（聞）〔簡 22〕

提及「不𠁁（吾）智（知）也」與簡 4 所提「莫我知也夫」或相關，且孔子呼叫子貢（賜）的語氣亦與簡 4 呼叫顏回（回！）、子遊（偃！）相同，疑簡 22 與簡 4 爲同段（「子過曹」），姑置於後。

第三、簡 16、簡 5 與「孔子與顏回論友賢」，其文爲：

> ……□安（焉）冬（終）？」子曰：「募（寡）䎽（聞）則沽（孤〔註 139〕），募（寡）見則▨（肆）。多䎽（聞）則𧢲（惑），多見則〔簡 16〕
>
> 者，可𨒥（略）而告〔註 140〕也。」子曰：「少（小）子！𡊄（來），取余言，登年〔註 141〕不亙（恆）至，耇老不𢓜（復）壯，臤（賢）者彶（及）〔簡 5〕

簡 15 及簡 16 皆述及「多聞」問題，二者與「孔子與顏回論友賢」可歸爲同段。又，簡 5 子曰：「少（小）子！𡊄（來）！」語氣與簡 15「韋（回），𡊄（來）！」相同，且簡 15 論及「友賢」而簡 5 論及「臤（賢）者」，文意亦有相關，今姑置於簡 16 後。又，簡 5「𨒥」字，圖版作：

蘇建州釋作「逆」；禤健聰指出郭店〈緇衣〉簡 38 中有類似字，讀爲「格」；陳斯鵬認爲當從傳世本讀爲「略」。案：此字讀爲「略」文意通順。又，上博〈緇衣〉簡 19 載「青（精）𥏻（知），𨒥（略）而行之。」傳世本「𨒥」字即作「略」，可參看，〔註 142〕陳說可從。

〔註 139〕「沽」字，陳偉讀爲「固」。

〔註 140〕「告」字，劉洪濤讀爲「造」。參劉洪濤，〈上博五《弟子問》小考兩則〉，「簡帛網」2006 年 7 月 5 日。http://www.bsm.org.cn/show_article.php?id=375。

〔註 141〕「登年」二字，原釋作「春秋」；陳偉釋作「豊年」；田煒釋作「登年」。參陳偉，〈上博五《弟子問》零釋〉，「簡帛網」2006 年 6 月 21 日。http://www.bsm.org.cn/show_article.php?id=215。參田煒，〈上博五《弟子問》「登年」小考〉，「簡帛網」2006 年 3 月 22 日。http://www.bsm.org.cn/show_article.php?id=297。

〔註 142〕參第二章第一節第十七小節「第十八章（傳世本第十九章）」。

第四、簡 21 與「子過曹」，其文爲：

虗（吾）未見邦而信者〔註 143〕，未見善事人而憙（憂）者。含（今）之殜（世）☐〔簡 21〕

此段文字爲孔子所述，且就書寫位置言，乃置於完簡之上方。就內容及書寫位置言，就今所見餘簡，僅可置於屬「子過曹」的簡 4「子曰：『佞（偃）』」之後，作爲孔子告子游之語。

總上，〈弟子問〉中無法與他簡歸類者尚有簡 3、簡 18、簡 19 及簡 14 等簡。其中，簡 3、簡 18 可歸諸〈君子爲禮〉（參上節）。因此，尚無法歸類之簡文爲簡 19 及簡 14。簡 19 載：

長，巨（蘧）白（伯）玉侸（止〔註 144〕）虐（乎），子臐〔註 145〕＝（惇惇）女（如）也；其聖（聽）子迲（路）進（往）虐（乎），子噩＝（愕愕〔註 146〕）女（如）也，女（如〔註 147〕）戠（誅）。〔簡 19〕

此段文字就文意觀之，似述及孔子對「巨（蘧）白（伯）玉侸（止）虐（乎）」及「子迲（路）進（往）虐（乎）」二者的態度。就其稱孔子爲「子」及直接稱蘧伯玉、子路之名觀之，說者似以第三人稱來敘述一段事件。又，簡 14 載：

從虗（吾）子皆能又（有）㝛（侍〔註 148〕）虐（乎）？君子道朝（昭），肰（然）則夫二晶（三）子者〔簡 14〕

「朝」字，圖版作：

〔註 143〕「者」字：原釋作繼，讀爲「絕」，陳偉認爲讀爲「絕」難解，又指出此字見於郭店〈五行〉簡 50「者」字，釋作「者」，可從。

〔註 144〕「侸」字，陳斯鵬釋作「侍」。

〔註 145〕「臐」字，原釋隸作「臐」，季旭昇認爲右半从「享羊」，可從。

〔註 146〕「噩」字，林素清讀爲「諤」，參林素清，〈讀《季庚子問於孔子》與《弟子問》札記〉，《楚地簡帛思想研究（三）》（武漢：湖北教育出版社，2007 年 4 月），頁 46～52。

〔註 147〕「女」字，林素清讀爲「汝」。

〔註 148〕「㝛」字，原釋讀爲「待」，疑讀爲「侍」。

楊澤生讀爲「昭」，並認爲此處「君子道」，即《論語・憲問》「君子道者三，我無能焉：仁者不憂，知者不惑，勇者不懼」、《周易・雜卦》「君子道長，小人道憂也」、馬王堆帛書〈五行〉:「士有志於君子道謂之志士。」等意同，可從。〔註149〕依上下文，此處所謂「吾子」疑爲「孔子」，而「從吾子」者疑爲下文所云「二三子」。「從吾子皆能有侍乎？」言孔子弟子從其學，皆能侍奉之。從說話者稱孔子弟子爲「二三子」觀之，此處與孔子對話者恐非其弟子。

值得注意的是，〈弟子問〉大抵記述孔子或孔子及其弟子之言論，而其內容亦大抵以孔子所述爲主，弟子提問爲輔；而以上二簡，簡19以第三人稱之觀點敘述孔子事跡，簡14則載他人對孔子的言論，在性質上皆與〈弟子問〉中其他諸簡不同。

三、各段之次序之安排

〈弟子問〉就性質而言乃爲孔子言論之雜錄，全篇並無結構可言，且每條紀錄篇幅皆甚短，亦增加了編連零簡之困難度。故而，就目前的情況觀之，欲恢復其本來面目恐怕不易。今則就全篇之首尾部分略加討論，而置其他段落於其間，並附簡19、簡14於其後。

以篇首言，以上諸段中唯「廷陵季子」一段符合篇首條件。「廷陵季子」由「簡2＋簡1」拼合而成一完簡，且簡首以「子曰」開頭，在位置上符合全篇首簡之條件。至於其他諸段首簡不是有所殘損，難以得知其簡首內容，就是其前當有其他文字，在位置上不符全篇首簡之條件。因此，將「廷陵季子」一段置於全篇開頭，乃不失爲一合理方案。以篇尾言，簡24之下留有空白部分，可知全篇至此已經結束，故該簡所屬之「宰我問君子」一段乃全篇末段。

此外，簡1末「■」符號之後有「子貢」二字。「■」爲分章符號，故「子貢」以下當爲另一章。另一方面，以上諸段中提及子貢及孔子之對話者僅「父母之喪」一段，故今將其置於「廷陵季子」之後。同時，上述歸諸「父母之喪」一段之簡23，其中「子曰」之前文字「☒☒之又（有）？」疑爲子貢所言。然則簡23可置於簡1之後，其下接簡7。

〔註149〕參楊澤生，〈《上博五》零釋十二則〉，「簡帛網」2006年3月20日。http://www.bsm.org.cn/show_article.php?id=296。

四、小　結

以上爲本文關於〈弟子問〉一文整理方案之討論，今將個人在簡序排列及文字釋讀二方面所提之意見簡要敘述：在簡序排列方面，除對部分簡文進行編連外，並參琢上下文意，依歸類原則將部分零簡附於文中，提出「簡 1→簡 23→簡 7」、「簡 10→簡 17」、「簡 4＋簡 21→簡 22」、「附簡＋簡 11」、「簡 6＋簡 9」等排序方案；在文字釋讀方面，指出簡 7、簡 8 二「子」字，及簡 20 誤書爲「成」之「戎」字（讀爲農），並認爲簡 4「佞」字當讀爲「偃」。總上，〈弟子問〉一篇可整理、破讀如下：

子曰：「延陵季子，其天民也乎！生而不因其俗。吳人生七年〔簡 2〕而動散，文乎其胸，延陵季子喬而弗受。延陵季子，其天民也乎！」■子貢【曰】〔簡 1〕……☒☒之有？」子曰：「列乎其下，不折其枝，食其食〔簡 23〕【者，不毀其器】……子曰：「吾聞父母之喪〔簡 7〕，食肉如飯土，飲酒如淆，信乎？」子貢曰：「莫親乎父母，死不顧，生可言乎？其信也。」子〔簡 8〕【曰】

□□□□□□□□□□□□□汝弗知也乎？由！夫以眾犯難，以親受服，勞以成事，見以樹官，士鈞以力則組，以〔簡 10〕……弗王，善矣，夫焉能王人？由！■。子過曹，顏〔簡 17〕淵馭，至老丘，有農植其槈而歌焉，子據乎軾而〔簡 20〕……□□□□□□☒風也，亂節而哀聲。曹之喪，其必此乎？回！」子嘆曰：「於！莫我知也夫。」子游曰：「有施之謂也乎？」子曰：「偃〔簡 4〕吾未見邦而信者，未見善事人而憂者。今之世☒〔簡 21〕

子聞之曰：「賜，不吾知也。夙興夜寐，以求聞〔簡 22〕

【不□□以】就人，不曲防以去人■。」子曰：「君子亡所不足，無所有餘，蓋〔簡 13〕□□□□□□□□□□□□□□□□□□□□□□□□□□□□□□□□□□【有夫行】也，求爲之言，有夫言也，求爲之行，言行相近，然後君子■。子〔簡 12〕曰：「回，來！吾告汝，其阻絕乎？雖多問而不友賢，其〔簡 15〕

……□焉終？」子曰：「寡聞則孤，寡見則肆。多聞則惑，多見則〔簡 16〕

者，可略而告也。」子曰：「小子！來，取余言，登年不恆至，耇老不復壯，賢者及〔簡 5〕

焉。」子曰：「貧賤而不約者，吾見之矣；富貴而不驕者，吾聞而〔簡6〕【未之見也。】士，吾見之矣；事而弗受者，吾聞而未之見也。」子曰：「人而下臨，猶上臨也。〔簡9〕

曰：「巧言令色，未可謂仁也。☐者其言，☐而不可。〔附簡〕□□□□□□□此之謂仁。宰我問君子。子曰：「予！汝能慎始與終，其善矣，爲君子乎？〔簡11〕汝焉能也?」■。〔簡24〕

零簡：

長，蘧伯玉止乎，子悙悙如也；其聽子路往乎，子愕愕如也，如誅。〔簡19〕

從吾子皆能有侍乎？君子道昭，然則夫二三子者〔簡14〕

第四節　〈內豊〉、〈昔者君老〉整理方案

由於〈昔者君老〉與〈內豊〉圖版、釋文的發表時間不同〔註150〕，故在〈內豊〉尚未發表之前，學者對〈昔者君老〉的解讀與討論眾說紛云，莫衷一是。但是，〈內豊〉發表後，即有學者提出二者當爲同篇之說——林素清〈上博四《內豊》篇重探〉〔註151〕及井上亘〈《內豊》篇與《昔者君老》篇的編聯問題〉〔註152〕認爲〈內豊〉與〈昔者君老〉當爲同篇；二人意見大致相同，今依後者所列，並參前者之說，條列二者所提理由如下：

第一、兩篇共同的「君子曰」、「母（毋）」、「弟」、「者」、「之」、「言」、「不」、「命」、「事」、「是」、「以」、「能」、「於」等字字體相同，抄手當爲同一人。

第二、兩篇的竹簡墨色接近，且長度和編線一致——兩篇完簡長度均爲44.2cm，有三道編繩，且編繩位置相同：天頭1.2cm、第一、二道及第三、四道編繩間的距離爲21cm、地腳1cm。

第三、〈昔者君老〉中簡1、簡2及簡4簡爲同段，但簡3的內容與〈內

〔註150〕〈昔者君老〉載馬承源等，《上海博物館藏戰國楚竹書（二）》（上海：上海古籍出版社，2002年12月）；〈內豊〉載馬承源等，《上海博物館藏戰國楚竹書（四）》（上海：上海古籍出版社，2004年12月）。

〔註151〕《簡帛》（第一輯）（上海：上海古籍出版社，2006年10月），頁153～160。（以下簡稱〈林素清1〉）

〔註152〕載「簡帛研究網站」2005年10月16日。http://www.jianbo.org/admin3/list.asp?id=1432。

豊〉有關，當置於〈內豊〉。

以上所論，無論就字體、墨色、竹簡形制或內容言，〈內豊〉與〈昔者君老〉的關係皆相當密切。此外，〈昔者君老〉開頭處「君子曰」，亦爲〈內豊〉篇部分段落所用。故而，〈內豊〉、〈昔者君老〉當如二人所述，乃屬同篇。二者合併整理後之篇名，當尊重抄手在〈內豊〉簡 1 背後所提，作「內豊」（詳下），唯〈內豊〉、〈昔者君老〉已經由原釋命名，學界多承其說，故爲方便討論計，下文的討論仍依原釋所提，分別指稱不同的內容。

除〈內豊〉、〈昔者君老〉之合併問題外，學者對其中部分單枚竹簡之歸屬問題亦有所討論，例如：福田哲之即認爲〈內豊〉附簡當不屬〈內豊〉，而屬上博另一篇文獻〈季康子問於孔子〉，可從。〔註 153〕

至於〈內豊〉及〈昔者君老〉的先後問題，由於〈內豊〉簡 1〔註 154〕背後有「內豊」二字的提名，且〈昔者君老〉簡 4 末字之下有「ㄥ」符號，其下並有空白空間，故學者咸認爲二篇前後關係爲先〈內豊〉後〈昔者君老〉（詳下）。此外，前者大部分內容可與傳世本《大戴記・曾子立孝》、《大戴記・曾子事父母》部分段落對應。凡此，皆對〈內豊〉及〈昔者君老〉在簡序整理工作上提供許多有用的線索。在此基礎上，學者對原釋所提之整理方案無較大之更動，僅將二者合併爲一篇，且針對小部分竹簡的位置及歸屬問題提出調整。爲討論方便計，下文先依文意略爲分段，並對諸段之簡序排列、拼合補字及文字釋讀等問題提出討論。

一、立　孝

本段由「內 1＋內 2＋內 3＋內 4＋內 5＋內 6」編連而成。其中，「內 6A」末「君子事父母」等字屬下段。編連後，其內容如下：

> 君子之立孝，炁（愛）是甬（用），豊（禮）是貴。古（故）爲人君者，言人之君之不能叓（使）亓（其）臣者，不與言人之臣之不能事〔內 1〕亓（其）君者ㄥ；古（故）爲人臣者，言人之臣之不能事亓（其）君者，不與言人之君之不能叓（使）亓（其）臣者ㄥ。

〔註 153〕福田哲之，〈上博四〈內禮〉附簡、上博五〈季康子問於孔子〉簡 16 的歸屬問題〉，「簡帛網」2006 年 3 月 7 日。http://www.bsm.org.cn/show_article.php?id=271。（以下簡稱〈福田哲之 1〉）

〔註 154〕以下，〈內豊〉簡 1 簡稱「內 1」；〈昔者君老〉簡 1 簡稱「昔 1」，以此類推，稱「內 2」、「昔 2」……。

> 古（故）爲人父者，言人之〔內 2〕父之不能畜子者，不與言人之子之不孝者 ㄥ；古（故）爲人子者，言人之子之不孝者，不與言人之父之不能畜子者 ㄥ。〔內 3〕古（故）爲人侃（兄）者，言人之侃（兄）之不能㤅（慈）俤（弟）者，不與言人之俤（弟）之不能丞（承）侃（兄）者 ㄥ；古（故）爲人俤（弟）者，言人之俤（弟）之不能丞（承）侃（兄）〔內 4〕【者，不與言人之侃（兄）之不能㤅（慈）俤（弟）者。ㄥ君子】曰：與君言=（言，言）叓（使）臣；與臣言=（言，言）事君。與父言=（言，言）畜子 ㄥ；與子言=（言，言）孝父 ㄥ。與侃（兄）言=（言，言）㤅（慈）俤（弟）ㄥ，〔內 5〕與俤（弟）言=（言，言）丞（承）侃（兄）。反此𡚻（亂）也 ㄥ。……。〔內 6A〕

廖名春指出簡 6「反此𡚻（亂）也」後之「ㄥ」符號較他處來得大，當是章節符號，而主張以上可爲一章。案：以上內容《大戴記・曾子立孝》亦有類似記載，廖說可從。〔註 155〕今姑依《大戴記》題名，並參考先秦典籍命名習慣，稱之爲「立孝」。其「編連與排序」及「拼合與補字」問題討論如下：

第一、編連與排序：由於編連後文句通順，可以連讀，且有傳世文獻可資比對。《禮記・曾子立孝》載：

> 曾子曰：君子立孝，其中之用，禮之貴。故爲人子而不能孝其父者，不敢言人父不能畜其子者；爲人弟而不能承其兄者，不敢言人兄之不能順其弟者；爲人臣而不能事其君者，不敢言人君之不能使其臣者也。〔註 156〕

故而，自原釋排序以來，學者均無異議。又，「內 1」背後有「內豊」2 字，原釋指出當爲本篇提名，可從。

第二、拼合與補字：「內 5」之前，原釋補入「者，不與言之人侃（兄）之不能㤅（慈）俤（弟）者。古（故）」等 14 字。陳思婷據文例補「者，不與言人之兄之不能慈其弟者。故」等 15 字。馮時則在簡 5 前補入「君子」2 字。〔註 157〕廖名春指出原釋所補「之人侃（兄）當作「人之侃（兄）」

〔註 155〕參廖名春，〈楚竹書〈內豊〉、〈曾子立孝〉首章的對比研究〉，《出土文獻研究方法論文集》（臺北：臺灣大學出版社，2005 年 9 月），頁 265～287。

〔註 156〕清・王聘珍，《大戴禮記解詁》（臺北：漢京文化事業有限公司，1987 年 10 月影印四部刊要本），頁 80～81。

〔註 157〕轉引自陳思婷前揭文。

〔註158〕，並據簡4上半段有15字推算簡5上半段當佚15字，且據上下文例在「者」字補入「乚」符號，以合15字空間。案：廖名春據簡4推算簡5所佚字數之方法可採，唯據其說，補入14字與「乚」符號即佔15字空間，然考此段「乚」符號所在位置多於字距之間，對字距之影響不大。

又，原釋據傳世本在「曰：與君言」之上補入「故」字。案：〈內豊〉凡有「曰」字之處，其前皆接「君子」（〈昔者君老〉中「君曰」一例用以指稱文中人物，與作「君子曰」之論述用詞不同，可不論），而「故」字之後皆直接論述。故而，此處當從馮時在「曰」字前補入「君子」二字。補文後即符合15字之數。

此外，如前所述，依先秦簡本文獻之題名習慣及簡文內容觀之，原釋將此段置於全篇之首，乃屬合理。

二、事父母

本段由「內6B」、「內7」二者編連而成。其中，「內6A」末「君子事父母」等字，以及「內8」前「之如兑（從）㠯（己）记（起）」等字可與本段連讀，今歸於此處討論。編連後，其內容如下：

> 君子事父母，〔內6A〕〔註159〕亡（無〔註160〕）厶（私）䜌（樂），亡（無）厶（私）惪（憂）。父母所樂=（樂樂）之，父母所惪=（憂憂）之。善則兑（從）之，不善則止=之=（止之；止之）而不可，𨸏（隱）而任〔註161〕〔內6B〕，不可。唯（雖）至於死，從之。孝〈從〉而不諫，不城（成）【孝；諫而不從，亦】不城（成）孝乚。君子【曰〔註162〕】：孝子不㔳（負），若（匿〔註163〕）才（在）

〔註158〕黃人二亦有此說，參黃人二，〈上博藏簡第四冊內禮書後〉，《古文字研究》第二十六輯（北京：中華書局，2006年11月），頁350～354。

〔註159〕爲討論方便計，部分引文有重複引用的情況，本句即已見上文「事父母」一段。類似情況不再加注說明。

〔註160〕「亡」字，可讀爲「無」，原釋漏植。

〔註161〕「𨸏而任」句：馮時讀爲「憐而仍」。「𨸏」字，原釋讀爲「離」；廖名春引《論語・子路》「子爲父隱」爲說，讀爲「隱」，可從。參廖名春，〈讀楚竹書《內豊》篇箚記（一）〉，「清華大學簡帛研究網－Confucius2000」2005年2月19日。http://www.confucius2000.com/admin/list.asp?id=1617。（以下簡稱〈廖名春1〉）「任」字，黃人二讀爲「往」；曹建敦引王聘珍《大戴禮記解詁》「任，當也」之文訓作「擔當」，可從。

〔註162〕黃人二、林素清、福田哲之認爲「君子曰」爲各段開頭常用語，故此處「君

腹中。攷（巧）㝸（變），古（故）父母安〔內 7〕之，如䢖（從）㠯（己）迟（起）。……　。〔內 8〕

以上內容，《大戴記．曾子事父母》亦有類似記載，今姑依其所載，並參考先秦典籍命名習慣，稱之爲「事父母」。其「編連與排序」及「文字釋讀」問題討論如下：

第一、編連與排序：關於本段簡序的排列，引起學界較大的爭議。爲便於說明，可先將《大戴記．曾子事父母》對應段落（爲行文方便計，以下或簡稱爲「《大戴記》所載」）之內容抄錄於下：

單居離問於曾子：「事父母有道乎？」曾子曰：「有！愛而敬。父母之行，若中道則從，若不中道則諫，諫而不用，行之如由己。不諫，非孝也；諫而不從，亦非孝也。孝子之諫，達善而不敢爭辨。爭辨者，作亂之所由興也。由己爲無咎則寧，由己爲賢人則亂。孝子無私樂，父母之憂憂之，父母之樂樂之。孝子唯巧變，故父母安之。若夫坐如尸，立如齊，弗訊不言，言必齊色，此成人之善者也，未得爲人子之道也。〔註 164〕

在原釋提出「內 6＋內 7＋內 8」的方案（爲說明方便，下文或稱之爲「原案」）之後，董珊〔註 165〕、魏宜輝、曹建敦〔註 166〕認爲「內 6＋內 8」可以編連，其重要理由在於以文句言，「內 6B＋內 8」編連後接續文句爲「㥯（隱）而任之，如䢖（從）㠯（己）迟（起）。」較爲原釋所提「㥯（隱）而任，不可。唯（雖）至於死，從之。」通順，且與《大戴記》所載「行之如由己」文意接近。依其說，則此三簡之次序當爲：「內 6＋內 8→內 7」（下文或稱之爲「修改案」）。編連後，其內容爲：

子」二字當佚「曰」字，可補入，可從。參福田哲之，〈上博楚簡《內豊》的文獻性質〉《簡帛》（第一輯）（上海：上海古籍出版社，2006 年 10 月），頁 161～175。（以下簡稱〈福田哲之 2〉）。參林素清，〈釋匱〉，轉引自陳思婷，〈內豊譯釋〉，《上海博物館藏戰國楚竹書（四）》讀本》（臺北：萬卷樓圖書，2007 年 3 月），頁 103～124。（以下簡稱〈林素清 2〉）。

〔註 163〕「若」字，原釋讀如字，房振三讀爲「若」。

〔註 164〕《大戴禮記解詁》頁 85～86。

〔註 165〕參董珊，〈讀《上博藏戰國楚竹書（四）》雜記〉，「簡帛研究網站」2005 年 2 月 20 日。http://www.jianbo.org/admin3/2005/dongshan001.htm。

〔註 166〕參曹建敦，〈讀上博藏楚竹書《內豊》篇札記〉，「清華大學簡帛研究網－Confucius2000」2005 年 2 月 25 日。http://www.confucius2000.com/admin/list.asp?id=1629。

> 君子事父母，〔內 6A〕亡（無）厶（私）䜌（樂），亡（無）厶（私）悳（憂）。父母所樂=（樂樂）之，父母所悳=（憂憂）之。善則㕆（從）之，不善則𡕒=之=（止之；止之）而不可，𨽏（隱）而任〔內 6B〕之，如㕆（從）㠯（己）𨒅（起）。君子曰：考（孝）子，父母又（有）疾，冐（冠）不奐（綩），行不頌，不𡕥（卒）立，不庶語。時昧社（攻）、縈（禜），行祝於五祀，剴（剀）必又（有）益？君子㠯（以）城（成）亓（其）考（孝）〔內 8〕……不可。唯（雖）至於死，從之。孝〈從〉而不諫，不城（成）【孝；諫而不從，亦】不城（成）孝ㄴ。君子【曰】：孝子不匱（負），若（匿）才（在）腹中。攷（巧）𡧊（變），古（故）父母安〔內 7〕

針對修改案，〈福田哲之 2〉認爲「內 6B＋內 8」之接續文句固然可通，且與《大戴記》所載可以對應，但原釋所排「內 7＋內 8」之接續文句「故父母安之」亦有此一優點，故就文句之通順度一點言，修改案並不較原案佳。此外，又從全篇符號之使用考察原案及所改案「ㄴ」符號之使用狀況，認爲據原案，則「ㄴ」符號皆集中於「內 1-內 7」，但若依修改案，則其間有兩簡（「內 6」、「內 8」）無「ㄴ」符號，且會造成「君子曰：考（孝）子，父母又（有）疾」一章置於勸諫父母的兩章之間，而與《大戴記》所載有異。故而，仍認爲原案較佳。

案：對於原案，除以上學者所提疑問之外，分析此段，可以發現《大戴記》所載由兩個子題組成，其一爲「諫」，其內容爲「父母之行……由己爲賢人則亂」一段；其二爲「變」，其內容爲「孝子無私樂……古父母安之」一段。二者分別敘述，段落分明。依原釋所排，則「變」子題之文句：「亡（無）厶（私）䜌（樂），亡（無）厶（私）悳（憂）。父母所樂=（樂樂）之，父母所悳=（憂憂）之。」以及「君子【曰】：孝子不匱（負），若（匿）才（在）腹中。攷（巧）𡧊（變），古（故）父母安」乃分置兩處，其間則插入「諫」子題一段之文句「善則㕆（從）之，不善則𡕒=之=（止之；止之）而不可，𨽏（隱）而任〔內 6B〕，不可。唯（雖）至於死，從之。孝〈從〉而不諫，不城（成）【孝；諫而不從，亦】不城（成）孝ㄴ。」又，依原案，則「孝子不匱（負），若（匿）才（在）腹中。攷（巧）𡧊（變），古（故）父母安〔內 7〕之，如㕆（從）㠯（己）𨒅（起）。」一章僅有兩、三句，與全篇他章篇幅差距較大。

另一方面，就符號使用的一致性觀之，〈福田哲之 2〉之說值得重視。值得注意的是，「內 7」、「內 8」、「內 9」三簡中的「孝」一詞用字的不同：「內 7」作「孝」，「內 8」、「內 9」作「考」，讀爲「孝」。（詳下）若將「內 8」置於「內 7」之前，則抄手在抄寫時「孝」一詞之用字無規則可言。儘管，楚簡文字中同字異構的情況時常可見，但此處如果再考慮到〈福田哲之 2〉之說，並對應《大戴記・曾子事父母》內容，則大抵可以認爲自「內 6」「君子事父母」底下一段，接「內 7」，至「內 8」首句「如㞷（從）㠯（己）迡（起）」爲止，可歸爲同章，而「內 8」「君子曰：考（孝）子」以下，則爲另一章節。

此外，依學者之說，則「內 6B＋內 8」及「內 7＋內 8」二者之接續文句皆可通。值得注意的是，「內 6」〔註 167〕原本分爲兩段，乃原釋據文意拼合而成。然則，若不將此二段（可稱爲「內 6A」、「內 6B」）視爲一簡，而重新編排「事父母」一段，則可有其他方案——「內 6A→內 7→內 6B」，可供參考。據此，並依上下文補入亡佚文句，則「事父母」一段之內容爲：

> 君子事父母，〔內 6A〕【愛而敬。父母之行，若中道則㞷（從）之，若不中道則諫之，諫之而】不可。唯（雖）至於死，從之。孝〈從〉而不諫，不城（成）【孝；諫而不從，亦】不城（成）孝└。君子【曰】：孝子不㥦（負），若（匿）才（在）腹中。攷（巧）㝈（變），古（故）父母安〔內 7〕…… 亡（無）厶（私）𢝊（樂），亡（無）厶（私）惪（憂）。父母所樂＝（樂樂）之，父母所惪＝（憂憂）之。善則㞷（從）之，不善則㞢＝之＝（止之；止之）而不可，𢘫（隱）而任〔註 168〕〔內 6B〕之，如㞷（從）㠯（己）迡（起）。…… 。〔內 8〕

此一方案之優點在於能同時解釋上述「內 6B＋內 8」間的文句接續問題，又不須將不屬於「事父母」一段之其他簡文（「內 8」、「內 9」）置入其間，且其

〔註 167〕原釋認爲「內 6A＋內 6B」可以拼合，而本文所稱「內 6」者亦依其說，指「內 6A＋內 6B」拼合後之竹簡。

〔註 168〕「𢘫而任」句：馮時讀爲「憐而仍」。「𢘫」字，原釋讀爲「離」；廖名春引《論語・子路》「子爲父隱」爲說，讀爲「隱」，可從。參廖名春，〈讀楚竹書《內豊》篇箚記（一）〉，「簡帛研究網站」2005 年 2 月 20 日。（以下簡稱〈廖名春 1〉）。「任」字，黃人二讀爲「往」；曹建敦引王聘珍《大戴禮記解詁》「任，當也」之文訓作「擔當」，可從。

文句之安排乃與《大戴記》所載，將「孝子無私憂」與「孝子巧變」之文句置於同處。儘管依本案，則本段中會出現兩次「諫父母」的文字，但二者仍屬不同章，且文意小異，此種狀況在先秦「集錄類」文獻中並不算特例。唯依本案，則「內 6A」、「內 7」、「內 6B」三者間尚須補入其他文字，而就目前所見〈內豊〉、〈昔者君老〉諸簡又無可補入其間者，爲其缺點，今姑附於此。

第二、文字釋讀：

1. 內 7「孝〈從〉而不諫」句：「孝」字，圖版作：

據上下文並參《大戴記》載，當爲「從」字之誤，今改。

2. 內 7「孝子不匱（負），若（匿）才（在）腹中。攷（巧）叓（變）」句：「匱」字，圖版作：

原釋隸作「飤」，釋作「食」；黃人二釋作「良」。房振三認爲此字从反「匚」从「負」，可讀爲「負」，訓作「背忘恩德」〔註 169〕。〈林素清 2〉認爲「匚」字从左从右可通，其中間部分與「貴」形近，釋作「匱」。季旭昇師從黃氏釋形，但隸作「匱」，訓作「違背」。案：此字當從房、季師之說釋作「負」。「負」、「倍」二字上古音皆爲「並紐之部」，〔註 170〕可通。且傳世文獻中从「負」、从「咅」與从「不」三者之字多可通。例如，《老子》傳世本「絕聖棄智，民利百倍」句，「倍」字郭店楚簡甲本作「伓」，馬王堆帛書《老子》甲本即作「負」，可見「負」與「倍」、「伓」可以通假。〔註 171〕然則，此處「孝子不負」即「孝子不倍」義，故「負」字當如季師之說訓作「違背」。

〔註 169〕參房振三，〈上博館藏楚竹書（四）釋字二則〉，《古籍研究》總第 49 期（安徽：安徽大學出版社，2006 年），頁 124～126。

〔註 170〕參《漢字古今音表》頁 136、413。

〔註 171〕此外，並可參《古字通假會典》「不字聲系」、「咅字聲系」部分，頁 429～437。

三、父母有疾

本段由「內8＋內9＋昔3」組成。其中，「內8」前「之，如從（從）㠯（己）起（起）。」等字已置於上段討論。編連後，其內容如下：

君子曰：考（孝〔註172〕）子，父母又（有）疾，冐（冠）不奐（綄〔註173〕），行不頌（容），不衰（卒〔註174〕）立，不庶語。時昧社（攻）、縈（禜），行祝於五祀，剴（剴）必又（有）益？君子㠯（以）城（成）亓（其）考（孝）〔內8〕，是胃（謂）君=子=（君子。君子）曰：考（孝）子事父母，㠯（以）飤（食）亞（惡）㭉（美〔註175〕），下之〔內9〕【□□□□□□□□□□□□□□□□□□□□□□□□□□□□□□□】能事亓（其）㦹（親）。君子曰：子眚（省〔註176〕），割（蓋）憙（喜）於內，不見〔註177〕於外；憙（喜）於

〔註172〕內8、內9三處「考（孝）子」之「考」字，原釋並釋作「孝」；陳斯鵬、孟蓬生釋作「考」，讀爲「孝」，可從。參陳斯鵬，〈初讀上博竹書（四）文字小記〉，「簡帛研究網站」2005年3月6日。http://www.jianbo.org/admin3/2005/chensipeng001.htm。參孟蓬生，〈上博竹書（二）字詞劄記〉，《上博館藏戰國楚竹書研究續編》（上海：上海書店出版社，2004年7月），頁472～477。

〔註173〕「奐」字，原釋作「力」；黃人二釋作「介」，讀爲「櫛」；曹建敦从張新俊之說釋作「介」，讀爲「紒」，訓作「結髮」。田煒引侯馬盟書从「奐」諸字字形隸作「奐」，並引《說文》「院」爲「寏」字或體之載，讀爲「綄」（「完」，曉紐元部；「奐」，匣紐元部），訓作「結髮」（《集韵・諫韵》：「綰，系也。或作綄」）。「冠不綄」與《禮記・曲禮》所載「冠者不櫛」義近，可從。參田煒，〈讀上博竹書（四）瑣記〉，「簡帛研究網站」2005年4月3日。http://www.jianbo.org/admin3/2005/tianwei001.htm。

〔註174〕「衰」字，原釋讀爲「依」；〈廖名春1〉釋讀爲「扆」，訓作「戶牖之間的屏風」；黃人二釋作「狄」，讀爲「哀」；曹建敦指出此字見於隨縣衣箱、包山楚簡197、201，用作「卒」；有眾意，或讀爲「萃」。並引《禮記・曾子問「三年之喪，練不群立」之文，認爲「卒立」即「群立」，姑從。

〔註175〕「㭉」字，原釋讀爲「微」；〈廖名春1〉引《禮記》「孝有三：大孝尊親，其次弗辱，其下能養」及《孟子》、《鹽鐵論》有關孝養父母之文，斷此句作「孝子事父母，以食惡美，下之」，意爲孝子事父母，飲食的好壞，是次要的，並讀「㭉」爲「美」，可從。

〔註176〕「眚」字，原釋讀爲「蓋」，當語氣詞用；林素清、邴尚白讀爲「蓋」，訓作「蓋子」（邴說轉引自陳嘉凌前揭書）；陳嘉凌讀爲「何」；孟蓬生讀爲「姓」。參林素清，〈上博楚竹書《昔者君老》新釋〉，《上博館藏戰國楚竹書研究續編》（上海：上海書店出版社，2004年7月），頁196～212。（以下簡稱〈林素清3〉）。

〔註177〕「見」字，原釋讀爲「顯」。孟蓬生、〈林素清3〉認爲「見」自有「顯」義，無須破讀；陳嘉凌指出在古文裡「見」字用法同「現」字。案：陳說「見」字用作「現」，即孟、林「見」者自有「顯」意之說；三說皆認爲「見」字不

外，不見於內。【恩（慍）於內，不見於外】；恩（慍）於外，不見於內=（內。內）言不邑（以）出，外言不邑（以）入。磬（舉〔註178〕）敚（美）瀍（廢）亞（惡）〔昔3〕

本段至少由三章組成，各章起首句分別爲「君子曰：考（孝）子，父母又（有）疾」、「君子曰：考（孝）子事父母」、「君子曰：子眚（省）」，可依首句分別稱之爲「父母有疾」、「孝子事父母」、「子眚」。至於本段名稱，可以三者之首章爲本段命名爲「父母有疾」。其「編連與排序」、「拼合與補字」及「文字釋讀」等問題討論如下：

第一、編連與排序：關於本段之簡序問題，〈林素清1〉認爲「內8＋昔3」可以編連，而「內9＋內附」可以拼合。又，井上亘認爲「昔3＋內9」可以編連。案：「內附」當非本篇所有，詳下。依林、井上二者之說，則「昔3」須置於「內8」、「內9」之間，而形成「內8＋昔3＋內9」的編連組。於此，本文提出另一方案：「內8＋內9＋昔3」，因爲就文意言此三簡無必然關係，而考其接續文句，將「昔3」置於「內8」、「內9」間，其接續文句爲「君子以成其孝，能是其親」，而將「昔3」置於「內8」、「內9」之後，其接續文句爲「君子以成其孝，是謂君子」，二者皆可通讀。然則，在文意及接續文句之通順度上，兩案皆可通。但是，在〈內豊〉（含〈昔者君老〉）全篇之中，有三個以「君子曰：孝子」起首的章節，而若將「昔3」置於「內8」及「內9」之間，則編連後「君子曰：子眚（省）」一章乃位於以「君子曰：孝子」起首的三章之間。另一方面，若將「昔3」置於「內8＋內9」之後，則全篇中間部分乃爲連續以「君子曰：孝子」起首的三章，體例上較爲整齊。因此，本文將「昔3」置於「內8＋內9」之後。

第二、拼合與補字：〈林素清3〉認爲「憙（喜）於內，不見於外；憙（喜）於外，不見於內。恩（慍）於外，不見於內」文義不全，句法不齊，認爲「恩（慍）於外，不見於內」一句之前可補「恩（慍）於內，不見於外」，或慮及互文寫法而刪「憙（喜）於外，不見於內」一句。案：林氏之疑合理，此處缺句狀況頗似上引《大戴記·曾子事父母》一段與〈內禮〉「事父母」一段的差異。前者作：「孝子無私樂，父母所憂憂之，父母所樂樂之。」類似

須破讀，可從。

〔註178〕「磬」字，何琳儀認爲是「興」的訛誤。參何琳儀，〈滬簡二冊選釋〉，「簡帛研究網站」2003年1月14日。http://www.bamboosilk.org/Wssf/2003/helinyi01.htm。

文句亦見於「內 6B」，作「亡（無）厶（私）遊（樂），亡（無）厶（私）恳（憂）。父母所樂=（樂樂）之，父母所恳=（憂憂）之。善則從（從）之，不善則歨=之=（止之；止之）而不可，𦋙（隱）而任」學者多認爲《大戴記》所載者文意不全，當從簡本補入「無私憂」三字，可從。以此例之，〈昔者君老〉所載亦文意不全，今從〈林素清 3〉所提補入「恩（慍）於內，不見於外」一句。又在補字方面，「內 9」上端完整、下端殘損，長 16.4cm，與完簡約 44.2cm 差距 27.8cm，扣除竹簡下方空白處約 1cm，可書寫空間爲 26.8cm，約可書寫 27 字，今所見〈內豊〉、〈昔者君老〉各簡皆無法與之拼合。

第三、重要文字釋讀：內 8「行不頌（容）」句：「頌」字，圖版作：

原釋讀爲「翔」；曹建敦讀爲「容」，訓作「禮容」。案：《禮記・曲禮上》「父母有疾，冠者不櫛，行不翔」句，鄭玄注云「不櫛、不翔，憂不爲容也。」〔註 179〕然則「不翔」屬「不容」，簡文作「不頌（容）」，於義可通，曹說可從。

四、悌

本段僅「內 10」一簡，其內容爲：

> 君子曰：俤（悌〔註 180〕），民之經也。才（在）少（小）不靜（爭），才（在）大不亂（亂）。古（故）爲㝊（幼）必聖（聽）長之命，爲戔（賤）必聖（聽）貴之命。從人觀（歡〔註 181〕）肰（然），則孚（免）於戾。〔內 10〕

以上文句自成首尾，且文意無甚大缺漏，故與全篇他簡皆無必可編連之理由。然就段旨言，本簡論述幼者當聽從長者之命，其主題爲「悌」，可姑稱

〔註 179〕載清・孫希旦，《禮記集解》（北京，中華書局，1995 年 5 月），頁 63。
〔註 180〕「俤」字，原釋無說。案：當讀爲「悌」。
〔註 181〕「觀」字，原釋讀爲「勸」；黃人二讀爲「歡」；〈林素清 2〉、井上亘與下「然」字連讀爲「懽然」。案：「歡」、「懽」二字通，今姑讀爲「懽」。

爲「悌」。値得注意的是，〈內豊〉（含〈昔者君老〉）全篇所述大抵以「孝」爲主，而論「悌」之文字僅見於此。然就篇名「內豊」言，所述當爲家庭之規範，故述及「悌」德亦屬合理。就全篇諸段之位置言，前此諸段「立孝」、「事父母」、「父母有疾」可以自首簡編連成段，而下文「昔者君老」一段又屬末段，然則「悌」一段可置位置唯在其間。又，參《大戴記·曾子事父母》，首段論述「事父母」之道，次段論述「事兄」之道；「事兄之道」即「悌」也。因此，原釋將本段置於諸論「孝」之簡文之後，可謂合理。

在文字釋讀方面，「古（故）爲孧（幼）必聖（聽）長之命，爲戔（賤）必聖（聽）貴之命。」句：「孧」字，圖版作：

原釋作「少」。案：簡文「少」字皆無从「子」旁者，此字疑爲「幼」字異構，从「少」从「子」會意。《說文》云：「幼，少也。」注云：「《釋言》曰：『幼、鞠，稚也。』」〔註 182〕然則幼之本意即爲年少，「子」之「少」者正爲「幼」。此處「長」、「幼」對言，「貴」、「賤」對言，文義亦通。

五、昔者君老

本段由「昔 1＋昔 2＋〈季康子問於孔子〉簡 16＋昔 4」組成，其內容爲：

> 君子曰：昔者君老，大（太）子朝君=（君，君）之母俤（弟）是相（將）。大（太）子𣅀（側）聖（聽），庶醬=（諹，諹〔註 183〕）進。大（太）子前之〔註 184〕母=俤=（母弟。母弟）关（遜〔註 185〕）

〔註 182〕載《說文解字注》頁 160。

〔註 183〕「醬」字，黃錫全疑从「酉」、从「口」、从「告」，即「酷」字，可讀爲「敂」（即「叩」之古文）。參黃錫全，〈讀上博楚簡（二）箚記八則〉，《上博館藏戰國楚竹書研究續編》（上海：上海書店出版社，2004 年 7 月），頁 456～464；〈林素清 3〉、陳嘉凌釋作「諹」，姑從。參陳嘉凌、季旭昇〈昔者君老譯釋〉，《《上海博物館藏戰國楚竹書（二）》讀本》（臺北：萬卷樓圖書，2003 年 7 月），頁 87～102。

〔註 184〕「之」字，何有祖釋作「止」。參何有祖，〈上博簡《昔者君老》偶得〉，「簡帛研究網站」2003 年 8 月 7 日。http://www.jianbo.org/Wssf/2003/heyouzhu02.htm。

〔註 185〕「关」字，原釋作「送」。李銳指出此字與上博〈緇衣〉簡 13「巻」字上旁同

> 退，前之大（太）子。再三，肰（然）句（後）竝（並）聖（聽）之。〔註186〕大（太）子母俤（弟）〔昔1〕〔註187〕……至（致）命〔註188〕於闍=（闍，闍〔註189〕）㠯（以）告寺=人=（寺人，寺人）內（入）告于君=（君，君）曰：「卲（召）之。」大（太）子內（入）見，女（如）祭祀之事〔昔2〕【也；□□□□】之必敬，女（如）賓〔註190〕客之事也。君曰：「𡱝（薦）豊（禮）〔〈季康子問於孔子〉簡16〕……【各敬】尔（爾〔註191〕）司，各共（恭）尔（爾）事，發（廢）命不夜（赦）〔註192〕。」君卒（卒）。大（太）子乃亡䎽（聞）■、亡聖（聽）■，不䎽（問）不命（令），唯悉（哀）是思，唯邦之大甹（叟）是敬└。〔昔4〕

以上，記述國君自「老」〔註193〕至亡，太子朝見國君的行爲，以及國君在

形，並引沈培所據劉國勝之說釋「㢭」爲「遜」，而釋「𠔉」爲「遜」。李銳，〈讀上博館藏楚簡（二）劄記〉，《上博館藏戰國楚竹書研究續編》（上海：上海書店出版社，2004年7月），頁523～531。案：〈緇衣〉「㢭」字當即「順」字異構，可讀爲「遜」，此處「𠔉」字亦同。

〔註186〕此處斷句從〈林素清3〉。

〔註187〕趙炳清即認爲「昔3」可置於「昔1」之後。案：趙文發表時，〈內豊〉尚未發表。

〔註188〕「至命」二字，〈林素清3〉引《包山楚簡》及《儀禮・聘禮》文例讀爲「致命」，可從。

〔註189〕「闍=」，原釋讀爲「閤門」合文；〈林素清3〉讀爲「闍，闍」（重文），並「闍」爲《周禮》「掌守王宮之中門」的「闍人」，姑從。

〔註190〕「賓」字，原釋釋作「鼎」，讀爲「則」，陳偉發現此字字形見於郭店〈性自命出〉簡66，爲「賓」字，可從。

〔註191〕「尔」字，當讀爲「爾」。

〔註192〕「發命不夜」四字，原釋釋作「發命不夜」；王志平、季旭昇讀爲「發命不斁」。參王志平，〈上博簡（二）劄記〉，《上博館藏戰國楚竹書研究續編》（上海：上海書店出版社，2004年7月），頁495～510。又，季旭昇，〈上博二小議（三）：魯邦大旱、發命不夜〉，「簡帛研究網站」2003年5月21日。陳偉認爲「發」可讀爲「廢」、「赦」可讀爲夜，又引《左傳》之文認爲「廢命」爲古人習語，以及《尚書・盤庚》「罰及爾身」、《左傳》「常刑不赦」之文，讀此四字爲「廢命不赦」，可從。參陳偉，〈《上海博物館藏戰國楚竹書》（二）零釋〉，「簡帛研究網站」2003年3月17日。http://www.bamboosilk.org/Wssf/2003/chenwei03.htm。

〔註193〕關於簡文中「昔者君老」之「老」字，學者有許多解釋：原釋僅訓作「衰老」，陳嘉凌、季旭昇認爲「老」乃「死」之避諱用法，林素清認爲可借用爲「告老傳家」。案：就文獻性質觀之，〈昔者君老〉可視之爲一般之記事文字，不必求之過深，原釋之說可從。

臨死之前對太子及眾人的告戒。在〈內豊〉尚未發表前，原釋乃具首句命名為「昔者君老」，符合先秦文獻命名的習慣，故本章可徑稱之為「昔者君老」。「昔 4」末字下有「乚」符號，且其下空白。此乃簡本文獻全篇末簡常見之現象，故學者多將「昔者君老」置於〈內豊〉之後。其「拼合與補字」及「文字釋讀」等問題討論如下：

第一、拼合與補字：〈福田哲之 1〉認為〈季康子問於孔子〉簡 16 中「敬、也、豊」等字與〈季康子問於孔子〉他簡同字字形不同，而與〈內豊〉及〈昔者君老〉相同，而將之置於〈昔者君老〉簡 2 之後。拼合後，其間仍有 6.8cm 的竹簡佚失。〔註 194〕案：距內文所附小圖版測量，〈季康子問於孔子〉簡 16 下方空間為 1.1cm，而據原釋所云，〈內豊〉、〈昔者君老〉竹簡下方空間為 0.8～1.1cm，〈季康子問於孔子〉則為 1.3cm。換言之，就字距及竹簡下方空間觀之，〈季康子問於孔子〉簡 16 之形制乃與〈內豊〉、〈昔者君老〉相同，而與〈季康子問於孔子〉有異，福田之說可從。唯福田之說仍可調整：細審圖版，拼合後之竹簡第二道編線當在「女（如）祭祀之事」的「祀」與「之」字間。編線之上「昔 2」所殘長度為 20.5cm；據原釋，〈內豊〉、〈昔者君老〉之第一、二道編繩間長度為 21cm 左右，而此簡首字「至」尚有缺，故其上當無佚文。編線之下，所殘長度為 2.1cm；據原釋，第二道編繩以下長度為 22cm 左右，而〈季康子問於孔子〉簡 16 下端完整、上端殘損，長 14.8cm。因此，簡 2 與〈季康子問於孔子〉簡 16 拼合後，其間尚有 5.1cm 殘佚，約可補 5 字。福田哲之認為二殘簡間當距 6.8cm，乃因失慮「昔 2」之上端殘損長度之故。依上下文，當可在「女（如）祭祀之事」後補「也」一字。又，〈林素清 3〉引《詩經・小雅・小明》「靖共爾位，正直是與」之文，認為「昔 4」「尔（爾）司」之前可補「各靖」、「各敬」、「各慎」等字；季旭昇師、趙炳清徑補「各敬」二字。案：林說可從，而「各靖」、「各敬」、「各慎」意義接近，今姑補入「各敬」。

第二、重要文字釋讀：

1. 昔 1「君之母俤（弟）是相（將）。大（太）子昃（側）聖（聽）」句：「是」字，圖版作：

〔註 194〕並參福田哲之〈上博五《季康子問於孔子》的編聯與結構〉，《楚地簡帛思想研究（三）》（武漢：湖北教育出版社，2007 年 4 月），頁 53～69。

吳辛丑認爲並非「繫詞」，而是「賓語前置句式」中的「指示代詞」或「語助詞」，故「君之母俤是相」即「（太子）相君之母俤」，意爲太子輔助君之母俤。〔註 195〕趙炳清認爲「是」是代詞，指「太子」。〔註 196〕「相」字，圖版作：

原釋訓作「佑導」；邴尚白訓作「百官之長」。〔註 197〕吳安安引《禮記・雜記》之文，認爲「相者在禮儀的進行過程中，通常有其實質任務」，但依簡文所載「國君的母弟並未有任何贊禮的行爲」，故認爲「相」字當非指「相禮」，而是當作「輔佐大臣」解。〔註 198〕此外，關於「昃聖」二字，原釋指出不可讀爲「側聽」，因爲不符禮儀，學者多有異議：〈林素清 3〉認爲「側聽」有專注之意，讀爲「側聽」；曹峰從之，並指出「昃（側）聖（聽）」與下文「竝（並）聖（聽）」相對，而引《儀禮・士冠禮》「側尊一甒醴」句鄭注「側，猶特也。無偶曰側」之文，訓作「奇數」。〔註 199〕案：本句原釋斷作「君之母俤是相。太子……」，本文認爲有討論空間，關鍵在「是」字意義、用法，詳下。如吳

〔註 195〕參吳辛丑，〈竹書《昔者君老》一、四簡疏解〉，「簡帛研究網站」2004 年 7 月 25 日。（網站已廢置，轉引自 http://www.guoxue.co/thread-32150-1-1.html。）又，吳辛丑，〈關於楚竹書中「是」字的用法問題——兼答王三峽先生〉，「簡帛研究網站」2004 年 8 月 25 日。（網站已廢置，轉引自 http://www.guoxue.co/thread-32130-1-1.html）王三峽認爲「是」字是「判斷詞」（即「繫詞」）。並參王三峽，〈也談「君之母俤是相」句〉，「簡帛研究網站」2004 年 8 月 7 日。（網站已廢置，轉引自 http://big.hi138.com/wenxueyishu/gudaiwenxue/200605/4068.asp。）

〔註 196〕參趙炳清，〈《昔者君老》與楚國的太子教育〉，「簡帛研究網站」2005 年 4 月 30 日。（網站已廢置，轉引自 http://www.guoxue.co/thread-32058-1-1.html）

〔註 197〕參邴尚白，〈上博〈昔者君老〉注釋〉（第一屆應用出土資料國際學術研討會，2003 年 4 月，轉引自吳安安下文）。

〔註 198〕參吳安安，〈《昔者君老》「相」字義析論〉，《上博館藏戰國楚竹書研究續編》（上海：上海書店出版社，2004 年 7 月），頁 213～219。

〔註 199〕曹峰，〈楚簡《昔者君老》新注〉，《楚地簡帛思想研究（二）》（武漢：湖北教育出版社，2005 年 4 月），頁 31～51。

辛丑所述，至目前所知，先秦「是」字用法尚無明確作「繫詞」者，然就通篇文意言，此處若解釋為太子「相」君之母弟，則無論作動詞的「相」字訓作何義，均於理不合，難以說解。面對此一難題，可以解釋的方法有二：第一種解釋是改變原來斷句。吳辛丑〈竹書《昔者君老》一、四簡疏解〉、〈關於楚竹書中「是」字的用法問題——兼答王三峽先生〉二文中，前文雖然否定「是」字當「繫詞」之說，並認為「君之母弟是相」當解釋為「相君之母弟」，但在後文羅列先秦「是」字的各種用法中，即有表示肯定、當「語氣狀詞」用的「是」字，用以解釋上博〈恆先〉「氣是自生」、「氣是自生自作」句。此種作「語氣狀詞」的用法，除吳文另舉之「美之，是樂殺人」（郭店《老子》丙組）外，在上博楚簡中亦不乏其例，〈季康子問於孔子〉載：

康子曰：「毋乃肥之聞也是差乎？固如吾子之足肥也。」〔簡 11〕

在此例中，「肥之聞也」為主語，「差」字可訓作「偏差的」、「錯誤的」，為謂語，而「是」則為「語氣狀詞」，用以修辭「差」。其與上例之差別在於此處謂語為形容詞，而上文所舉諸例為「動詞」，然對於作為「語氣狀詞」的「是」字而言，其後接「動詞」或「形容詞」，在文法與文意上皆可說解。然則，此處文句若斷為「君之母弟是相太子，側聽……」而將「是」字視為與「語氣副詞」，解釋為「君子母弟確實輔佐太子」，則在語法上、文意上皆可解釋此句。此外，第二種解釋是將此處「相」字讀為「將」，訓作「領導」。「相」字，上古音「心紐陽部」，「將」字上古音「精紐陽部」；二者聲紐發音部位相同，韻部相同，音近可通。〔註 200〕上博〈民之父母〉簡 11「日逑月相」，《禮記·孔子閒居》對應文句作「日就月將」，「相」即讀為「將」，即其例。然則，「君之母俤是相」乃指太子率領君之母弟等人朝君，文義通順，合於太子身份。以上兩種解釋皆兼顧文字用法及通篇文義，其差別乃在語氣的不同。本文以為，此句出現在本章開頭處，似無須特別強調君之母弟「相」太子一事，今採第二方案讀「相」為「將」。

2. 昔 4「不䎽（問）不命（令）」句：「䎽」字，圖版作：

〔註 200〕載《漢字古今音表》頁 322、323。

原釋讀爲「聞」；陳嘉凌認爲楚簡文字中「翻」字可讀爲「聞」或「問」，此處有「參與」的意思。案：前文「亡翻（聞）■、亡聖（聽）」句中，「翻」字當讀爲「聞」，「無聞」、「無聽」二者皆指不被動接受外界消息，而此處「翻」字可讀爲「問」，「不問」、「不令」皆指不主動對外傳達訊息。

3. 昔 4「唯邦之大㽞（叟）是敬」句：「㽞」字，圖版作：

原釋無說，黃德寬、何琳儀、李鋭認爲上旁从「矛」、下旁从「人」或从「几」（李鋭說），釋作「務」。〔註 201〕顏世鉉釋作「叟」，讀爲「變」。〔註 202〕蘇建洲釋作「受」，讀爲「務」。〔註 203〕袁國華釋作「受」，讀爲「叟」。〔註 204〕；〈林素清 3〉認爲此字即「聘」字右旁，讀爲「屏」。案：此字上旁从「由」、下旁从「人」；從古文字偏旁混同的角度觀之，「由」可能是「臼」的繁體；「人」也可能是「又」的省形，故此字就字形言釋「叟」、「受」皆可通，今姑從袁國華之說釋作「受」，讀爲「叟」。「大叟」，此當指「國老」一類的重臣。

六、小　結

以上爲〈內豊〉、〈昔者君老〉二者合併整理後之內容。在確定〈內豊〉、〈昔者君老〉二者次序之後，其細部調整部分，除昔 3 移置於內 9 之後，以及出〈內豊〉附簡、入上博〈季康子問於孔子〉簡 16 與內 3 拼合外，其餘簡序皆與原釋所排相同。

〔註 201〕參黃德寬，〈戰國楚竹書（二）釋文補正〉，《上博館藏戰國楚竹書研究續編》（上海：上海書店出版社，2004 年 7 月），頁 434～443。

〔註 202〕參顏世鉉，〈上博楚竹書散論（三）〉，「簡帛研究網站」2003 年 1 月 19 日。http://www.jianbo.org/Wssf/2003/yuanshixuan01.htm。

〔註 203〕參蘇建洲，〈上博楚竹書《容成氏》、《昔者君老》考釋四則〉，「簡帛研究網站」2003 年 1 月 15 日。http://www.jianbo.org/Wssf/2003/sujianzhou04.htm。又，蘇建洲，〈《昔者君老》簡 4「受」字再議〉，《上博楚竹書文字及相關問題研究》（臺北：萬卷樓，2008 年 1 月），頁 16～23。

〔註 204〕參袁國華，〈《上海博物館藏戰國楚竹書（二）》字句考釋〉（大阪：大阪大學學術研討會「戰國楚簡與中國思想史研究」報告，2004 年 3 月）（轉引自蘇建洲前揭書頁 23）。

必須說明的是，在本節中，本文針對簡序排列及文字釋讀二方面皆提出個人意見。以前言者，在原釋所提「內6A＋內6B＋內7」外，另提出「內6A→內7→內6B」一案，並提出「內8＋內9＋昔3」的編連組；以後者言，認爲內10「孥」字當爲「幼」字異構、昔1「相」字可讀爲「將」，並對學者所提內 8「匱」字當釋讀爲「負」、內 8「頌」字當讀爲「容」之說加入新證。總上，〈內豊〉、〈昔者君老〉合併整理後，其內容可分章、破讀如下：

君子之立孝，愛是用，禮是貴。故爲人君者，言人之君之不能使其臣者，不與言人之臣之不能事〔內 1〕其君者└；故爲人臣者，言人之臣之不能事其君者，不與言人之君之不能使其臣者└。故爲人父者，言人之〔內 2〕父之不能畜子者，不與言人之子之不孝者└；故爲人子者，言人之子之不孝者，不與言人之父之不能畜子者└。〔內3〕故爲人兄者，言人之兄之不能慈弟者，不與言人之弟之不能承兄者└；故爲人弟者，言人之弟之不能承兄〔內 4〕【者，不與言人之兄之不能慈弟者。└君子】曰：與君言，言使臣；與臣言，言事君。與父言，言畜子└；與子言，言孝父└。與兄言，言慈弟└，〔內 5〕與弟言，言承兄。反此亂也└。君子事父母，〔內 6A〕無私樂，無私憂。父母所樂樂之，父母所憂憂之。善則從之，不善則止之；止之而不可，隱而任〔內 6B〕，不可。雖至於死，從之。從而不諫，不成【孝；諫而不從，亦】不成孝└。君子【曰】：孝子不負，匿在腹中。巧變，故父母安〔內 7〕之，如從己起。君子曰：孝子，父母有疾，冠不綄，行不容，不卒立，不庶語。時昧攻、禜，行祝於五祀，剴必有益？君子以成其孝〔內 8〕，是謂君子。君子曰：孝子事父母，以食惡美，下之〔內 9〕【□□□□□□□□□□□□□□□□□□□□□□□□□□□□□□□□】能事其親。君子曰：子省，蓋喜於內，不見於外；喜於外，不見於內。【慍於內，不見於外】；慍於外，不見於內。內言不以出，外言不以入。舉美廢惡〔昔 3〕

君子曰：悌，民之經也。在小不爭，在大不亂。故爲幼必聽長之命，爲賤必聽貴之命。從人歡然，則免於戾。〔內 10〕

君子曰：昔者君老，太子朝君，君之母弟是將。太子側聽，庶諷，諷進。太子前之母弟。母弟遜退，前之太子。再三，然後並聽之。太子母弟〔昔 1〕……致命於閽，閽以告寺人，寺人入告于君，君曰：「召之。」太子入見，如祭祀之事〔昔 2〕【也；□□□□】之必敬，如賓客之事也。君曰：「薦禮〔〈季康子問於孔子〉簡 16〕……【各敬】爾司，各恭爾事，廢命不赦。」君卒。太子乃亡聞■、亡聽■，不問不令，唯哀是思，唯邦之大叟是敬└。〔昔 4〕

第五節　結　語

以上，爲本文關於上博楚簡「禮記類」文獻中「無其他抄本或傳本可資比對的文獻」之「集錄體」文獻的討論，計有〈從政〉、〈君子爲禮〉、〈弟子問〉及〈內豊〉（含〈昔者君老〉）等篇。由於文體的不同，「集錄體」文獻不似前章所論之「對話體」文獻，可依全文之大綱、結構或文意脈絡來推測諸「編連組」之次序。因此，除全篇首尾諸編連組外，以上諸篇中各章節間之排序乃爲一暫時的安排。

至此，本文關於上博楚簡「禮記類」文獻整理方案之討論乃告一段落。附帶一提的是，在近世出土之重要簡本文獻中，尚未有如上博楚簡般經文物市場輾轉取得者，故其文獻保留狀況自不如直接經科學考古取得者。故而，其整理工作之困難度亦較郭店楚簡等其他文獻來得高；但是，今人面對上博楚簡，不正似漢人在秦火之後面對以各種管道輾轉取得之先秦文獻？因此，上博楚簡整理工作之實踐不但可充實簡本文獻之研究方法，亦可使今人實際體驗漢人之文獻整理工作，而對部分傳世之先秦文獻有進一步的理解。關於此一問題，本文擬於第六章「上博楚簡「禮記類」文獻的學術價值——以『文獻學』爲主」作進一步申論。

第五章　上博楚簡「禮記類」文獻所見特殊觀念解析及其意義

前三章（第二、三、四章）乃上博楚簡「禮記類」文獻之整理方案，屬「文獻整理」之研究。於此基礎下，本章將進一步析論上博楚簡「禮記類」文獻所見之「特殊觀念」及其意義。整體而言，上博楚簡「禮記類」文獻若以《論語》作爲標準，則其所載思想可大分爲三：

其一、所載觀念與《論語》立場一致而具儒家思想特徵者：其觀念於《論語》中亦有所載，所差異者爲因文句之表述方式不同所造成之內容詳略。大抵而言，《論語》所載多言簡意賅，而上博楚簡「禮記類」文獻則較爲詳細，但仍有少數例外。值得注意的是，後者部分篇章或段落其用詞遣句及論述方式，與《論語》基本相同，但所述內容較爲詳細，可視之爲舖陳《論語》部分章節之篇章。整體而言，此一部分之觀念足以反映簡文之儒家思想特徵。

其二、所載觀念未見於《論語》者：就思路而言，其觀念與《論語》並不抵觸，但其主題則爲《論語》未討論，或《論語》僅略爲提及而無詳細討論，而簡文加以發揮者。此一部分，可視之爲孔子之後先秦儒家對其思想的補充。

其三、所載觀念有他家思想滲入，或受他家思想影響之痕跡者：此類觀念中除儒家所持外，尚可發現他家觀念，或受他家影響之儒家觀念。

以上三類文獻，就所佔篇幅言，第一類文獻之篇幅佔上博楚簡「禮記類」文獻之大半，可反映上博楚簡「禮記類」文獻之思想傾向。第二、三類文獻二者合計，其篇幅在上博楚簡「禮記類」文獻中佔少數，但由於所載觀念有與《論語》所載不同者，故待討論之問題反較第一類文獻爲多。本章所論，即以第二、三類爲主。以下依此二部分，分節論述上博楚簡「禮記類」文獻所載之特殊觀念及其意義。

第一節　〈性情論〉、〈民之父母〉所見戰國儒家對孔子思想之發展及其相關問題

略言之，上博楚簡「禮記類」文獻所見戰國儒家對孔子思想之發展，可歸諸三個議題——「人性論」、「心術與人道」及「音樂與教化」，主要載於〈性情論〉、〈民之父母〉二篇。其中，又以〈性情論〉所載內容較爲豐富，故以下所述乃以〈性情論〉爲主，並附〈民之父母〉所載相關議題之內容以討論之。此外，由於〈性情論〉所涉及之「人性論」議題，在先秦儒學思想史上有特殊意義，故學者對〈性情論〉所屬學派乃多所討論。在初步掌握〈性情論〉之思想內涵後，本文擬針對學者之說加以討論，並以傳世文獻所載先秦人性論爲線索，爲其學術根源作一推測。

一、〈性情論〉思想論述及其相關問題——兼解〈民之父母〉「五至」、「氣志」

前章所云，孔子之政治思想強調「德化」，而「德化」之可能性，則在於執政者對人民之「教化」，以及人民對執政者之「仿效」。至於如何「教化」與「仿效」，在思想體系之建構上，則涉及「人性論」問題。另一方面，在諸子百家爭鳴的戰國時代，各家間思想的論難乃屬常態。在此形勢下，故儒家亦不得不在哲學體系上求其完備以應之。職是，孔子雖罕言「性與天道」〔註 1〕，但其後學則有補充其說之需求。此即孔子之後，先秦儒家對於人性論問題多所論述之內在理路及外緣影響。〈性情論〉中對「人性論」問題之討論，亦爲此種背景下之產物。

如上所述，就思想體系之建構言，先秦儒家對人性論問題之討論，主要用以支持其所主張之修身與政治思想。因此，關於人性議題之討論，又可分爲兩個子題：其一爲對人性之理解；其二爲此種理解與修身及政治議題之關

〔註 1〕子貢曰：「夫子之文章，可得而聞也；夫子之言性與天道，不可得而聞也。」（《論語・公冶長》）載清・劉寶楠，《論語正義》（北京：中華書局，1998 年 12 月），頁 184。

係。在〈性情論〉中，關於此二子題之內涵，則可略以「人性論」與「心術與人道」二者統言之，而後者之焦點又著重在「音樂與教化」的關係上。今所見〈性情論〉通篇可分爲三個部分，而其內容之安排，正略依上述理路鋪陳，如下：

第一部分：自簡 1「凡人雖有性。」至簡 21「敳，由心也。」止。此一部分又可分爲三個子題：

1. 自簡 1「凡人雖有性。」至簡 7「道也者，羣物之道也。」止：論述「性」與其他觀念，如「心」、「物」、「天」、「情」、「道」間之關係。

2. 自簡 7「凡道，心術爲主」至簡 13「其治，義道也。」止：論述「道」之本質及起源。

3. 自簡 13「笑，喜之淺澤也。」至簡 21「愁，由聲也；鼓，由心也。」止：論述「聲音」與「心」的關係，並提及「音樂」在教化中的功能。

第二部分：自簡 21「凡人情爲可悅也。」至簡 31「已，則勿復言也。」止，泛論君子之修身與治民問題。

第三部分：自簡 31「凡教者，求其心爲難也。」至簡 40「斯有過，信矣。」止，主要論述「教化」與「心」的關係。

其中，第二部分論及君子之修身與治民等問題，其說已於前章引論，故此處僅論述第一部分及第三部分；而此二部分在思想上亦有所牽連，主要表現在上述「人性論」、「心術與人道」與「音樂與教化」議題之討論中。

（一）人性論

〈性情論〉中關於「性」之討論，主要集中在簡 1「凡人雖有性。」至簡 7「道也者，羣物之道也。」一段中論述「性」與其他觀念——如「心」、「物」、「習」、「天」、「道」、「情」間關係的部分。以下，本文分別就文中所論性之「根源」、「內涵」、「性質」、「發展」等子題分別討論，以說明其人性論之內涵。

第一、性的根源：〈性情論〉認爲「性」乃藉由「命」產生，而其根源則爲「天」，其云：

【性】自命出，命自天降■。〔簡 2〕〔註 2〕

〔註 2〕本章所引上博楚簡「禮記類」文獻內容皆直接破讀，詳細的討論參本文第二至第四章「整理方案」部分。引文末簡號僅代表書寫該段文字之單枚簡，不代表該簡文字至此結束。

此處雖提及「命」、「天」，但簡文中缺乏更多關於「命」、「天」的敘述。儘管如此，但並無礙於「性」根於「命」，「命」源於「天」二命題之確立。進而言之，由於「性」根源於「天」，而「天」無二致，故人之「性」乃無等級差別，其云：

> 牛生而長，雁】〔補 1〕【生而伸，其性〔郭店簡 7〕一也。而學或使之也。凡物亡不異也者。剛之柱也，剛取之也。柔之〔郭店簡 8〕約也，柔取之也。】〔補 2〕【四海之〔郭店簡 9〕】內，其性一也。〔簡 4〕

簡 4 言「四海之內，其性一也。其用心各異，教使然也。」認為人之本性皆同，而無等級差別之分。

第二、性之內涵：至於「性」的內涵，簡文認爲凡人類之所有情感皆爲性之表現，其云：

> 喜怒哀悲之氣，性也■。〔簡 1〕

喜怒哀悲之氣屬情感，而情感乃根源於「性」，其云：

> 情生於性■。〔簡 2〕

由「喜怒哀悲之氣，性也。」一句可知，人之情緒亦爲「人性」之一部分。情可分爲善、惡兩大類，此二類皆可於性中求得其因子，故「性」乃包涵善、惡二端，故云：

> 凡好惡，性也。所好惡，物也。善不善，性也。所善所不善，勢也。〔簡 3〕

承認性中有善有不善，雖待外在環境之影響而使人成其善不善（詳下）。然而，〈性情論〉中所強調者似爲人性中「善」的部分。簡 22 載：

> 未言而信，有美情者也。未教而民恆，性善者也。【未賞而民懽勸，含福者也。】

對照其上下文「未言而信，有美情者也」、「未賞而民懽勸，含福者也」，所謂「性善者」，所指乃爲政者本身之良善性情。又簡 16 載：

> 其居節也久，其反善復始也愼。

亦認爲人性之初始有「善」的部分。

第三、性之性質：〈性情論〉認爲性是「潛在的」，而非「顯現的」，故性之發展乃「可變的」，而非「決定的」。換言之，性的發展爲善爲惡乃視外在環境而定。其載：

> 凡人雖有性，心亡定志■。待物而後作，待悅而後行■，待習而後奠■。喜怒哀悲之氣，性也■。及其現於外，則物取之。〔簡 1〕
>
> 凡性爲主，物取之也■。金石之有聲也，弗鉤扣不鳴〔簡 3〕【人雖有性也，弗取不出。凡心有志也，無與不□。凡性不能〔郭店簡 6〕獨行，猶口之不可獨言也。〔補 1〕

上引第二段引文「凡心有志也，無與不□。」句雖缺一字，但就上下文觀之，全句所言在「心」雖有「志」，但若無外在事物與之相應，則亦無從發展其志。

值得注意的是，〈性情論〉關於「性」之說法，其意旨多與〈樂記〉相同。此處所顯露之「性靜情動」的觀念，亦見於《禮記・樂記》。〈樂記〉載：

> 人生而靜，天之性也。感於物而動，性之欲也。〔註 3〕

然則，人「性」中即涵各種情感之「潛在因子」。

第四、性的發展：人性中雖然涵各種情感之因子，但若無外物以影響之，亦不能產生情感。此說前引「所善所不善，勢也。」與「待物而後作，待悅而後行■，待習而後奠■。」等句已略爲提及。此外〈性情論〉於外在環境對性之影響有詳細論述，其載：

> 凡性，或動之■，或逆之■，或交之，或勵之，或出【之，或】〔簡 4〕【養之】，或長之■。凡動性者，物也■；逆性者，悅也；節性者，故也；厲性者，義也；出性者，勢也。〔簡 5〕養性者，習也■；長性者，道也■。凡見者之謂物■，快於己者之謂悅■，物之勢者之謂勢■，有爲也〔簡 6〕【者】之謂故■。義也者，羣善之蕝也。習也者，有以習其性也■。道也【者，羣物之道也。】〔簡 7〕

本段引文頗難理解，今試疏如下：「凡見者之謂物」，則「物」乃指物質世界之種種事物。「快於己者之謂悅」，則「悅」乃指令人愉快之種種事物。必須說明的是，由以下對於「故」之說明可知，此處所云之「令人愉快」，當指不經個人道德、理智過慮過之「本我」（id）情緒。然則，「凡動性者，物也」、「逆性者，悅也」與上文「待物而後作，待悅而後行」意旨相同，指「性」必需藉由「心」的作用始可發展；而心之作用則待與外物相接而行。「物之勢者之謂勢」，此句僅將「勢」字置於「物之勢者」一句說明，對於「勢」字並無定

〔註 3〕清・孫希旦，《禮記集解》（北京，中華書局，1995 年 5 月），頁 984。

義。此處可依「勢」之一般意義理解為「形勢」。「有為也者之謂故」，則「故」乃指人之作為。性之發展並無特定方向，故若無節制，則性之發展乃依心之「悅」而行，而造成「逆性」的狀況，故此其下乃云「節性者，故也」，指出性之節制必出於某種人之作為。「義也者，羣善之蕝也。」「蕝」有「聚集」義，然則羣善所聚集者，乃可理解為「善之原理」。「習也者，有以習其性也。」就一般義言，第一個「習」字作名詞，指「習慣」，第二個「習」字作動詞，指使某物養成習慣。「道也者，羣物之道也。」依此處，則「道」指天地萬物運行之原理（群物之道），然「長性者，道也」之道乃指「人道」，故本段引文其下云：「凡道，心術為主。」（詳下）總上，「凡動性者，物也；逆性者，悅也；節性者，故也；厲性者，義也；出性者，勢也。養性者，習也；長性者，道也。」一段可理解為：使性產生作用者為外在事物；使性逆行者為「本我」之好惡；節制性之自然發展者為人之作為；磨練性者為善的原理——即「義」；培養性者為習慣；增長性者為「人道」。

以上，為〈性情論〉中分論性之「根源」、「內涵」、「性質」、「發展」部分。統而言之，〈性情論〉所述之「人性論」或可要於下：人之出生，其性中本兼涵善與不善之成分；而人處於世，透過心與外物之相接，其性中之善不善皆可能發展，故君子所致力修養者即在偏離性中不善之部分，保留性中善之部分。

（二）「心術與人道」及其相關問題

緣上所述，〈性情論〉認為「性」為靜態，無法直接受外物影響，故對人性之導正，亦僅可藉由對個人「情感」之影響，間接形塑其「性」。情感由心所生，故外物作用之對象乃為「心」。簡 4 載：

> 其用心各異■，教使然也。

認為人之用「心」各異，有善有惡，乃後天之教育使然。各種影響之中，足以導正其「心」，使之產生各種善之情感，而免除各種惡之情感者，即為「人道」。簡 35 載：

> 【所】〔簡 34〕【為道者四，唯人】道為可道也。〔簡 35〕

類似之文句亦見於〈性情論〉以下一段：

> 【凡道，心術】〔簡 7〕為主■。道四術也，唯人道為可道也。其三術者，導之而已■。《詩》、《書》、《禮》、《樂》，其始出也，皆生於

〔簡 8〕【人。詩】，有爲爲之也■。《書》，有爲言之也。《禮》、《樂》，有爲舉之也■。聖人比其類而倫會之，觀其先後而〔簡 9〕逆順之，體其義而節文之，理其情而出入之，然後復以教。教所以生德於中也。〔簡 10〕

指出「道」的對象以「心術」爲主，故云「教所以生德於中也」。「中」即「心」。換言之，「人道」的教化，其焦點乃置於「人心」，而此種影響人「心」之方法則稱爲「心術」。據其文意分析，則「道四術」爲「心」一術、《詩》一術、《書》一術、《禮》《樂》一術。換言之，「其三術」者乃指《詩》一術、《書》一術、《禮》《樂》一術。值得注意的是，〈漢志〉諸子略儒家類有《內業》一書，而《管子》中亦有〈內業〉一篇。就其字義言，「內猶心也，業猶術也。」〔註 4〕，然則「內業」即「心術」也。又，《管子》中亦有〈心術〉上、下篇。《管子》所云「內業」、「心術」，其義涵固與〈性情論〉不同；張舜徽〈心術上篇疏證〉題名注文云：

心術者，猶云主術也；君道也。……百家殊言，皆務爲治。故其立言，莫不有專篇以闡明南面之術。顧標題各有不同耳。若荀卿書中有〈君道〉篇，韓非有〈主道〉篇，《呂覽》有〈君守〉篇，《淮南》有〈主術〉篇，此易明者也。亦有擬諸物象，以明道之體用，而立篇題者。譬諸自然，則謂之天，故《莊子》有〈天道篇〉。比諸形狀，則謂之圜，故《呂覽》又有〈圜道〉篇。遠象諸物，則謂之内，故《管子》又有〈内業〉篇。近擬諸身，則謂之心，此篇是已。〔註 5〕

然由此亦可見，「心術」之議題自先秦以還即受各家所重。

附帶一提的是，先秦儒家所謂「人道」者，有指「人之所爲也」者〔註 6〕，故「人道」乃爲「治人之道」。據〈性情論〉所載，「可道之道」唯「人道」。換言之，除「人道」外尚有其他領域的「道」存在。此種觀念亦反映在郭店楚簡〈尊德義〉以下此段：

不由其道，不行。仁爲可親也，義爲可尊也，忠爲可信也，學爲可益也，教爲可類也。教非改道也，教之也。學非改倫也，學己也。

〔註 4〕載張舜徽，《周秦道論發微》（臺北：木鐸出版社，1988 年 9 月），頁 278。
〔註 5〕載《周秦道論發微》頁 203。
〔註 6〕鄭玄語，載《禮記集解》頁 1032。

禹以人道治其民，桀以人道亂其民。……。禹之行水，水之道也。造父之御馬，馬之道也。后稷之藝地，地之道也。莫不有道焉，人道爲近。是以君子人道之取先。察者出所以知己，知己所以知人，知人所以知命，知命而後知道，知道而後知行。〔註 7〕

認爲各種事物皆有其「道」，故爲學修身之道，乃加「人」字以示區別。此種特別強調「人道」，且將之歸於「教化」之言論，顯示出儒家與他家思想之差異。除上述《管子》所載「內業」、「心術」之內涵與儒家有異一事外，舉例而言，道家所謂「道」者，即從統存於天地萬物之道著眼，而不特別強調人道。《老子》三十四章載：

大道氾兮，其可左右。萬物恃之而生而不辭，功成不名有，衣養萬物而不爲主。〔註 8〕

指出大道氾存於天地萬物之間。《莊子・知北遊》亦載：

東郭子問於莊子曰：「所謂道，惡乎在？」莊子曰：「无所不在。」東郭子曰：「期而後可。」莊子曰：「在螻蟻。」曰：「何其下邪？」曰：「在稊稗。」曰：「何其愈下邪？」曰：「在瓦甓。」曰：「何其愈甚邪？」曰：「在屎溺。」

道無所不在，故即便是螻蟻、稊稗、尿溺等微小之物亦有道的存在。然則，《老子》、《莊子》中所謂「道」者乃指統存於天地萬物之「道」，而不專指「人道」。

總上，〈性情論〉論「道」，特別強調「人道」，並將其術歸結於人心之「教化」，顯示出戰國儒家與他家不同之「道」、「術」觀。較之於《論語》，所言「道」者，雖有「天道」、「人道」之詞，然大部分的情況下乃多徑以「道」指「人道」。因此，此種對「心術與人道」之強調，或可反映出戰國儒家與他家思想之競爭狀況。

（三）「音樂與教化」及其相關問題

〈性情論〉認爲《詩》、《書》、《禮》、《樂》等教化雖然皆有引導人心之作用，但其中尤以「音樂」一術之效果爲佳，其載：

凡教者，求其〔簡 31〕【心爲難也。從其所爲，近得之矣，不如以

〔註 7〕 載荊門市博物館，《郭店楚墓竹書》（北京：文物出版社，2005 年 4 月），頁 173。

〔註 8〕 載樓宇烈，《王弼集校注》（北京：中華書局，1999 年 12 月），頁 86。

樂之速也。〔郭店簡36〕……〔補4〕

指出為政者對人民之教化，其難處在於深入其心。若從人民之外在行為要求，僅能「近得之」，其效果乃不如音樂為佳。因為，音樂對人的影響乃直應其心，並引起人之各種情感。〈性情論〉載：

> 笑，喜之淺澤也。樂，喜之〔簡13〕【深澤也。凡】聲，其出於情也信，然後其入撥人之心也厚■。聞笑聲，則馨如也斯喜。〔簡14〕

以「笑」與「樂」為例，認為二者皆屬「喜」，唯深淺不同耳，故聞歌謠與聞笑聲一樣，皆可使人引發出喜悅的情感。此處指出人聲與心情的關係，認為二者具有某種相對應的關係。此種觀點亦見於以下文字：

> 凡〔簡17〕【至樂】必悲，哭亦悲，皆至其情也。哀、樂，其性相近也■，是故其心不遠■。哭之，動心也，浸殺■，其〔簡18〕【烈】，戀戀如也，戚然以終。樂之動心也，濬深鬱陶，其烈，流如也以悲，悠然以思。凡憂思而後悲，〔簡19〕【凡】樂思而後忻。凡思之用心為甚。
>
> 歎，思之方也。其聲變，則心從之矣。其心變，則其聲亦然。〔簡20〕【凡吟，由哀也】；噪，由樂也；愁，由聲也；鼓，由心也▌。〔簡21〕

指出人所發出之各種聲音與情感的關係，認為二者間可互相影響。從上文的敘述中，可以發現〈性情認〉認為「音樂－人聲－情感」三者間具有某種「相應性」。〈性情論〉舉其例云：

> 聞歌謠，〔簡14〕【則蹈如也斯奮】。聽琴瑟之聲，則悸如也斯歎。觀《賚》、《武》，則懠如也斯作。觀【《韶》、《夏》，則勉】〔簡15〕【如也斯斂。】永思而動心，喟如也。其居節也久，其反善復始也愼■。其出入也順，治其德【也。鄭、衛】〔簡16〕【之樂，則非其】聲而從之也■。凡古樂隆心，益樂隆【旨，皆教其】人者也。《賚》、《武》樂取■，《韶》、《夏》樂情■。〔簡17〕

聽聞「《賚》、《武》、《韶》、《夏》」等「古樂」、「益樂」可使人生起正面的情感，聽聞「鄭、衛之樂」則可使人生起負面的情感。此乃音樂何以可直接影響人心之原理。

值得注意的是，〈性情論〉中所載，音樂對心的影響及其所形成之教化功能，亦見於其他先秦儒家文獻。《禮記・樂記》載：

> 樂也者，聖人之所樂也，而可以善民心。其感人深，其移風易俗，故先王著其教焉。〔註9〕

指出音樂的教化功能在於「善民心」、「感人」。〈樂記〉又載：

> 夫民有血氣心知之性，而無哀樂喜怒之常，應感起物而動，然後心術形焉。是故志微、噍殺之音作，而民思憂；嘽諧、慢易、繁文、簡節之音作，而民康樂；粗厲、猛起、奮末、廣賁之音作，而民剛毅；廉直、勁正、莊誠之音作，而民肅敬；寬裕、肉好、順成、和動之音作，而民慈愛；流辟、邪散、狄成、滌濫之音作，而民淫亂。〔註10〕

指出人的情感、情緒皆無恆常，而視外物而起，故不同之「音樂」可以使人形塑不同之「心術」。換言之，「音樂」乃有引導「心術」發展的作用。〈樂記〉又載：

> 夫樂者，樂也，人情之所不能免也。樂必發於聲音，形於動靜，人之道也。聲音動靜，性術之變盡於此矣。……。先王恥其亂，故制《雅》、《頌》之聲以道之，使其聲足樂而不流，使其文足論而不息，使其曲直、繁瘠、廉肉、節奏足以感動人之善心而已矣，不使放心邪氣得接焉。〔註11〕

「制《雅》、《頌》之聲以道之」中，「道」字當讀爲「導」，其說正與〈性情論〉所言「道四術也，唯人道爲可道也。其三術者，導之而已。」相符。此外，此種視「樂」爲治「術」之觀念，亦見於《荀子》書，〈樂論〉載：

> 故樂者，審一以定和者也，比物以飾節者也，合奏以成文者也；足以率一道，足以治萬變。是先王立樂之術也，而墨子非之，奈何！〔註12〕

明白指出樂乃屬治「術」。值得注意的是，《荀子・樂論》之內容多與《禮記・樂記》相同，學者多以爲後者抄前者〔註13〕，然「古人之言，所以爲公也」(《文

〔註9〕載《禮記集解》頁998。
〔註10〕載《禮記集解》頁998。
〔註11〕載《禮記集解》頁1032。
〔註12〕載李滌生，《荀子集釋》(臺北：學生書局，1988年10月)，頁455。
〔註13〕例如何異孫認爲「〈樂記〉先儒以爲荀卿作」(載張心澂，《僞書通考》，(上海：上海書店出版社，1998年1月)，頁331；梁啓超認爲：「大小戴兩《禮記》，

史通義・言公上》〔註 14〕)，二者之間誰爲原著，誰爲抄襲，仍待討論，但可以確定的是，二者之音樂觀大抵近同。

總上，〈性情論〉之思想大綱爲略述如下：「性」根於「命」；「命」源於「天」，故人性皆同。人類一切情感，或爲善、或爲惡，皆涵於「性」中，唯「性」中之各種情感只是一種潛在性的存在，必須藉由外「物」的影響才能顯現、作用，而形成種種「情」感或善惡的「心」理。《詩》、《書》、《禮》、《樂》等「教化」乃是透過對「心」的影響，而漸漸地引導「性」往良善的方向發展。而其中，又以「音樂」的教化對人心的影響最快速、有效。

(四)〈民之父母〉「五至」、「氣志」解

值得注意的是，上述〈性情論〉及《禮記・樂記》所載思想適可與〈民之父母〉中部分文句、字詞之義涵相互詮解，例如二者所載「心、物關係」之說與〈民之父母〉「五至」一段，以及「心、聲關係」與〈民之父母〉「氣志」一詞。以下分而述之：

在「心、物關係」方面，〈民之父母〉「五至」一段載：

> 子夏曰：「敢問何謂『五至』？」孔子曰：「『五至』乎？物之所至者，志亦至焉；志之〔簡 3〕【所】至者，禮亦至焉；禮之所至者，樂亦至焉；樂之所至者，哀亦至焉；哀樂相生。君子〔簡 4〕以正，此之謂『五至』。」〔簡 5〕

此處「五志」之說，《禮記・孔子閒居》、《孔子家語・論禮》對應文句作「志之所至，詩亦至焉；詩之所至，禮亦至焉；禮之所至，樂亦至焉；樂之所至，哀亦至焉」。〔註 15〕因此，關於本段之釋讀與「五志」之內涵，學者多有討論，例如：龐樸認爲「志」在漢語中有「到達、走向」、「極頂、太上」與「最」等意思，並認爲此處取「到達、走向」義。〔註 16〕

文多與荀子相同。……凡此皆當認爲《禮記》采《荀子》，不能謂《荀子》採《禮記》。」載梁啓超，〈荀卿與荀子〉，《古史辨》(臺北：藍燈文化事業股份有限公司，1993 年 8 月)，第四冊上，頁 114～115。李滌生認爲「本篇(引者案：指〈樂論〉)部分采入《小戴記・樂記》及《史記・樂書》」(載《荀子集釋》頁 455)。

〔註 14〕載清・章學誠著、葉瑛校注，《文史通義校注》(臺北：里仁書局，1984 年 9 月)，頁 169。

〔註 15〕參第二章第三節第二小節「五至」。

〔註 16〕參龐樸，〈試說「五至三無」〉，「簡帛研究網站」2003 年 1 月 15 日。http://www.jianbo.org/Wssf/2003/pangpu02.htm。

此外，陳麗桂師在〈由表述形式與義理結構論《民之父母》與《孔子閒居》及《論禮》之優劣〉〔註 17〕一文中對〈民之父母〉全篇之思想內涵加以解釋，並引〈性情論〉及其他儒家文獻所載解釋本段。今略引其說，並參以己意以說明「五志」之內涵：

第一、物之所至者，志亦至焉：「志」，在此可理解爲「意識」，《莊子・達生》載「用志不分，乃凝於神」〔註 18〕，「志」字即可訓作「意識」。此處論及「物」與「志」間的關係，其說與《禮記・樂記》、〈性情論〉所載略同而觀念更詳細。《樂記》載「人心之動，物使然也」，認爲「人心之動」的必要條件乃爲與外物接觸，僅述及「心」與「物」之關係。〈性情論〉載「凡人雖有性，心亡定志。待物而後作」（簡 1），亦僅指出「心」之「志」與「物」間之關係，而未致詳盡；〈民之父母〉則以「志」說解「物」對「心」之影響，認爲外物對人心的影響必須透過「志」——「意識」才會產生作用，故云「物之所至者，志亦至焉」。

第二、志之所至者，禮亦至焉：人與外物接觸而產生各種「意識」，然「意識」有善有惡，若不加以節制，則其行爲乃亦有善有惡。故「志」之所在須以「禮」節制之，故云「志之所至者，禮亦至焉。」

第三、禮之所至者，樂亦至焉：此處「樂」字當讀爲「禮樂」之「樂」，指「音樂」。「禮」之規範用於個人，在於節制個人之行爲；用之於社會，則在建立一套秩序。在宗法制度中，個人因身分、地位之不同，其言行舉止亦異，此即「禮制」之規範。在此規範下，不同階級可能產生「階級意識」，並造成某種「階級對立」。然則，外在言行之規範乃非「禮制」設立之目的，爲了修正「禮制」可能產生的流弊，故有「音樂」之產生。蓋「音樂」足以興起人人皆有之普遍性情感，故藉由「音樂」的演奏，情感乃可無分階級地互相溝通、交流，而達致消滅「階級對立」之目的，故云「禮之所至者，樂亦至焉」。

第四、樂之所至者，哀亦至焉；哀樂相生：從文例觀之，此處「樂」當如上句讀爲「禮樂」之「樂」，指「音樂」。然則，此處所述可化約爲：「哀傷」皆生於「音樂」，故云「樂之所至者，哀亦至焉」。此外，「哀樂相生」之「樂」則當讀爲「快樂」之「樂」，言「悲哀」、「快樂」可相互產生。關

〔註 17〕載《上博館藏戰國楚竹書研究續編》（上海：上海書店出版社，2004 年 7 月），頁 236～250。

〔註 18〕載清・郭慶藩・《莊子集釋》（台北：天工書局，1988 年 9 月），頁 641。

於此一命題，〈性情論〉所載：「凡至樂必悲，哭亦悲，皆至其情也。哀、樂，其性相近也，是故其心不遠。」（簡 17-18）言哀、樂性質之相近。因爲性質相近，皆源於同種心理狀況，故二者可以相生。

在「心、聲關係」方面，〈民之父母〉「三無」一段載：

> 孔子曰：「無聲之樂，氣志不違；〔簡 10〕【無】體之禮，威儀遲遲；無服之喪，内恕巽悲。無聲之樂，塞于四方；無體之禮，日就月將；無服之〔簡 11〕喪，純德同明。無聲之樂，施及子孫；無體之禮，塞于四海；無服之喪，爲民父母。無聲之樂，氣〔簡 12〕【志】既得；無體之禮，威儀翼翼；無服【之】喪，施及四國。無聲之樂，氣志既從；無體之禮，上下和同；無服〔簡 13〕【之】喪，以畜萬邦。乚〔簡 14〕

其中，「氣志不違」、「氣志既得」、及「氣志既從」等句中「氣志」一詞頗費解。於此，陳麗桂師引《禮記．樂記》所載「夫民有血氣、心知之性，而無哀樂喜怒之常，應感起物而動，然後心術形焉。」及《孔子家語．六本》所載「夫鐘之音，怒而擊之則武，憂而擊之則悲；其志變者，聲亦隨之。」等儒家論述「音樂」與心理狀況間之關係的文句，認爲此三句乃指「心志平和穩定」，可從。然則，「氣志」即指「心志」。

總上，〈性情論〉、〈民之父母〉在「心、物關係」及「心、聲關係」之議題上，有許多相同的觀念：第一、心的作用必須以外物爲條件。第二、音樂與情感伴隨而生。第三、快樂與悲哀的本質相同。

二、〈性情論〉（〈性自命出〉）之文獻性質

關於〈性情論〉之學派及產生時間問題，在上博楚簡尚未問世前，學者對屬同篇之不同抄本——郭店〈性自命出〉即提出許多討論。〔註 19〕學者使用之方法，多以篇中所載之觀念、思想討論其所屬思想家或學派，再依其對先秦思想史的理解推論其產生時間。換言之，對於其產生時間的推論乃根據其學派歸屬。準此，在討論其文獻性質時，學派之確定乃爲關鍵問題。因此，以下本文擬先針對學派問題作一討論，再依其學派歸屬推估其產生時間。必須說明的是，〈性情論〉及郭店〈性自命出〉二者當爲同一文獻之不同抄本，

〔註 19〕二者當爲同一文獻之不同抄本，且內容大抵相近，故其性質可一併討論。

故論及〈性情論〉乃無法避免學者對郭店〈性自命出〉的討論。而且，就文獻完整度而言，〈性自命出〉之保存狀況較〈性情論〉佳。故為行文方便計，以下的討論以〈性自命出〉為主。必須說明的是，由於〈性情論〉的問世，對〈性自命出〉之復原多少有所幫助，且本文於第二章已針對二者進行校對釋讀，故以下引文仍以本文釋讀後之內容為主。

（一）學者關於〈性情論〉（〈性自命出〉）學派、產生時間之討論

在討論〈性情論〉（〈性自命出〉）之學派、產生時間問題前，有必要對學者之說作一簡要說明。在〈性情論〉（〈性自命出〉）之學派歸屬方面，學者有子思說、告子說、公孫尼子說、子游等說，以下分而述之：

第一、子思說：自郭店楚簡出土以來，儒家文獻與子思的關係即為學界關注之焦點。李學勤認為郭店楚中有許多《子思子》文獻，而〈性自命出〉亦與子思或多或少有所關連。〔註 20〕順此思路，不少學者如姜廣輝〔註 21〕、劉樂賢〔註 22〕、詹群慧〔註 23〕等即認為〈性自命出〉亦屬子思一派之文獻，足以代表子思思想。約而言之，其理由有以下數端：

1. 李學勤認為，〈性自命出〉所載「性自命出，命自天降。道始於情，情生於性。」與〈中庸〉「天命之謂性，率性之謂道。」〔註 24〕論及「性」、「命」、「天」等觀念之文句雷同，而〈中庸〉自司馬遷〔註 25〕以下，沈約〔註 26〕、

〔註 20〕李學勤，〈先秦儒家著作的重大發現〉，《郭店楚簡研究》（瀋陽：遼寧教育出版社，1999 年 1 月），頁 18～21。又，李學勤，〈荊門郭店楚簡中的《子思子》〉，《郭店楚簡研究》（瀋陽：遼寧教育出版社，1999 年 1 月），頁 75～80。

〔註 21〕姜廣輝，〈郭店楚簡與《子思子》——兼談郭店楚簡的思想史意義〉，《郭店楚簡研究（《中國哲學》第二十輯）》（瀋陽：遼寧教育出版社，1999 年 1 月），頁 81～92。

〔註 22〕劉樂賢，〈《性自命出》的學派性質〉，「簡帛研究網站」2000 年 3 月 3 日。http://www.bamboosilk.org/Wssf/Liulexuan.htm。

〔註 23〕詹群慧，〈《郭店楚簡中子思著述考》〉（上、中、下），分載於「簡帛研究網站」2003 年 5 月 19 日、5 月 21 日、5 月 24 日。http://www.bamboosilk.org/Wssf/2003/zhanqunhui02-1.htm。http://www.bamboosilk.org/Wssf/2003/zhanqunhui02-2.htm。http://www.bamboosilk.org/Wssf/2003/zhanqunhui02-3.htm。

〔註 24〕載宋・朱熹，《四書章句集注》（北京：中華書局，2001 年 11 月），頁 17。

〔註 25〕《史記・孔子世家》載：「子思作《中庸》。」載漢・司馬遷著、唐・司馬貞索隱、唐・張守節正義、宋・裴駰集解，《史記》（臺北，樂天出版社，1975 年 9 月），頁 1946。

〔註 26〕《隋書・音樂記》載沈約言：「〈中庸〉、〈表記〉、〈防記〉、〈緇衣〉，皆取子思子。」載唐・魏徵，《隋書》（臺北：宏業書局，1974 年 7 月），頁 288。

宋儒〔註27〕皆以爲子思著作。故而，〈性自命出〉亦當屬子思之作。

2. 姜廣輝認爲，與〈性自命出〉同出於郭店楚簡之其他著作，如〈五行〉、〈魯繆公問子思〉等，皆爲子思著作，而這些著作之思想與〈性自命出〉相契，故後者亦當爲子思著作。

3. 劉樂賢認爲，〈性自命出〉後半部論「情」的部分與《淮南子・繆稱》最爲接近，皆屬「尙情」內容，而〈繆稱〉內有不少文句與《子思子》佚文相近，故〈性自命出〉與《子思子》關係密切。

此外，部分學者如彭林〔註28〕雖未對〈性自命出〉之學派歸屬進行討論，但在論述其思想時仍將之視爲子思學派的著作。以上，認爲〈性自命出〉屬子思著作者，大抵認爲其產生時間爲子思在世時。

第二、告子說：陳鼓應認爲〈性自命出〉主張「善不善，性也」，其人性論與主張「生之爲性」、「仁內義外」的告子相近。其次，認爲〈性自命出〉部分觀念及議題，如「心術」一詞，「禮作於情」一命題，以及「情理對舉」的論述乃與「《管子》四篇」（〈心術上〉、〈心術下〉、〈白心〉及〈內業〉）相同，而上述諸詞語、命題及論述爲稷下黃老學派專有，故〈性自命出〉當有受稷下學派影響之處。〔註29〕此外，〈性自命出〉重習教之主張則與荀子同，卻又無荀子「性惡論」之說。總上，陳氏對於〈性自命出〉是否屬告子著作雖無明示，但認爲其產生時間在「告子、孟子、莊子」及荀子之間。

第三、子游說：廖名春〔註30〕、陳來〔註31〕認爲，郭店本〈性自命出〉

〔註27〕可以朱子之說作爲代表，其曰：「中庸何爲而作也？子思子憂道學之失其傳而作也。」載《四書章句集注》頁14。

〔註28〕彭林，〈思孟心性說簡論〉，「簡帛研究網站」2003年9月20日。（網站已廢置，轉引自 http://tieba.baidu.com/p/138402633。）

〔註29〕參陳鼓應，〈《太一生水》與《性自命出》發微〉，《道家文化研究》第十七輯（北京：三聯書店，1999年8月），頁393～411。然而，「心術」一詞除見於《管子》四篇外，曹建國認爲前者亦「見於《墨子・非儒》、《墨子・號令》、《管子・七法》、《管子・非相》、《荀子・非相》、《荀子・解蔽》、《鶡冠子・度萬》，由於《韓詩外傳》與《淮南子》、《說苑》中的材料多采自先秦，所以它們中對「心術」的論述也可以看作是先秦的材料。」可見「心術」議題先秦各家皆有所論。另，〈性自命出〉所論之「心術」觀與《管子》四篇之心術觀，二者內涵並不相同，據之以言何者影響另一著作，恐待商榷。而「禮作於情」之觀念乃爲先秦儒家之重要命題，荀子即有此說，而謂荀子此說採自稷下，則恐待商榷。最後，〈性自命出〉所載「理」、「情」觀念亦無對舉情況。

〔註30〕參廖名春，〈郭店楚簡儒家著作考〉，《孔子研究》（曲阜：曲阜師範大學孔子研究編輯部，1998年3期），頁69～83。又，廖名春，〈荊門郭店楚簡與先秦

中有一段文字亦見於《禮記・檀弓》，而後者所載爲子游之說，故〈性自命出〉當屬子游之作。曹建國〔註 32〕認爲，傳世文獻中，如《論語》、《禮記・檀弓》、《禮記・禮器》及《禮記・禮運》等，所載子游言論所呈現出之「自然人性論」、「禮生於情」及「情性藏於人心」的觀念皆見於〈性自命出〉，故〈性自命出〉當出自於子游。

第四、世碩說：丁四新認爲，〈性自命出〉中所載思想與同出於郭店楚墓之〈五行〉篇相契，而二者與王充所云世碩之人性論相同，故〈性自命出〉當爲世碩所著。〔註 33〕

第五、公孫尼子說：金谷治曾就〈性自命出〉內容進行分析，並與孟子之人性論相較，發現二者雖同樣論及「性」、「命」、「天」等觀念，但其人性論卻大相逕庭，故認爲〈性自命出〉不屬子思、孟子一系之思想。〔註 34〕另一方面，顧史考在考究〈性自命出〉之樂論時發現，其樂論乃與《禮記・樂記》所載相近，而〈樂記〉有作於公孫尼子之說，認爲二者或有關係。〔註 35〕

以上諸說，多以〈性自命出〉與其他傳世或出土文獻比較，試圖證明二者屬同一作者或學派，再依對其他文獻作者或學派的判斷，以推論〈性自命出〉之作者或學派。就思想史的角度言，乃不失爲一可行的方法。但值得注意的是，在比較不同文獻之內容，並依此以作爲其是否屬同一學派之推論時，即須以文本中足以判斷其學派歸屬之部分爲依據，如其思想結構或核心觀念。因爲同屬儒家的諸學派間，其思想不必然會形成結構性的差異，且即

儒學〉，《郭店楚簡研究》（瀋陽：遼寧教育出版社，1999 年 1 月），頁 36～74。

〔註 31〕參陳來，〈儒家系譜之重建與史料困境之突破——郭店楚簡儒書與先秦儒學研究〉，《郭店楚簡國際學術研討會論文匯編（第一冊）》（武漢：武漢大學，1999 年 10 月 15～18 日），頁 102～109。陳氏前此本主〈性自命出〉屬公孫尼子之作，參陳來，〈郭店楚簡之《性自命出》篇初探〉，《孔子研究》（曲阜：曲阜師範大學孔子研究編輯部，1998 年 3 期），頁 52～60。又，陳來，〈荊門竹簡之《性自命出》篇初探〉，《中國哲學》第二十輯（瀋陽：遼寧教育出版社，1999 年 1 月），頁 293～314。

〔註 32〕參曹建國，〈子游與《性自命出》〉，「簡帛研究網站」2003 年 8 月 15 日。http://www.bamboosilk.org/Wssf/2003/caojianguo05.htm。

〔註 33〕參丁四新，《郭店楚墓竹簡思想研究》（北京：東方出版社，2000 年 10 月），頁 209。

〔註 34〕參金谷治，〈楚簡「性自命出」篇考察〉，《簡帛研究二〇〇四》（桂林：廣西師範大學出版社，2006 年 10 月），頁 377～390。

〔註 35〕參顧史考，〈以新出楚簡重遊中國古代的詩歌音樂美學〉，《政大中文學報》第一期（臺北：政治大學，2004 年 6 月），頁 229～248。

使形成結構性的差異，其間亦必有同屬儒家之的觀念。故而，不同文獻間部分文句或非核心觀念之相同現象，仍無法充分推論其屬同一作者或學派。例如，丁四新云：「『性自命出，命自天降』只指出性的來源爲天命，而對其自身的本質內涵則沒有顯明；而《中庸》『天命之謂性』則通過一種定義性的陳述，界定了性的內涵：天命即性，或者天之所命爲性」〔註36〕。認爲將〈性自命出〉歸爲子思一派之說，所著眼之「天」、「命」觀及其間關係，在〈性自命出〉中並無深論。又如，陳鼓應考《論語》、《孟子》中「情」之意義云：「考察先秦典籍，原始儒家對「情」並無所涉，其所言「情」乃「實」之義，與感情無關。」〔註37〕而李天虹在考察先秦傳世文獻後發現大、小戴《記》中「情」字用作「情性」（天性之情）、「眞情」、「情感」之義，至於其他文獻則用於「情實」、「誠實」。而〈性自命出〉情字則有「情性」、「眞情」二義〔註38〕。換言之，〈性自命出〉所載「情」論亦可見於其他文獻。然則，「尚情」之說乃《論語》「直」、「忠信」觀念之延續，強調眞誠無做作之態度，近似語詞有「誠」、「實」等詞，爲儒家之基本立場，尚不足以作爲儒家某一學派之特有觀念。故而，〈性自命出〉、《淮南子・繆稱》與《子思子》三者之關係恐無法據此一觀念以言其同屬一書。此外，廖、曹等學者引傳世文獻中載爲子游所云之內容，以言〈性自命出〉屬「子游學派」，所引內容亦屬先秦儒家之普遍觀念，固不足以作爲判斷特定學派之標準。〔註39〕

（二）漢以前儒家之人性論

關於儒家之人性論，章炳麟云：「儒者言性有五家：無善無不善，是告子

〔註36〕《郭店楚墓竹簡思想研究》頁176。

〔註37〕陳氏並於此處加註云：「孔子論「情」於《論語》二見：如「上好信，民莫敢不用情」（《子路》）、「如得其情」（〈子張〉），其義皆爲「實」，與情感無關；《孟子》論「情」字四見：如「夫物之不齊，物之情也」（滕文公）、「故聲聞過情」（《離婁下》）、「乃若其情則可以爲善矣」（《告子下》）、「是其人之情也哉」（《告子》），亦皆爲實或質實之意。」

〔註38〕參李天虹，〈《性自命出》與傳世先秦文獻「情」字解詁〉，《郭店竹簡《性自命出》研究》（武漢：湖北教育出版社，2003年1月），第三章，頁31～59。

〔註39〕相同的情況亦見於其他文獻之理解，舉例而言，林啓屏在〈論《民之父母》中的「三無」〉一文中，即針對學界一徑將〈民之父母〉以孟子理路理解之方式進行辨駁，並提出循荀子理路理解亦不無可通之說，藉以凸顯當回歸至孔子所建立之「禮的態度」理解〈民之父母〉「三無」的立場。參林啓屏，〈論《民之父母》中之「三無」〉，《儒家文化研究》第一輯「新出楚簡研究專號」（北京：三聯書店，2007年6月），頁218～234。

也。善，是孟子也。惡，是荀卿也。善惡混，是楊子也。善惡以人異殊上中下，是漆雕開、世碩、公孫尼、王充也。」〔註40〕然則，先秦儒家之人性論，可大分爲「性分等說」（即認爲人性可分爲不同等級）及「性一說」（即人性並無不同等級之分別）；而「性一說」又可分爲「性善說」、「性惡說」、「性無善無惡說」、及「性善惡混說」四種〔註41〕。其中，世碩等人所主之「性分等說」以爲人性固有不同等級，固性非一也。孟子所持之「性善說」乃著眼於人之異於禽獸處言性，故其所謂「性」者乃指仁義禮智諸善端之根源。荀子所持之「性惡說」乃著眼於人類在無教化情況下品行的發展，故其論「性」除涉及兼具善惡之天性外，亦慮及「發展」之觀念，認爲天性中惡的力量必大於善的力量而成爲主宰個體品行之主要因素。告子所持之「性無善無惡說」今僅得見於《孟子》，但由於篇幅有限，且爲孟子轉述，故其內容不甚具體。然而，其說大抵認爲人可教爲善或不善。趙歧云：

> 公都子曰：或人以爲可教以善不善，亦由告子之意也。故文武聖化之起，民皆喜爲善；幽厲虐政之起，民皆好暴亂。〔註42〕

以上所述，爲漢以前儒家「人性論」之大要。其說雖有不同，但各家之「人性觀」大抵可歸爲有二：其一爲以「生之謂性」言「性」，其二爲以「天命」之「善」端言「性」。除孟子外，其餘諸家皆採以「生之謂性」言「性」之觀點，詳下。

徐復觀嘗論告子人性觀，認爲可有兩種解釋，其一以「慾望」爲「性」，其說近於道家；其二以性中兼有善惡因子言性。若爲前者，則其人性論乃受道家影響；若爲後者，則其人性觀乃與揚雄所持之「性善惡混」相同。無論何者，皆以「生之謂性」之觀點言「性」。此外，世碩雖主「性分等說」但亦認爲人性有善有惡，蒙文通云：

> 告子之言，亦歸本於仁義，是亦儒者也。蓋告子之說，實亦本之「性近習遠」之義。世子以之言「性有善有不善」，告子以言「性無善無

〔註40〕載章炳麟，《國故論衡》（台北：廣文書局，1977年7月），頁197。

〔註41〕《孟子・告子上》中提及當時之人性論，尚有「有性善，有性不善」之說，其例證爲「是故以堯爲君而有象，以瞽瞍爲父而有舜。」載清・焦循，《孟子正義》（北京：中華書局，1998年12月），頁748。其言人之性有善有惡，並不一致，屬「性分等說」，唯所述非專指儒家而言，且無其他文獻存世，故此暫略而不論。

〔註42〕載《孟子正義》頁784。

不善」，斯皆據舊之所謂性以爲言也。〔註43〕

此處所云「舊之所謂性」，即「生之謂性」的觀念。換言之，蒙氏認爲告子、世碩皆從「生之謂性」的觀點論性：認爲人性中兼有善、惡二因，而人之爲善爲惡則端視後天環境決定。再者，荀子雖主「性惡」之說，但云「生之所以然謂之性。」（《荀子・正名》）〔註44〕偏向「生之謂性」之人性觀。（於此，陳來〔註45〕、梁濤〔註46〕分別認爲「生之謂性」乃唐、漢以前儒家人性觀之主流，值得參考。）

總上，漢以前儒家之人性論雖可分爲四系：「性善說」、「性惡說」、「以慾望爲性」、「性有善有惡說」，但除「性善說」之外，其餘諸說皆從「生之謂性」之人性觀出發。而且，以上四種人性論乃建立在兩種不同之人性觀上：其一爲以「生之謂性」言「性」，其二爲以「天命」之「善」端言「性」；〔註47〕而此二種不同定義之人性觀，及其推演出之道德根源問題，亦可作爲判斷〈性自命出〉所屬學派之參考。

必須說明的是，上述四說中，告子及荀子之說有明顯與〈性自命出〉相左者：以告子而言，〈性自命出〉所載「生之謂性」之觀點，與告子、公孫尼子與世碩等人皆同。然而，就陳述方式觀之，告子所云「性無善無不善」乃與〈性自命出〉所云「善不善，性也」有異。而且，就道德之根源問題言，〈性自命出〉所持並非純爲孟子所述之「義外」說。故而，孟子所述告子之言論、思想若可信，則〈性自命出〉當不屬告子著作。此外，〈性自命出〉在道德根源的問題上雖與荀子有相同之處，如二者皆認爲禮教經典存在的意義乃在導人爲善。但是，二者對「僞」的理解和評判，卻有完全相反的看法。此亦涉及其人性觀：荀子既認爲人性本惡，故對於善之根源，自不能源自於人性，而須在人性之外尋求善之根源。對荀子而言，善之根源爲聖王所作之人文教化，乃導正人性之力量，與屬惡之人性自然相違。故而，屬「人爲」之「僞」乃有正面意義；〈性自命出〉認爲人性中自有善、惡二端之因子，

〔註43〕載蒙文通，《儒學五論》（桂林：廣西師範大學出版社，2007年5月），頁6。

〔註44〕載《荀子集釋》頁506。

〔註45〕參陳來，〈郭店楚簡與儒學的人性論〉，「簡帛研究網站」2008年8月22日。http://www.jianbo.org/admin3/2008/chenlai001.htm。

〔註46〕參梁濤，〈即生言性的傳統與孟子性善論〉，《思想・文獻・歷史：思孟學派新探》（北京：北京大學，2008年4月），頁141～158。

〔註47〕此亦爲〈中庸〉、孟子之人性論在儒學思想發展上之創新與貢獻。

故善之根源亦可源於人性之中，聖王之人文教化，其目的乃在引發人性中之善端。此外之善皆非眞善，皆爲「僞」，皆爲造作，值得批評。然則，學者所提關於〈性自命出〉之作者問題，待討論者僅餘孟子、公孫尼子、世碩等說法。

（三）〈性情論〉（〈性自命出〉）並非子思學派著作

以〈性自命出〉而言，其核心觀念乃在人性論部分，而就先秦儒家思想言，人性論之差別亦可作爲部分學派間思想之分野。又，就傳世文獻觀之，上述諸說除子思之人性論可藉由〈中庸〉所載，並參考孟子之說以獲得較爲具體的瞭解外，其他諸學派之人性論僅能間接瞭解其梗概。〔註 48〕因此，將〈性自命出〉所載人性論與〈中庸〉、孟子之說相較，即成爲可以判斷其學派歸屬的方法之一。前述金谷治、陳鼓應二者即分別從不同角度作出分析、論述，認爲〈性自命出〉與〈中庸〉所載之人性論，其思想結構各成系統，當非同一學派著作，值得參考。〔註 49〕今就二氏所論，並參以己意，從「人性觀」及「道德根源」問題，比較〈性自命出〉與〈中庸〉、孟子間之人性論：

1. 人性觀：就儒家思想發展之角度言，「生之謂性」乃爲傳統上之人性觀，「性有善有惡說」即以此爲基礎立論，故其出現年代最早。至孟子，則突破傳統「生之謂性」的觀念，改以人與禽獸相異之「善」的部分定義人性，《孟子・告子上》載：

> 告子曰：「生之謂性。」孟子曰：「生之謂性也，猶白之謂白歟？」
> 曰：「然。」「白羽之白也，猶白雪之白；白雪之白猶白玉之白歟？」
> 曰：「然。」「然則犬之性猶牛之性，牛之性猶人之性歟？」〔註 50〕

本段記孟子論難告子所持「生之謂性」之說。文末，雖無載告子對孟子所問「然則犬之性猶牛之性，牛之性猶人之性歟？」之答，然在上文之邏輯下，其答案當亦爲「然」。唯人、犬雖同以「生」言「性」，但二者之「生」固有

〔註 48〕〈中庸〉、孟子二者思想產生先後問題，學界固有爭議，但自二者皆從個體內在善的部分以言人性，並將之與天道結合的論述觀之，其人性論在先秦思想中自成一系，則大抵無誤。關於〈中庸〉及孟子之人性論，可參徐復觀，《中國人性論史》（上海：上海三聯書店，2002 年 7 月），頁 91～172。

〔註 49〕參丁原植，〈楚簡儒家佚籍的性情說〉，《新出土文獻與古代文明研究》（上海：上海大學出版社，2004 年 12 月），頁 220～242。

〔註 50〕載《孟子正義》頁 737～738。

不同者，故其告子所「然」者在於人、牛皆以「生」言「性」，而不在於二者「性」內涵之相同。所謂「生之謂性」之「性」者，即以與生俱來之種種心理狀況言「性」，即宋儒所云「氣質之性」；孟子所言之「性善」之「性」，乃以人與禽獸所異部分言「性」，《孟子・盡心下》載：

> 口之於味也，目之於色也，耳之於聲也，鼻之於臭也，四肢之於安佚也，性也，有命焉，君子不謂性也。仁之於父子也，義之於君臣也，禮之於賓主也，智之於賢者也，聖人之於天道也，命也，有性焉，君子不謂命也。〔註51〕

針對此段引文，徐復觀認爲「生而即有的耳目之欲，當其實現時，須有待於外，並不能自己作主，於是他改稱之爲命，而不稱之爲性。所以他對於命與性的觀念，是賦與了新的內容。」〔註52〕因此，孟子之人性觀即宋儒所云「天地之性」。此外，〈中庸〉所云「天命之謂性」，亦須從此種角度理解之，「天命之謂性的另一重大意義，是確定每個人都是來自最高價値實體——天——的共同根源；每個人都秉賦了同質的價値。〔註53〕」此種以「天命」定義「性」的方式，乃與傳統以「生」定義「性」的方式不同，故以此爲基礎所發展之人性論亦異於其他以「生之謂性」爲基礎者。

回到〈性自命出〉，其云「喜怒哀悲之氣，性也。」（簡1）、「凡好惡，性也。所好惡，物也。」（簡2-3）乃從「生之謂性」之觀點言「性」，故個體天生之各種心理狀況皆爲性之表現，屬宋儒所云「氣質之性」。因此，在「人性觀」方面，〈性之命出〉與〈孟子〉已屬不同理路。此一部分，尚涉及人性論中道德的根源問題，詳下。

2. 道德的根源問題：〈中庸〉、孟子既從「天命」、「命」言性，則道德乃可從人之內在求得，不必假於外物。此種傾向，可從孟子批評告子「義外」之說見之。告子認爲道德無關人心，而純爲外在環境之規範，此即孟子批評其說「義外」之因。至於孟子所持之「性善說」則以「命」言「性」，認爲道德乃根源於人性之中，個人修身之主要方法乃在藉由對內在善端之掌握，並加以發展。換言之，道德乃根於人之內在，此即孟子所云「義內」說。準此，〈中庸〉關於道德根源之說亦屬「義內」，其云「天命之謂性，率性之謂

〔註51〕載《孟子正義》頁990～991。
〔註52〕載《中國人性論史》頁143。
〔註53〕載《中國人性論史》頁104。

道，脩道之謂教。」〔註 54〕鄭玄云：

> 率，循也。循性行之是謂道。脩，治也。治而廣之，人放傚之是曰教。〔註 55〕

孔穎達云：

> 道者，通物之名。言依循性之所感而行，不令違越是之曰道。感仁行仁，感義行義之屬，不失其常，合於道理，使得通達，是率性之謂道。脩道之謂教，謂人君在上，脩行此道以教於下，是脩道之謂教也。〔註 56〕

所云「道」之根源乃爲「性」。「『率性之謂道』是說，順著人性向外發而爲行爲，即是道。這意味著道即含攝於人性之中；人性以外無所謂道。」〔註 57〕因此，道德之根源在於個體對「性」中善端之體察。此種論述亦可逆證〈中庸〉之「人性觀」乃從人性中「善」之部分言性，否則僅「率性」即無法成「道」。

與〈中庸〉、孟子不同的是，在〈性自命出〉中，道德並非源自於對「性」中善端之體察，而是透過禮教經典等外在環境對「情」之影響（故云「道生於情」，又云「凡道，心術爲主」，又云「道四術，唯人道爲可道」）。蓋〈性自命出〉以「生之謂性」之人性觀言性，故性中自有善惡兩端，而其發展端視外在環境之形塑。另一方面，外在環境對「性」之形塑乃透過「心」所發之「情」。因此，禮教經典僅能透過對個體行爲、情感之長期影響，使人性中之善之部分增加、惡之部分減少，最後達致養成完善人格之理想。換言之，「性」中固有善的成分，但徒「性」無以成道德，故道德之根源乃同時源於個體內外——內源於性，外源於禮教經典。以佛教之詞語言，性中兼有善惡之「因」、禮教經典則爲善「緣」，善「因」必待善「緣」而始成善「果」。此爲〈性自命出〉在道德根源觀念上與〈中庸〉、孟子之不同。準此，陳慶霖認爲〈中庸〉之「人性論」不屬「自然人性論」，而屬「性善」之說，而與〈性自命出〉有異。〔註 58〕

〔註 54〕載《四書章句集注》頁 17。

〔註 55〕載漢・鄭玄注、唐・孔穎達疏，《禮記注疏》（臺北：新文豐出版公司，2001 年 6 月），頁 2189。

〔註 56〕載《禮記注疏》頁 2190。

〔註 57〕載《中國人性論史》頁 104。

〔註 58〕陳霖慶，〈再議《性自命出》作者及學派（摘要）〉，「簡帛研究網站」2004 年

此種分別，亦可從孟子及世碩「養性」說之不同見之。孟子云：「存其心，養其性，所以事天也。」(《孟子‧盡心上》〔註 59〕)「在生活體驗中發現了心獨立而自主的活動，乃是人的道德主體之所在，這才能作爲建立性善說的根據」〔註 60〕，故養性之方法在存其「心」，所存者乃「惻隱、羞惡、辭讓、是非」諸善端。個體若能感受心之善端，並循此而發爲良善之行爲，則善端乃能漸漸成長，而成仁義禮智諸德，此即孟子之養性觀，故所養之性乃爲個體心中「善」的部分。至於世碩等人之養性說，則認爲性中有善有惡，外在環境足以引發性中各種善惡因子，故所養者乃在揚善抑不善。〔註 61〕蒙文通據《太平御覽》所載，認爲《春秋繁露‧循天之道》所載「養氣」一段爲公孫尼子之說，其云：

> 《御覽》引《公孫尼子》曰：「君子怒則自說以和，喜則收之以正。」此可證《春秋繁露‧循天之道》篇「養氣」之說，即公孫尼子之說。其書稱公孫之「養氣」曰：「怒則氣高，喜則氣散，憂則氣狂，懼則氣攝，凡此十者，氣之害也，而皆生於中。故君子怒則反中而自說以和，喜則反中而收之以正，憂則反中而舒之以意，懼則反中而實之以精。夫中和之不可反如此，故君子導至氣則華而上。凡氣從心，心，氣之君也。何而氣不隨也。」〔註 62〕

此處所謂「養氣」者，在於調節、中和怒、喜、憂、懼等情緒，與孟子養「善端」者不同。值得注意的是，此種思想亦與〈性自命出〉中「道始於情」的觀念相符，詳下。

從以上的論述可知，〈性自命出〉之人性論與〈中庸〉、孟子所持有思想結構上之差別，二者涇渭分明。因此，若〈中庸〉所載確能代表子思學派之思想，則〈性自命出〉當不屬子思學派。然則，學者所提關於〈性自命出〉之作者問題，則待討論者僅餘公孫尼子、世碩二說。詳下。

(四)〈性情論〉(〈性自命出〉) 之人性論屬世碩、公孫尼子一系

如上所述，〈性自命出〉主張人性中皆有善惡之因子，但亦主張「四海之內，其性一也」，則所論爲「性一論」。因此，若王充的理解正確，〈性自

4 月 11 日。(網站已廢置，轉引自 http://jdyjs.sysu.edu.cn/Item/350.aspx。)

〔註 59〕載《孟子正義》頁 878。

〔註 60〕載《中國人性論史》頁 151。

〔註 61〕參〈郭店楚簡與儒學的人性論〉。

〔註 62〕載《儒學五論》頁 7～8。

命出〉當非主「性分等說」之世碩一系之著作。《論衡・本性》載：

> 周人世碩，以爲「人性有善有惡，舉人之善性養而致之則善長，惡性養而致之則惡長。」如此，則性各有陰陽善惡，在所養焉，故世子作《養書》一篇。宓子賤、漆雕開、公孫尼子之徒亦論情性，與世子相出入，皆言性有善有惡。〔註63〕

據其言，宓子賤、漆雕開、公孫尼子等人之言性雖與世碩有所差異，然其關於人性內涵之主張基本上與世碩相同，皆認爲「性有善有惡」。

此段話指出，世碩認爲人性之中原有善惡之因子，否則如何「舉人之善性養而致之則善長，惡性養而致之則惡長」？由此觀之，世碩一系之人性論乃與揚雄所云「性善惡混」似相近。唯王充認爲揚雄之主張乃「中人也」，而與其「性三等說」——認爲人之「性」有上、中、下三等有異；且王充又認爲其人性論與世碩一系相同。換言之，若王充之理解正確，則揚雄與世碩等人性論之異處乃不在於人性之內容爲何（二者皆主張人性「善惡混」），而在於前者主張人性皆同，而世碩等則主張人性可有不同。

然而，王充所理解世碩一系之人性論是否屬實，從先秦儒家思想體系之邏輯性推之，乃成爲一值得懷疑的問題。

舉例而言，王充論孔、孟、荀三者之人性論，認爲孔子主張性有等差之觀念。《論衡・本性》載：

> 孔子曰：「性相近也，習相遠也。」夫中人之性，在所習焉，習善而爲善，習惡而爲惡也。至於極善極惡，非復在習，故孔子曰：「惟上智與下愚不移。」性有善不善，聖化賢教，不能復移易也。〔註64〕

學者多認爲王充此處所論，對孔子之理解屬斷章取義。蓋孔子所云「唯上智與下愚不移」（《論語・陽貨》〔註65〕）「乃是智力問題，無關人性」〔註66〕，而「性相近也，習相遠也」（《論語・陽貨》〔註67〕）「程朱等新儒家堅決主張孔子所說的性是含有濁惡端倪在內的氣質之性」〔註68〕，故乃有難以移易之處。然對儒家而言，承認「上智」、「下愚」等特例之存在，並無礙於其人性

〔註63〕載黃暉，《論衡校釋》（北京：中華書局，1995年5月），頁132。

〔註64〕載《論衡校釋》頁137。

〔註65〕載《論語正義》頁678。

〔註66〕載陳榮傑，《中國哲學文獻選編》（臺北：巨流出版社，1995年6月），頁107。

〔註67〕載《論語正義》頁676。

〔註68〕載《中國哲學文獻選編》頁106。

論主張。例如，自認在思想上繼承孔子之孟子，雖亦體認到此種特例之存在，但仍不主性有等差之說。《孟子・離婁下》載：

> 有人於此，其待我以橫逆，則君子必自反也：我必不仁也，必無禮也，此物奚宜至哉？其自反而仁矣，自反而有禮矣，其橫逆由是也，君子必自反也：我必不忠。自反而忠矣，其橫逆由是也，君子曰：「此亦妄人也已矣。如此則與禽獸奚擇哉？於禽獸又何難焉？」〔註 69〕

孟子雖持「性善說」，但仍認爲現實狀況中仍有與禽獸無異之人。又《荀子・正論》載：

> 堯、舜，至天下之善教化者也。南面而聽天下，生民之屬莫不振動從服以化順之。然而朱、象獨不化，是非堯、舜之過，朱、象之罪也。堯、舜者，天下之英也；朱象者，天下之嵬，一時之瑣也。〔註 70〕

承認現實狀況中，仍有無法教化者，但亦不礙其說。然則，先秦儒家之人性論，乃與現實狀況中是否有「不移」之特例存在無涉。換言之，對孟荀而言，現實狀況中「上智」、「下愚」等特例之存在，並無礙於其「性一說」之人性論立場。回到孔子，其政治思想之核心概念在於「以德化民」。從哲學體系之完備性觀之，孔子所論人性當無等差觀念，否則其「德化」之政治思想乃無法適用於所有人。以孟荀之例觀之，此種承認特例存在之言論，與孔子之人性論究屬「性一說」，或「性分等說」，乃爲二事。故而，王充對於孔子人性論之理解，乃有過度詮釋之嫌。

由此觀之，王充對世碩一系人性論之理解，是否與孔子一樣，存在過度詮釋的問題，乃須討論。以孔、孟、荀論性之內容例之，世碩一系之人性論中即便涉及人性之差異問題，其所論者亦不屬「不移」者，否則其「養性」之說即無法成立。若然，則世碩等人之人性論乃與揚雄所主之「性善惡混論」幾同。《法言・修身卷》載：

> 人之性也，善惡混。修其善則爲善人，修其惡則爲惡人。氣也者，所以適善惡之馬也。〔註 71〕

所述人性論唯此，僅言人性之內容爲「善惡混」，並無述及人性是否有高低差

〔註 69〕載《孟子正義》頁 595～596。

〔註 70〕載《荀子集釋》頁 404。

〔註 71〕載汪榮寶，《法言義疏》（北京：中華書局，1996 年 9 月），頁 85。

別之分。司馬光註云：

> 夫性者，人之所受於天以生者也，善與惡必兼有之，猶陰之與陽也。是故雖聖人不能無惡，雖愚人不能無善，其所受多少之間則殊矣。善至多而惡至少，則為聖人；惡至多而善至少，則為愚人；善惡相半，則為中人。〔註72〕

若如司馬光所述，則揚雄之說乃與王充幾同。其中之小異者，在王充認為有「極善極惡，非復在習」，故「人性有善有惡，猶人才有高有下也。高不可下，下不可高」。對於極善極惡之人是否可用外在教育的方式改變其本性抱持否定的態度。然而，就王充上引世碩之言析之，世碩等人似乎亦不否定教育對「所有人」的作用，否則其所作《養書》，所養之對象豈非僅限於「中人」？由此觀之，世碩等人之人性論乃與揚雄幾同，皆不因特例之存在而影響其「性一說」之立場，而與王充就特例以言「性分等說」之立場不同。（王充言「世碩、公孫尼子之徒，頗得其正」〔註73〕，「頗」字所指，不知是否即此處所言？）。因此，亦不可因王充所述，驟然否定〈性自命出〉為世碩一系的著作。

然則，先秦儒家之人性論凡四：一為「性善論」，以孟子為主；一為「性惡論」，以荀子為主；一為「性無善惡論」，以告子為主；一為「性有善有惡論」，即世碩、漆雕開、公孫尼子一系所主。以上皆屬「性一說」，即從人性無等差之觀點言性。

（五）〈性情論〉（〈性自命出〉）所屬學派及產生時間之推論

如上所述，〈性自命出〉就其人性論言，乃屬世碩、宓子賤、漆雕開、公孫尼子一系，認為人性中兼存善惡之因子，故須依恃後天之教育以導善去惡。然〈性自命出〉究屬何派，仍待進一步討論。其中，世碩之說已見於上小節討論；而宓子賤之說除王充所引外，不另見於其他文獻，今不論。至於漆雕開，有學者認為即《韓非子・顯學》篇所載「儒分為八」〔註74〕之「漆

〔註72〕載《法言義疏》頁85。

〔註73〕載《論衡校釋》頁141～142。

〔註74〕《韓非子・顯學》載：「世之顯學，儒、墨也。儒之所至，孔丘也。……。自孔子之死也，有子張之儒，有子思之儒，有顏氏之儒，有孟氏之儒，有仲良氏之儒，有孫氏之儒，有樂正氏之儒。故孔、墨之後，儒分為八，墨離為三，取舍相反、不同，而皆自謂眞孔、墨。孔、墨不可復生，將誰使定世之學乎？」載陳奇猷，《韓非子集釋》（高雄，復文圖書出版社，1991

雕氏之儒」。《顯學》載：

> 漆雕之議，不色撓，不目逃，行曲則違於臧獲，行直則怒於諸侯。世主以爲廉而禮之。宋榮子之議，設不鬭爭，取不隨仇，不羞囹圄，見侮不辱，世主以爲寬而禮之。夫是漆雕之廉，將非宋榮之恕也。〔註 75〕

「臧獲」指的是俘虜、奴隸一類的人。「廉，不蔽惡。」（《管子·牧民》〔註 76〕）此處載及漆雕氏對是非善惡之堅持態度，而不因對象之身份地位高低而有所改變。所強調者在其道德勇氣。梁啓超云：

> 《漆雕子》十二篇，已佚，其學說賴此廑存。儒家以智仁勇爲三達德，故見義不爲謂之無勇，孔子疾子。曾子云：「吾嘗聞大勇於夫子矣，自反而不縮，雖褐寬博吾不惴焉，自反而縮，雖千萬人吾往矣。」即「行曲則違於臧獲，行直則怒於諸侯」之義。孟子稱北宮黝不膚撓，不目逃，不受於褐寬博，亦不受於萬乘之君，正與漆雕開說同。黝疑即漆雕氏之儒。孟子又稱孟施舍似曾子，北宮黝似子夏，蓋儒家實有此一派。二者殆皆儒家者流也。〔註 77〕

今可見有關漆雕氏之說僅此，而無從探究漆雕開之人性論。

值得注意的是，王充所舉諸人中有「公孫尼子」一人，著有〈樂記〉。《漢志》載有《公孫尼子》二十八篇。顏師古注云：「七十子之弟子。」《隋書·音樂志》載沈約言：

> 漢初典章滅絕，諸儒捃拾溝渠牆壁之間，得片簡遺文，與禮事相關者，即編次以爲禮，皆非聖人之言。……，〈樂記〉取《公孫尼子》。〔註 78〕

所云「樂記」乃指《禮記》中之〈樂記〉。張舜徽云：「今觀《初學記》、《意林》諸書所引《公孫尼子》，皆在〈樂記〉中，沈說可信。」〔註 79〕

而如上所述，〈性自命出〉中論及「性」及「樂」之部分乃多與〈樂記〉

年 7 月），頁 1080。

〔註 75〕載《韓非子集釋》頁 1085。

〔註 76〕載顏昌嶢，《管子校釋》（湖南：新華書店，1996 年 2 月），頁 3。

〔註 77〕載梁啓超，〈韓非子顯學篇釋義〉，《飲冰室合集（專集七十九）》（北京：中華書局，1989 年 3 月），頁 2。

〔註 78〕載《隋書》頁 288。

〔註 79〕載張舜徽，《漢書藝文志通釋（與《廣校讎略》合刊）》（武漢：華中師範大學出版社，2004 年 3 月），頁 260。

意旨相符。就種種跡象觀之，〈性自命出〉與公孫尼子之關係匪淺。因此本文以爲，學者所提〈性自命出〉究屬世碩或公孫尼子著作二說中，以後者較爲可信，因爲丁四新所提世碩之說，其所持理由與主公孫尼子者之主要差異在於：丁氏以爲，郭店楚簡〈五行〉屬世碩著作，而〈五行〉之思想多有與〈性自命出〉相通之處。然而，〈五行〉究是否屬世碩著作，已爲推測；即如屬之，依其思想之相通處言〈性自命出〉亦同屬世碩著作，亦待討論。另一方面，主公孫尼子之說者，其著眼點乃在〈性自命出〉中除「性」之觀念外，其「心」、「情」、「樂」等觀念及各觀念間之關係皆與〈樂記〉相同，反映出二者心性思想之相同性〔註 80〕，可視爲同系思想。而據沈約所云，〈樂記〉乃公孫尼子著作。沈約之時，《公孫尼子》尚在，其說當有據。同時，公孫尼子之人性觀就王充所述亦屬「性有善有惡」，故本文以爲〈性自命出〉與公孫尼子之關係較爲接近，或爲公孫尼子一派之著作。

至於〈性自命出〉之產生時間問題，則可分爲上限、下限討論。就上限而言，若該篇爲公孫尼子一派著作，則其上限自當爲公孫尼子存世時，約爲戰國早、中期。退一步而言，〈性自命出〉即無法徑指爲公孫尼子一派著作，其性有善有惡之人性論亦與王充所云世碩等人相近，故其產生時間之上限當爲世碩存世時，約爲戰國早期。

必須說明的是，先秦典籍多難以指明其作者，提名爲某人之著作不必然即爲該人所作；後學所著之章篇而歸於師長著作之情況並不罕見。故而，欲指出〈性自命出〉產生時代之下限並不容易。池田知久曾就〈性自命出〉中「道四術，唯人道爲可導」一段進行分析，從傳世文獻中可見之「論道」內容及「道」、「術」語詞使用的狀況進行討論，並與《周易・謙卦彖傳》及馬王堆帛書〈繆和〉比較，認爲其產生時間可能產生於戰國末期。然其作爲全篇推論基礎之「道四術，唯人道爲可導」一句，乃據《周易・謙卦彖傳》所載「天道、地道、鬼神（道）、人道」〔註 81〕而來，而此種理解似缺乏足夠的證據支持。因此，〈性自命出〉產生時間之下限，恐僅能依簡文字形字體而斷於秦統一天下以前。

整體而言，〈性自命出〉之人性論乃爲孟、荀之外的先秦人性論，雖然在

〔註 80〕參〈郭店楚簡與儒學的人性論〉。

〔註 81〕池田知久，〈郭店楚簡《眚自命出》篇中的「道之四術」〉，《池田知久簡帛研究論集》（北京：中華書局，2006 年 2 月），頁 271～320。

論述方式方面較爲零碎，但仍自成體系。就傳世文獻觀之，告子、世碩一系論人性之文獻皆已不存，今人儘管能間接從其他文獻所引探究其內涵，難以全面且具體的討論其說。故而，〈性自命出〉在思想史上之文獻價值，乃不言可諭。

第二節　受他家思想影響之篇章

本節討論上博楚簡「禮記類」文獻中受他家思想影響之篇章。就筆者所見，簡文中受他家思想影響之篇章有三：其一爲〈民之父母〉中所見「以無爲本」之論述方式，可反映先秦儒家受道家影響之痕跡。其二爲〈子羔〉中所反映出之「血統與統治的正當性」議題，可反映戰國儒家對墨家所倡「禪讓」之關注。其三爲〈魯邦大旱〉、〈天子建洲〉所載之「陰陽刑德觀」，乃戰國「黃老思想」之核心觀念，今見載於儒家文獻，值得討論。以下分而論之。

一、〈民之父母〉所述「以無爲本」之論述方式

前章既舉〈民之父母〉「五志」一段中與〈性情論〉、《禮記・樂論》觀念相契之處，此進一步論篇中其他重要觀念及其學術、思想意義。要言之，〈民之父母〉全篇之文章結構爲：

第一、子夏向孔子請教何謂「民之父母」，孔子回答民之父母必須通曉、實行「禮樂之原」、「五至」及「三無」等項。

第二、子夏請教孔子何謂「五至」，孔子回答所謂「五至」乃指必須通曉「物、志、禮、樂、哀」等五種觀念之關係。

第三、子夏向孔子請教何謂「三無」，孔子回答「三無」的內容爲「無聲之樂，無體之禮，無服之喪。」

第四、子夏接著問何詩之意義與「三無」的道理接近，孔子舉出「成王不敢康，夙夜基命宥密」、「威儀逮逮，不可選也」、「凡民有喪，匍匐救之」等詩句以說明「三無」之意義。

第五、子夏讚嘆孔子所述「五志」、「三無」之理，並追問是否尚有可深入之處，孔子乃言「五起」之理。

總而言之，全篇以首段爲綱領引出第二、三、四段，以說明何謂「禮義之源」，並於末段進一步論述前述理論在政治之功效。其中，所論「五志」、

「五起」部分已於前節提及〔註82〕，今乃針對「禮義之源」與「三無」之觀念加以討論。

（一）「禮樂之源」議題之產生

〈民之父母〉全篇由子夏向孔子請教何謂「民之父母」起始，針對此一問題，孔子提出了「禮樂之源」的觀念，其載：

> 子夏問於孔子：「《詩》曰：『凱俤君子，民之父母。』敢問何如而可謂民之父母？」孔子答曰：「民〔簡 1〕【之】父母乎？必達於禮樂之原，以致『五至』，以行『三無』，以橫于天下。四方有敗，必先知之，其〔簡 2〕【可】謂民之父母矣。」〔簡 3〕

從字面意義觀之，「禮樂之源」者乃指「禮」、「樂」等規範之根源。然則，此處所論者乃「禮樂」之根源問題。

如前所述，先秦儒家在「人性論」議題之發展，乃有其內在理路及外緣影響，此處所述「禮樂之源」問題之產生亦是如此。要言之，「禮樂之源」問題之論述涉及禮樂制度之價值問題，乃先秦儒家之重要議題之一。蓋孔子主張恢復周代之禮樂制度（在孔子看來，此種制度乃周公所制定）。於此，孔子提出「仁」作為各種外在規範與制度之內在精神，企圖透過內在精神的加注而深化傳統制度的價值。在孔子，內在精神與外在規範乃一體兩面，不可偏廢。至戰國時代，恢復周代傳統制度主張乃不切實際一事，已普遍為各家——包含儒家接受。但另一方面，對於傳統之禮樂制度，「宗師仲尼」的戰國儒家仍不可全然否定其價值（此為其是否屬儒家之必要條件）。因此，「禮樂制度」之存在價值，乃成為一個必須加以論述的議題。此為「禮樂制度」價值問題產生之內在理路及外緣影響。

戰國儒家對此議題的態度，大抵沿者兩大方向，分別可以孟、荀作為代表。孟子所強調者在於人內在善念對外在形式的加注，故認為「仁、義、禮、智」之根源在於「惻隱、羞惡、辭讓、是非」之心，〈民之父母〉此處所謂「禮樂之源」，大抵即循此一方向思想；荀子所強調者在於禮樂制度設計之原理，認為禮樂制度之產生，其目的乃在提出一社會規範以合理控制民眾之欲望，分配民眾資源，使人與人之間不致因私利而產生爭奪、混亂之事。這兩種論述方向，可分別用「禮樂之端」（「四端」〔《孟子・公孫丑上》〕〔註83〕

〔註82〕參本章第一節第一小節（四）「〈民之父母〉『五至』、『氣志』解」一段。

〔註83〕《孟子・公孫丑上》載：「惻隱之心，仁之端也；羞惡之心，義之端也；辭讓

之「端」）及「禮樂之統」（《荀子・樂論》〔註84〕）稱之。本文以爲，〈民之父母〉究屬戰國儒家何派，目前爲止尚缺乏足夠條件以討論之，不過，除孟、荀之外可以想見，正如對「人性論」的主張，戰國儒家之各流派對「禮樂之源」之問題當亦有其說。因此，〈民之父母〉關於此處所論，乃可視爲其他儒家流派對此一議題之討論。

由下文子夏請教「五至」、「三無」一事觀之，孔子此處所謂「禮樂之源」，其內涵乃見於下文「五志」、「三無」一段，故簡文中乃未正面對何謂「禮樂之源」之問題加以敘述。「五志」一段已於前節論述，今乃針對篇中所述「三無」一段之內容加以討論。

（二）〈民之父母〉所提「三無」的觀念

〈民之父母〉關於「三無」一段之內容如下：

> 子夏曰：「『五至』既聞之矣，敢問何謂『三無』？」孔子曰：「『三無』乎？無聲之樂，無體〔簡5〕之禮，無服之喪，君子以此橫于天下。傾耳而聽之，不可得而聞也；明目而視之，不可〔簡6〕得而見也，而得既塞於四海矣，此之謂『三無』。」子夏曰：「無聲之樂，無體之禮，無服之喪，何詩〔簡 7〕是迡？」孔子曰：「善哉商也，將可教詩矣。『成王不敢康，夙夜基命宥密。』無聲之樂，『威儀逮逮，〔簡8〕【不可選也。』無體之禮。『凡民有喪，匍匐救之。』無服】之喪也。」〔簡9〕

此處所提「無聲之樂，無體之禮，無服之喪」，反映出某種將禮樂制度視之爲「末」，將內在之德視之爲「本」之思想架構。此種以內在精神爲「本」，以外在形式爲「末」之思想架構亦見於其他儒家文獻。《孔子家語・六本》即有「無服之喪」之說解，其文云：

> 喪紀有禮矣，而哀爲本。……。無服之喪，哀也。〔註85〕

之心，禮之端也；是非之心，智之端也。人之有是四端也，猶其有四體也。有是四端而自謂不能者，自賊者也；謂其君不能者，賊其君者也。凡有四端於我者，知皆擴而充之矣，若火之始然，泉之始達。苟能充之，足以保四海；苟不充之，不足以事父母。」載《孟子正義》頁234～235。

〔註84〕《荀子・樂論》載：「且樂也者，和之不可變者也；禮也者，理之不可易者也。樂合同，禮別異，禮樂之統，管乎人心矣。窮本極變，樂之情也；著誠去僞，禮之經也。」載《荀子集釋》頁463。

〔註85〕載晉・王肅，《孔子家語》（臺北：中華書局，1985年3月影印宋蜀本），卷四葉一。

指出喪禮之本爲「哀」；反言之，則喪禮之儀軌乃爲「末」。因爲「哀」屬精神，而不限於任何形式，故稱爲「無」。因此，只要能掌握「本」（「三無」），則其「末」（「樂」、「禮」、「喪」）之形式如何乃無關緊要。〈民之父母〉此處所謂「無」者，所述雖與道家在內涵上仍有差異，但此種「以無爲本」之論述方式則頗似道家。

顧瑞榮在《道家「大一」思想及其表達式研究》〔註 86〕一書中針對《老子》、《列子》、《黃帝四經》〔註 87〕、《莊子》、《文子》、《淮南子》、《老子指歸》等道家文獻之特殊表達式作出規納，認爲有七種表達式：

1. 「大……若（似）……」
2. 「大……無（不、去）……」
3. 「至……無（不、去）……」
4. 「若……若……」
5. 「若……而……」
6. 「……若（如、似）……」
7. 「……而若（如、似）……」

慮及文獻之代表性，若僅以《老子》、《莊子》皆出現之表達方式爲主，則至少第一、二、三、六種皆出現於二書之中，當足以反映先秦道家之特殊表達方式。以下，分別徵引《老子》、《莊子》中顯現此種表達方式及觀念之文句以說明其義：

第一、「大……若（似）……」之表達式：

> 大成若缺，其用不弊；大盈若沖，其用不窮。大直若屈，大巧若拙，大辯若訥。（《老子》四十五章）

「大巧若拙」句亦見引於《莊子．祛篋》〔註 88〕。王弼注「大成若缺，其用不弊」句云：「隨物而成，不爲一象，故若缺也。」；注「大盈若沖，其用不窮」句云：「大盈充足，隨物而與，無所愛矜，故若沖也。」；注「大直若屈」句云：「隨物而直，直不在一，故若屈也。」；注「大巧若拙」句云：「大巧因

〔註 86〕顧瑞榮，《道家「大一」思想及其表達式研究》（上海：人民出版社，2008 年 8 月）。

〔註 87〕即馬王堆漢墓《經法》、《十六經》、〈稱〉、〈道原〉等四種文獻，筆者以爲上述文獻仍以稱「黃老帛書」爲妥（參黃武智，《黃老帛書考證》高雄中山大學中文系碩士論文，1999 年 6 月；後修改、更名爲《「黃老帛書」研究》：新北市，花木蘭出版社，2011 年），此處稱《黃帝四經》依顧氏原稱。

〔註 88〕載《莊子集釋》頁 353。

自然以成器，不造爲異端，故若拙也。」；注「大辯若訥」句云：「大辯因物而言，己無所造，故若訥也。」〔註 89〕認爲最高層次之「成、盈、直、巧、辯」乃與其相反詞語「缺、沖、屈、拙、訥」形式相「若」。

第二、「大……無（不、去）……」之表達式：

> 大方無隅，大器晚成，大音希聲，大象無形。（《老子》四十一章）
>
> 樸散則爲器，聖人用之則爲官長，故大制不割。（《老子》第二十八章）〔註 90〕
>
> 夫大道不稱，大辯不言，大仁不仁，大廉不嗛，大勇不忮。（《莊子，齊物論》）

王弼注「大音希聲」句云：「聽之不聞名曰希。大音，不可得聞之音也。有聲則有分，有分則不宮而商矣。分則不能統眾，故有聲者非大音也。」〔註 91〕成玄英疏「大道不稱」句云：「大道虛廓，妙絕形名，既非色聲，故不可稱。」〔註 92〕值得注意的是，這種比喻與〈民之父母〉所云「傾耳而聽之，不可得而聞也」的「無聲之樂」邏輯相同。

必須說明的是，二者之比喻雖甚爲相似，但其所欲表達之思想則大不相同。《老》、《莊》以「體用」之觀念說明「大音」與「聲」之關係，認爲「大音」若限於某種形式（分）則不能統眾，故「大音希聲」；而〈民之父母〉所謂「無聲之樂」，乃指「成王不敢康，夙夜基命宥密」之精神。此種精神乃音樂之「本質」，至於樂曲則音樂之「形式」也。爲政者若能取其精神以爲政，則是否有音樂演奏一事則屬末節。因此，二者雖均言「希聲」、「無聲」之「大音」或「樂」（若借用道家用法，則可謂「大樂」），但一用以說明「道體」，一用以說明「仁心」，意旨不同，可謂「同曲異工」。儘管如此，此處仍可見儒家典籍在書寫方式上所受之影響。

第三、「至……無（不、去）……」：

> 故貴以賤爲本，高以下爲基。是以侯王自謂孤寡不穀。此非以賤爲本邪？非乎？故致數輿（譽）無輿（譽）。（《老子》三十九章）
>
> 今俗之所爲與其所樂，吾又未知樂之果樂邪？果不樂邪？吾觀夫俗

〔註 89〕以上《老子》本文及王弼註語載《王弼集校注》頁 122～123。

〔註 90〕載《王弼集校注》頁 75。

〔註 91〕以上《老子》本文及王弼註語載《王弼集校注》頁 112～113。

〔註 92〕以上《莊子》本文及成玄英疏文載《莊子集釋》頁 83。

之所樂，舉羣趣者，誙誙然如將不得已，而皆曰樂者，吾未之樂也，亦未之不樂也。果有樂无有哉？吾以无爲誠樂矣，又俗之所大苦也。故曰：「至樂无樂，至譽无譽。」（《莊子・至樂》）

商大宰蕩問仁於莊子。莊子曰：「虎狼，仁也。」曰：「何謂也？」莊子曰：「父子相親，何爲不仁？」曰：「請問至仁。」莊子曰：「至仁無親。」（《莊子・天運》）

蹍市人之足，則辭以放驁，兄則以嫗，大親則已矣。故曰：「至禮有不人，至義不物，至知不謀，至仁无親，至信辟金。（《莊子・庚桑楚》）

悲夫，世人直爲物逆旅耳！夫知遇而不知所不遇，知能能而不能所不能。无知无能者，固人之所不免也。夫務免乎人之所不免者，豈不亦悲哉！至言去言，至爲去爲。齊知之所知，則淺矣。（《莊子・知北遊》）

王弼注「致數輿（譽）無輿（譽）」句云：「貴乃以賤爲本，高乃以下爲基。故致數輿（譽）乃無輿（譽）也。」〔註93〕言若讚譽過多，則實同無譽。又，成玄英疏「至樂無樂」句云：「以色聲爲樂者，未知決定有此樂不？若以莊生言之，用虛淡無爲爲至實之樂。」疏「大譽無譽」句云：「俗以富貴榮華鏗金鎗玉爲上樂，用美言佞善爲令譽，以無爲恬淡寂寞虛夷爲憂苦。故知至樂以无樂爲樂，至譽以无譽爲譽也。」〔註94〕將俗之所謂樂、譽與莊子所言「至樂」、「至譽」對言，而明後者不具俗世所謂樂、譽之形式者也。又，向、郭注〈天運〉「至仁無親」句云：「然至仁足矣，故五親六族，賢愚遠近，不失分於天下者，理自然也，又奚取於有親哉！」〔註95〕注〈庚桑楚〉「至仁无親」句云：「譬之五藏，未曾相親，而仁已至矣。」〔註96〕言「至仁」者不刻意親近他人。又，成玄英疏「至言去言，至爲去爲」句云：「至理之言，

〔註93〕「輿」字，樓宇烈云：「『輿』，借爲『譽』。長沙馬王堆三號漢墓出土帛書《老子》甲本經文作『與』，乙本經文作『輿』，均爲『譽』之借字。《道藏集注》本經文、注文四『輿』字均作『譽』，傅奕注本亦作『譽』，《釋文》出『譽』字，注『毀譽也。』均可爲證。」以上《老子》本文、王弼注文及樓氏校語載《王弼集校注》頁106～107。

〔註94〕以上《莊子》本文及成玄英疏文載《莊子集釋》頁611～612。

〔註95〕以上《莊子》本文及向、郭注文載《莊子集釋》頁497～498。

〔註96〕載《莊子集釋》頁809。

無言可言，故去言也。至理之爲，無爲可爲，故去爲也。」〔註97〕言「至言」、「至爲」無限定之言行。

在上述第二、三種表達方式中，「方」之特徵爲「直角」（隅），「音」由「聲」成，但「大方」、「大音」卻「無隅」或「希聲」；「制」有「割」義（《說文》載：「制，裁也。」〔註98〕），但「大制」卻「不割」；「辯」須待「言」，但「大辯」卻「不言」；仁者愛人也，但「至仁」卻「無親」；「知」爲腦之活動（謀），但「至知」卻「不謀」。凡此，皆認爲最高層次之「方、音、制、辯、仁、知」就其外在形式觀之，其性質或特徵均不明顯。循此而往，即形成「至（大）……不（去）……」的特殊表達方式，如「至樂無樂」、「致數譽（大譽）無譽」、「大仁不仁」、「至言去言，至爲去爲」。

以上三種表達式之邏輯頗爲接近。蓋「大」與「至」皆爲用以形容某種性質或特徵之詞語，所表示者爲該性質或特徵之最高層次；而在「若」後所接之詞語，皆表示「若」前之相反義，但第二、三式「無（不、去）」後所接之詞語，則在意義上與「無（不、去）」前之詞語形式接近，故第一式的「若……」與第二、三式的「無（不、去）……」，所欲表達的意思相同：較高層次之性質或特徵，其表現在外的形式皆似原性質或特徵的否定。此三種表達式中部分文句之字面意義與〈民之父母〉此處所云雷同，值得進一步討論。〈民之父母〉中，最高層次之「三無」——「無聲之樂，無體之禮，無服之喪」亦皆以「無聲、無體、無服」爲「樂、禮、喪」之最高層次。就表達方式而言，其邏輯與上述三種道家之特殊表達方式相同。然則，「三無」之說乃有受道家思想影響之處。申言之，〈民之父母〉認爲只要能掌握制度背後之精神，則是否恢復周代傳統禮樂制度，乃並非必須堅持的主張。

附帶一提的是，除了此處所見外，前節所述〈性情論〉中關於「心術與人道」的觀念，亦可以「本末觀」的模式加以理解。其云：「凡道，心術爲主。道四術，唯人道爲可道，其三術者，導之而已。」關於此句，學者各有其說，而其爭論焦點在於所謂「四術」者，究爲哪四術。從「本末觀」的模式觀之，此句之詮解或爲：道之四者，一爲心、二爲詩、三爲書、四爲禮樂。而此四術，其地位又非可等同視之，而有層次之分。略言之，「詩書禮樂」

〔註97〕以上《莊子》本文及成玄英疏文載《莊子集釋》頁765。

〔註98〕載清·段玉裁，《說文解字注》（臺北：黎明文化事業股份有限公司，1993年7月影印經韵樓臧版本），頁184。

之內在根源乃「心」，所謂「人道」者，「心道」也，故「心」爲本，「詩、書、禮樂」爲末。就論述層次言，〈性情論〉、《禮記・樂記》僅出現以「心」爲本之觀念。就之思想發展言，〈民之父母〉「三無」之說乃立基於「以心爲本」之觀念，並受道家「以無爲本」邏輯之影響而形成。

二、〈子羔〉所提「血統與統治之正當性」問題

（一）〈子羔〉思想大綱及其意義

上博「禮記類」文獻中，對於政治議題之討論，除如何治民的「治道」問題外，對於「政權」取得的「政道」問題亦有觸及。〔註 99〕〈子羔〉即是一篇藉由子羔與孔子討論堯舜與「三王之作」的問題，以表達其「政道」觀的文獻。其文爲：

> 子羔問於孔子曰：「參王者之作也，皆人子也，而其父賤而不足稱也歟？抑亦誠天子也歟？」孔子曰：「善，爾問之也，久矣。其莫〔簡 9〕……【禹之母，有莘氏之女】也，觀於伊而得之，懷參〔簡 11A〕年而劃於背而生，生而能言。是禹也。契之母，有娀氏之女〔簡 10〕也。遊於瑤臺之上，有燕銜卵而錯諸其前，取而吞之，懷〔簡 11B〕三年而劃於胸，生乃呼曰：〔《香港中文大學文物館藏簡牘》（甲・戰國楚簡）簡 3〕【□】銫。」是契也。后稷之母，有邰氏之女也。遊於玄丘之內，冬見芺，搴而薦之，乃見人武，履以祈禱曰：「帝之武，尚使〔簡 12〕……。」是后稷~~之母~~也。參王者之作也如是。子羔曰：然則參王者孰爲〔簡 13〕……【孔子】曰：「有虞氏之樂正瞽叟之子也。」子羔曰：「何故以得爲帝？」孔子曰：「昔者【□】而弗世也，善與善相授也，故能治天下，平萬邦，使無有小、大，肥、瘠，使皆〔簡 1〕得其社稷百姓而奉守之。堯見舜之德賢，故讓之。」子羔曰：「堯之得舜也，舜之德則誠善〔簡 6〕歟？抑堯之德則甚明歟？」孔子曰：「均也，舜穡於童土之田，則〔簡 2〕……【」子羔曰：「……】之，童土之莉（黎）民也。」孔子曰：「……〔簡 3〕吾聞夫舜其幼也，敏

〔註 99〕牟宗三云：「政道是相應政權而言，治道是相應治權而言。」載牟宗三，《政道與治道》（收錄於《牟宗三先生全集》）（臺北，聯經出版社，2003 年 4 月），頁 1。

以孝侍，其言〔簡 4〕……或以文而遠。堯之取舜也，從諸草茅之中，與之言禮，悅博〔簡 5〕【而□……與之言□，悅】𢡺而和，故夫舜之德其誠賢矣，由諸畎畝之中，而使君天下而稱。」子羔曰：「如舜在今之世則何若？」孔子曰：「〔簡 8〕【……子羔曰：「……】亦紀先王之遊道。不逢明王，則亦不大使。」孔子曰：「舜其可謂受命之民矣。舜，人子也……〔簡 7〕，而參天子事之▌〔簡 14〕。

就全篇意旨言，大抵在說明「三王之作」雖皆有其「天子傳說」，但「天子」身分並非受命爲帝的必要條件，在「昔者□而弗世也，善與善相授也」（「□」字脫，當爲表「禪讓」之字〔註 100〕）的時代裡，「人子」亦有「受命爲帝」的可能。簡言之，〈子羔〉通篇表現出對「有德者」取得政權的期望。若進一步分析全文內容，可以發現在子羔及孔子的對話中，不時透露出以下觀點：

第一、在政治制度方面，輕「世襲」主「禪讓」：在〈子羔〉一文中，可以看到兩種政權遞嬗的方式，其一爲後世「三王」所用之「世襲制度」，其二爲昔者「堯舜」所用之「禪讓」方式。簡 1 所云「昔者□而弗世也，善與善相授也，故能治天下，平萬邦」，即透過對「禪讓」政治下社會狀況的推許讚揚，以說明其輕「世襲」主「禪讓」的主張。

第二、在帝王本身的條件方面，輕「血統」而重「德行」：除了政治制度外，〈子羔〉一文中也對統治者的特質問題提出討論，故在文章的開始即提出了三王究爲「天子」還是「人子」的問題。相對於「天子」與「人子」，帝王本身所須具備的條件即爲不同——前者強調的是「血緣」，後者強調的是「德行」。職是之故，在前半段文字裡，孔子對於「三王之作」問題的回答儘在說明其「天子傳說」，但在後半段，乃強調堯舜在德行上的過人之處。這兩種帝王特質，究竟何者較爲重要呢？關於此一問題，孔子雖無正面回答，但是簡 14 指出，堯雖爲「人子」，但卻得以使「參天子事之」，可見其對帝王特質的評價，表現出其輕「血統」而重「德行」的觀點。

第三、有德之士是否得以受命爲帝，與是否得遇明君有關：從上述兩點可知，〈子羔〉一文所存在著兩組對立的觀念：「世襲／血統」及「禪讓／德行」。兩組對立的觀念原本各自存在於不同時代——後者存在於理想中的古代

〔註 100〕參第三章第一節第一小節（一）「陳劍對於若干竹簡的重新編連及其內容釋讀」一段。

社會，前者則存在於現實中的當時社會。但是，文中子羔卻提出一個假設性的問題：「如舜在今之世則何若？」詢問孔子在注重「世襲／血統」觀念的當時社會中，一個代表古代社會的理想人物——舜，會有何際遇。關於此一問題，孔子的回答是「不逢明王，則亦不大使」。此外，在回答子羔所提，堯、舜二人究竟何者才是造成「禪讓」的主要原因時，孔子的回答是「均也」；除了肯定「舜之德則誠善」外，對於「堯之德則甚明」亦表讚揚。可見，孔子認為一個有德之士是否「得為帝」，所恃者除自身條件外，其是否得遇明君，亦是重要條件之一。

以上為〈子羔〉一文之思想大綱及主要立場。將之與其他討論「禪讓制度」的先秦儒家文獻比較可知（詳下），本篇在先秦儒家，甚至在整個先秦思想中，提出了一個甚為敏感的問題，即「血緣」在統治正當性中的地位問題。韋伯在《支配的類型》一書中，依「正當性」將「支配」分為三種純粹類型：法制型（legale Herrschaft）、傳統型（traditionale Herrschaft）及卡理斯瑪支配（charisma Herrschaft）。此三種純粹類型各自建立在以下基礎：理性的基礎、傳統的基礎、卡理斯瑪（charisma）的基礎。其義涵分別為：

1. 理性的基礎——確信法令，規章必須合於法律，以及行使支配者在這些法律規定之下有發號施令之權利（法制型支配，legale Herrschaft）。
2. 傳統的基礎——確信淵源悠久的傳統之神聖性，及根據傳統行使支配者的正當性（傳統型支配，traditionale Herrschaft）。
3. 卡理斯瑪的（charisma）基礎——對個人、及他所啓示或制定的道德規範或社會秩序之超凡、神聖性、英雄氣慨或非凡特質的獻身和效忠（卡理斯瑪支配，charisma Herrschaft）。〔註 101〕

〈子羔〉一文中，所稱「三王之作」皆有其神異傳說，且「三王」皆為「天子」的觀念，即是對夏、商、周先祖之「卡理斯瑪」特質的一種強調。此種「卡理斯瑪」特質，在三代的制度中乃以「世襲」的方式繼承給「卡理斯瑪領袖」的子孫，即韋伯所稱的「世襲性卡理斯瑪」。〔註 102〕因此，在「世襲性卡理斯瑪」的制度下，帝王為了強化自身及其子孫的統治權，乃必須強調

〔註 101〕載韋伯（Max Weber）著、康樂等編譯，《支配的類型：韋伯選集（Ⅲ）》（臺北：遠流出版事業股份有限公司，1997 年 2 月），頁 7。

〔註 102〕以上關於韋伯之說，參《支配的類型：韋伯選集（Ⅲ）》第一章〈正當性的基礎〉、第四章〈卡理斯瑪支配〉及第五章〈卡理斯瑪的例行化〉。

其「血源」的重要性及其祖先「血統」的神異性，故有種種關於祖先的「天子傳說」。另一方面，先秦思想家所提倡的「禪讓制度」，即是提出一種與「世襲性卡理斯瑪」不同的繼承方式——由在位的「卡理斯瑪領袖」指定繼承人。換言之，在以「禪讓」方式為主的情況下，「統治的正當性」並非源於其「血統」的特異，而在於統治者「德行」的卓越。在此情況下，其「血統」為何乃不甚重要，故「人子」亦得以「受命為帝」。此二種不同的「卡理斯瑪」繼承方式，所依據的標準亦各不相同，前者強調的是「血緣關係」，後者強調的則是繼承者之「德行」。〈子羔〉一文所提到的「天子」與「人子」的不同觀念，即對以「血緣」作為「卡理斯瑪特質」及「卡理斯瑪繼承」標準之觀念提出質疑，點出了「世襲性卡理斯瑪」支配正當性之關鍵問題。

（二）〈子羔〉學派歸屬問題——兼論〈仲弓〉及其他載為孔子與弟子對話篇章之學派歸屬問題

上博楚簡「禮記類」文獻中，〈子羔〉、〈仲弓〉皆以孔子弟子之名直接命名，且其內容亦載孔子與二人之對話，部分學者即認為其篇乃二人之弟子所傳。〔註 103〕然而，若其內容確如文中所載，為子羔、孔子對答之實錄，則其時代及文獻性質自可確定。但是，先秦文獻多有依托他人成說者。戰國末年，荀子即提及當時屬名「子弓」（筆者案：即仲弓）之著作不可信，《荀子・非十二子篇》載：

> 略法先王而不知其統，猶然而材劇志大，聞見雜博。案往舊造説，謂之五行，其僻違而無類，幽隱而無說，閉約而無解。案飾其辭，而祗敬之，曰：「此眞先君子之言也。」子思唱之，孟軻和之。世俗之溝猶瞀儒、嚾嚾然不知其所非也，遂受而傳之，以為仲尼子弓為茲厚於後世。是則子思孟軻之罪也。〔註 104〕

此處所云雖僅指子思、孟軻一派之言論，但可見最晚至戰國末年，荀子對流傳於當時之「號稱」仲尼、子弓之文獻即不盡信。故〈子羔〉所載是否源自於子羔、孔子的問答，乃需討論。職是，若單從命名或篇中與孔子對話的人物，即認定其傳承歸屬，恐怕立論過速。然則，關於〈子羔〉、〈仲弓〉之學派歸屬問題，乃不得不究論。以下分而論之：

〔註 103〕如黃人二即認為〈子羔〉乃儒家「子羔學派」的著作，載氏著《出土文獻論集》頁 213。

〔註 104〕載《荀子集釋》頁 98。

第一、〈仲弓〉：關於〈仲弓〉一文的文獻性質，由於部分文句與《論語・子路》「仲弓爲季氏宰」章內容雷同，故引發部分學者對其文獻性質的討論。陳桐生在〈孔子語錄的節本和繁本〉〔註 105〕中比較二者後認爲「孔子語錄」有「節本」與「繁本」之分。就前者言，「今本《論語》就是從孔門七十子後學的筆錄素材之中精選出來的，它是孔子語錄的「節本」或精華本」。換言之，孔門後學在集結《論語》時，手上所擁有的資料原比今本《論語》來的豐富；就後者言，其引《史記・儒林列傳》中所載：

> 自孔子卒後，七十子之徒散游諸侯，大者爲師傅卿相，小者友教士大夫，或隱而不見。故子路居衛，子張居陳，澹臺子羽居楚，子夏居河西，子貢終於齊。如田子方、段干木、吳起、禽滑釐之屬，皆受業於子夏之倫，爲王者師。〔註 106〕

認爲七十子「將各自保留的那些紀錄孔子言行的珍貴原始材料找出來，加以修飾、加工、潤色、整理，對孔子學說進行闡釋與發揮，將一些片斷材料演繹爲較長的獨立篇章。七十子的門徒、二傳、三傳、四傳弟子及其後學也會接過先輩的旗幟，在先輩基礎上進行再闡發。七十子後學文獻，往往經過幾代人、幾百年的傳抄和加工，有些文章的最後寫定己是漢代。」

對於陳氏之說，本文以爲就目前所知，文獻中尚無孔門弟子節錄孔子言論以成《論語》的記載，且孔門弟子既欲集結孔子言論，則唯恐錄孔子言論有所闕漏而不及，豈有節錄之理。但是另一方面，陳氏所云「孔子語錄」之繁本現象，乃符合先秦著作形成之情況。以〈仲弓〉爲例，陳立認爲稱「仲尼」者，其關係與孔子最爲疏遠；稱「夫子」或「子」者，多爲孔子與門人對答時稱呼；稱「孔子」雖無不敬之意，但在關係上似乎又較「子」、「夫子」疏離〔註 107〕，所言合理。換言之，稱「仲尼」或稱「孔子」者，其書寫者乃有所不同。〈仲弓〉中部分段落稱孔子爲「孔子」，部分段落稱孔子爲「仲尼」，可能是在融鑄兩種以上的文獻時所留下的痕跡。然則，〈仲弓〉乃參考不同文獻而成篇，其中亦包括《論語・子路》「仲弓爲季氏宰」章，故其著作時間當在《論語》成書後。

〔註 105〕載陳桐生，〈孔子語錄的節本和繁本〉，《孔子研究》（濟南：中國孔子基金會，2006 年 2 期），頁 116～122。

〔註 106〕載《史記》頁 3116。

〔註 107〕載陳立，〈《孔子詩論》的作者與時代〉，《上博館藏戰國楚竹書研究》（上海：上海書店出版社，2002 年 3 月），頁 62～73。

第二、〈子羔〉：從思想主張及行文方式言，文中所載並非子羔、孔子言論，分疏如下：

1. 從孔子的思想及言論觀之，〈子羔〉所載孔子言論與《論語》有所牴牾。首先，「子不語怪、力、亂、神」，而〈子羔〉中「三王之作」的部分則充滿神異傳說，與孔子言論態度不符。其次，孔子身處春秋後期、周代「禮壞樂崩」之際，其對自我要求之使命即在恢復周禮；在《論語》中，孔子處處表現出對周代宗法制度的擁護，其中固亦有提及「讓天下」的內容，但所指乃是兄弟間的相讓，並非在血親之外讓位予別姓者〔註 108〕；「宗周」及「正名」乃是孔子的一貫主張〔註 109〕。但是，「禪讓」思想所挑戰的「世襲制度」，正是孔子欲維護之「宗法制度」之一環。

2. 從文章的發展言，〈子羔〉一文舖陳有序，且孔子回答之言論自成段落，與《論語》中載孔子言論多為「隻言片語」不同。《論語》為孔子歿後，弟子及後學集結而成的著作，當時所載即多零碎文句，而鮮有通篇大論之文。反觀〈子羔〉一文，則通篇結構完整，子羔所提的各個問題間具邏輯關係，且其先後順序亦經安排。此種寫作方式，恐非孔子所處之時代所有。

總上，〈子羔〉所載言論是否信而有徵，乃待商榷。

由以上幾點可知，〈仲弓〉、〈子羔〉二篇是否為孔子與二人之對話，實大有可疑。然而，其篇是否出於二人之弟子所著，亦待討論。另一方面，上博楚簡「禮記類」文獻中除上述兩篇之外，其他篇章，如〈民之父母〉及〈從政〉、〈君子為禮〉、〈弟子問〉部分章節等，亦載有孔子及其弟子之對話。值得注意的是，《荀子》中部分段落載有孔子及其「先進弟子」對話的內容，如〈法行〉篇載子貢及孔子對話，可見在荀子之前，即出現了以孔子及其「先進弟子」對話的文獻。同時，《禮記》之中也保留了許多記載孔子及其「先進」弟子對話的文獻。印證於出土文獻，上博楚簡中所載孔子及弟子對話之文獻，其與孔子對話者皆屬「先進弟子」，可見戰國時期流傳著一些記載孔子及其「先進弟子」對話的文獻。這些文獻是否可徑視之為諸「先進弟子」之學派所有，亦待討論。關於此一問題，錢穆云：

> 崔述：「……蓋聖門中子路最長，閔子、仲弓、冉有、子貢則其年若

〔註 108〕參顧頡剛，〈禪讓傳說起於墨家考〉，《古史辨》第七冊下，頁 30～107。

〔註 109〕關於孔子「從周與正名」的政治思想，參蕭公權，《中國政治思想史》（臺北：中國文化大學出版部，1988 年 11 月），頁 55～58。

> 相班者。孔子在時，既爲日月之明所掩，孔子沒後，爲時亦未必甚久。……。若游、夏、子張、曾子，則視諸子爲後起，事孔子之日短，教學者之日長，是以名言緒論，多見於孔子沒後也。」今按：崔說甚是。余考孔門弟子，蓋有前後輩之別。前輩者，問學於孔子去魯之先，後輩則從遊於孔子返魯之後。……。雖同列孔子之門，而前後風尚，已有不同。由，求，予，賜志在從政，遊，夏，有，曾，乃攻文學，前輩則致力於事功，後輩則研精於禮樂。……大抵先進渾厚，後進則有棱角。先進樸實，後進則務聲華。先進極之爲具體而微，後進則別立宗派。先進之淡於仕進者，蘊而爲德行，後進之不博文學者，矯而爲瑋奇。此又孔門弟子前後輩之不同，而可以觀世風之轉變，學術之遷移者也。〔註 110〕

認爲孔子「前、後輩」志向不同：前輩多用心於「仕進」;「後輩」則致力於「文學」，而此乃與「世風之轉變，學術之遷移」有關，其說甚是。韓非子《顯學》載當時「儒分爲八」，其中可考者皆爲孔子弟子中年輩較後者，可爲旁證。然則，仲弓子羔二人是否自成學派，亦屬可疑。此外，春秋之時，諸子著作皆不手著，由弟子後學記述或傳聞其師之說；子羔、仲弓等「前輩」是否有弟子後學既屬可疑，而所處時代又不尚「文學」，則〈仲弓〉、〈子羔〉二篇是否屬所謂「仲弓學派」、「子羔學派」，亦可商榷。

附帶一提，《荀子・非十二子》中所云「子游、子夏」氏之賤儒，並不在《韓非子・顯學》篇中「儒分爲八」的流派之中，可見當時之儒家流派並不限於韓非所云八派。合理的推測是，韓非所云的八派，是當時儒家流派中較大的派別，但此外尚有其他儒家流派。不過，孔門後學在傳其言論的過程中，可能加入個人的意見，甚至可能藉孔子言行表述個人思想，故有韓非所云「取舍相反、不同而皆自謂眞孔、墨」(《韓非・顯學》) 的情況。

由以上幾點觀之，本文認爲〈子羔〉一文的內容並非確如文中所載，爲孔子、子羔言論。就思想發展的脈絡言，先秦儒家對周代宗法制度的態度，乃因現實政治環境的改變而有所轉移。春秋時代，孔子對於恢復周文尚有「知其不可」的認知；至戰國時代，儒家對尊崇周天子一事已不再堅持。〔註 111〕職是，對於孔子所提乃不得不有一新的論述，以討論政權之合法性問題。此

〔註 110〕參錢穆，《先秦諸子繫年》(臺北：東大圖書公司，1990 年 9 月)，頁 81～82。
〔註 111〕關於儒家對周代宗法制度態度的轉變，參《中國政治思想史》頁 17～19。

即儒家論述「政道」問題之時代背景。然則〈子羔〉一篇，乃可視之爲此種背景下之著作。

（三）先秦儒家「禪讓觀」及〈子羔〉之時代背景

如上所述，關於〈子羔〉一篇之學派歸屬問題，尚有待其他線索加以考究者。但是，篇中所載輕「血統」而重「德行」、輕「世襲」主「禪讓」之「尚賢」觀念，則爲先秦思想之重要議題，而可據以推論〈子羔〉之時代背景。

蔡明田在〈先秦政治思想中的禪讓觀念〉〔註 112〕一文中，對先秦傳世文獻中所見之禪讓思想有所分析。其中，除《論語》言「讓」僅及於貴族間的禮讓而不涉及禪讓問題外，《尚書・堯典》、《孟子》及《荀子》中皆有論及堯舜禪讓的文字，可視爲先秦儒家部分學派對此一議題的觀點。以下，以蔡氏之說爲主，並參以己意，再補充《禮記・禮運》一篇，以略述先秦儒家之「禪讓觀」。

第一、《尚書・堯典》所載堯舜禪讓之事：《尚書・堯典》的成書時代，學界固有爭議，然其中關於堯舜禪讓之事載之甚詳，且與《孟子》所述相符（詳下）。因此，其成書時代容或有討論空間，但所載內容當有較早的淵源，可視之爲先秦儒家早期對於堯舜禪讓之事的重要理解。其載堯舜禪讓一事之文爲：

> 帝曰：「咨！四岳：朕在位七十載，汝能庸命，巽朕位？」岳曰：「否！德忝帝位。」曰：「明明揚側陋。」師錫帝曰：「有鰥在下，曰虞舜。」帝曰：「俞，予聞。如何？」岳曰：「瞽子。父頑，母嚚，象傲。克諧以孝烝烝，乂不格姦。」帝曰：「我其試哉。」女于時，觀厥刑于二女。釐降二女于嬀汭，嬪于虞。帝曰：「欽哉！」慎徽五典，五典克從。納于百揆，百揆時敘。賓于四門，四門穆穆。納于大麓，烈風雷雨弗迷。帝曰：「格汝舜，詢事考言乃言底可績，三載。汝陟帝位。」舜讓于德弗嗣。正月上日，受終于文祖。……二十有八載，帝乃殂落。百姓如喪考妣。三載，四海遏密八音。月正元日，舜格于文祖，……。〔註 113〕

〔註 112〕蔡明田，〈先秦政治思想中的禪讓觀念〉，《國立政治大學學報》第 60 期（臺北：國立政治大學，1989 年 12 月）。

〔註 113〕載清・孫星衍，《尚書今古文注疏》（北京：中華書局，1998 年 12 月），頁 28～59。

文中載明，堯於生前即不以血緣爲限，積極尋找適當的天子繼承人。在四岳推辭並推薦舜後，堯對舜進行一連串的考察，決定讓位予舜。然由於堯尚在世，故舜推辭。於是堯請舜攝政。舜攝政二十八年間政績卓越，且在堯死後三年繼承天子之位。觀其內容，可知其精神在於「公天下」，即不視天子權位爲一己所有，而是爲生民尋求最佳之天子人選。

第二、《孟子》對於「堯舜禪讓」一事的詮釋：《孟子》中多處稱美堯舜禪讓，其中並有引《堯典》之言者，對於禪讓制度似乎抱持肯定的態度。然而，在與弟子萬章討論堯舜禪讓一事時，孟子之詮釋頗令人意外。《孟子・萬章上》載：

> 萬章曰：「堯以天下與舜，有諸？」孟子曰：「否。天下不能以天下與人。」「然則舜有天下也，孰與之？」曰：「天與之。」「天與之者，諄諄然命之乎？」曰：「否。天不言，以行與事示之而已矣。」曰：「以行與事示之者如之何？」曰：「天子能薦人於天，不能使天與之天下；……。昔者堯薦舜於天而天受之，暴之於民而民受之，故曰，天不言，以行與事示之而已矣。」曰：「敢問薦之於天而天受之，暴之於民而民受之，如何？」曰：「……。舜相堯二十有八載，非人之所能爲也，天也。堯崩，三年之喪畢，舜避堯之子於南河之南。天下諸侯朝覲者，不之堯之子而之舜；訟獄者，不之堯之子而之舜；謳歌者，不謳堯之子而謳歌舜，故曰天也。……〈太誓〉曰：『天視自我民視，天聽自我民聽』，此之謂也。」〔註114〕

認爲堯舜禪讓的意義，並非堯私下將天下給予舜，而是堯向天推薦舜，且由天決定舜是否受命。至於天決定堯是否受命的方式，則是取決於天下諸侯民心之向背。孟子此說，在於強調天下神器不可以私相授受之意，故援引「天」之觀念以加重民心在政治領域中的地位。依此標準，孟子認爲禪讓與世襲皆「天」所爲，《孟子・萬章上》又載：

> 萬章問曰：「人有言：『至於禹而德衰，不傳於賢而傳於子。』有諸？」孟子曰：「否，不然也。天與賢，則與賢；天與子，則與子。昔者舜薦禹於天，十有七年，舜崩。三年之喪畢，禹避舜之子於陽城。天下之民從之，若堯崩之後，不從堯之子而從舜也。禹薦益於天，七年，禹崩。三年之喪畢，益避禹之子於箕山之陰。朝覲訟獄者不之

〔註114〕載《孟子正義》頁643～646。

> 益而之啓，曰：『吾君之子也。』謳歌者不謳歌益而謳歌啓，曰『吾君之子也。』丹朱之不肖，舜之子亦不肖。舜之相堯，禹之相舜也，歷年多，施澤於民久。啓賢，能敬承繼禹之道。益之相禹也，歷年少，施澤於民未久。舜、禹、益相去久遠，其子之賢不肖，皆天也，非人之所能爲也。莫之爲而爲者，天也；莫之致而至者，命也。……孔子曰：『唐虞禪，夏后、殷、周繼，其義一也。』」〔註 115〕

此處所云「其義一也」，所指乃爲代表天意之民心。依孟子之說，影響民心向背的因素眾多，如在位帝王之子的賢不肖、被安排爲繼承者攝政時間的長短，此皆非人力可決定者，故曰「天」。既然禪讓與世襲皆決定於民心之向背，故此兩種制度本身並無高下優劣之分。然則，孟子對於堯舜禪讓之事雖多所稱美，但回歸到現實的政治運作上，並不特別主張禪讓。

第三、《荀子》對「堯舜禪讓」的兩種態度：《荀子》書中論及禪讓的篇章有兩處，分見於〈正論〉、〈成相〉二篇，然兩篇對於禪讓的態度截然不同，前者採否定、批評的態度，後者則對堯舜禪讓加以稱述。學者以爲二者中〈正論〉方能代表荀子思想，〈成相〉則非荀子所著。梁啓超云：

> 《漢書・藝文志》儒家載「《孫卿子》三十三篇」，而賦家復載《孫卿賦》十篇」，知劉向裒定《七略》時，兩書本各自別行。乃今本則〈賦篇〉即在三十二篇中，而其賦又僅五首，頗難索解。今案〈成相〉篇純屬韻文文學，其格調類今之鼓兒詞，亦賦之流。〈漢志〉雜賦十二家別有《成相雜辭》十一篇，知古代本有此體，而作者非獨荀卿矣。本書〈成相〉篇亦以五首組成。故知〈漢志〉所謂「賦十篇」者，實即本書〈成相〉篇，〈賦篇〉之各五首也。……以此論之，則所謂「《孫卿子》」者，當除此兩篇外別有三十二篇，今乃合此兩篇共成三十二篇……〔註 116〕

認爲〈成相〉篇「作者非獨荀卿矣」。今觀〈成相〉篇內容，多言「尚賢、兼愛」之意，且其行文語氣似成誦歌謠，無論就文章內容或形式觀之，皆與《荀子》全書不同〔註 117〕，梁氏所云不爲無據。儘管如此，但〈正論〉篇中論「堯舜至天下之善教化者也」一節，又對堯舜多所稱美，同篇中亦出現

〔註 115〕載《孟子正義》頁 646～652。

〔註 116〕載梁啓超，〈荀卿與荀子〉，《古史辨》第四冊上，頁 113。

〔註 117〕篇中關於堯舜之事載《荀子集釋》頁 576。

不同態度。然則，荀子對於堯舜禪讓一事的態度豈非自相矛盾？

今姑無論〈成相〉篇是否爲荀子手著，然其思想與墨家稱述堯舜禪讓之意大抵相同，而無特別之處，無法代表荀子對此一議題的獨特見解。故從思想之獨創性角度觀之，《荀子》中值得重視者，乃爲〈正論〉篇之說，其云：

> 世俗之爲說者曰：「堯舜擅讓。」是不然。天子者，埶位至尊，無敵於天下，夫有誰與讓矣？道德純備，智惠甚明，南面而聽天下，生民之屬莫不震動從服以化順之。天下無隱士，無遺善，同焉者是也，異焉者非也。夫有惡擅天下矣。曰：「死而擅之。」是又不然。聖王在上，圖〈決〉德而定次，量能而授官，皆使民載其事而各得其宜。不能以義制利，不能以僞飾性，則兼以爲民。聖王已沒，天下無聖，則固莫足以擅天下矣。天下有聖，而在後子者，則天下不離，朝不易位，國不更制，天下厭然，與鄉無以異也；以堯繼堯，夫又何變之有矣！聖不在後子而在三公，則天下如歸，猶復而振之矣。天下厭然，與鄉無以異也；以堯繼堯，夫又何變之有矣！唯其徒朝改制爲難。故天子生則天下一隆，致順而治，論德而定次，死則能任天下者必有之矣。夫禮義之分盡矣，擅讓惡用矣哉！……有擅國，無擅天下，古今一也。夫曰堯舜擅讓，是虛言也，是淺者之傳，陋者之說也，不知逆順之理，大小、至不至之變者也，未可與及天下之大理者也。〔註 118〕

以上引文，表面看來荀子所言「堯舜擅讓，是虛言也」，但仔細分析其說，則荀子對於禪讓之定義似乎與一般的認知有異，認爲禪讓與否不在於是否由帝王後嗣子孫繼位，而在於是否「徒朝改制」，故云「聖不在後子而在三公，則天下如歸，猶復而振之矣。天下厭然，與鄉無以異也；以堯繼堯，夫又何變之有矣！」只要能繼承先王制度，即便由外姓繼承帝位，亦不視爲禪讓。然則，荀子對於「禪讓」一詞之義乃別出新解，而以是否承襲先王制度爲標準，故舜雖以外姓身分繼承帝位，亦不可稱爲「禪讓」。明乎此，則可知荀子對於堯舜禪讓一事的詮釋方式，乃將舜是否繼堯爲帝一事，以及此一事件是否可稱之爲「禪讓」二者分別看待；而在《荀子》書中，一方面稱美堯舜，另一方面否定禪讓的說法，也就可以理解了。

檢《孟子》及《荀子》等書，可知孟、荀二子雖於其著作中屢屢稱美堯、

〔註 118〕載《荀子集釋》頁 398～400。

舜，但對於禪讓思想似乎不抱積極宣揚之態度。究其原因，乃在儒家自孔子以來，即以維護周代禮樂制度爲使命；迨至戰國，雖因現實的政治局勢，使尊崇周天子的觀念變得不切實際，然孟、荀二子大抵仍對周代禮樂制度仍抱肯定態度，故皆在詮釋堯舜之事上提出新見，而不視之爲與「世襲」相對之「禪讓」。從此一角度觀之，二子對於當時出現的禪讓思想乃採消極、否定的態度。

第四、《禮記．禮運》中對「世襲制度」的批評：除上述諸子之文外，《禮記．禮運》亦有批評「世襲制度」的內容，其文爲：

> 大道之行也，天下爲公，選賢與能，講信脩睦。……。是謂大同。今大道既隱，天下爲家，各親其親，各子其子，貨力爲己，大人世及以爲禮，城郭溝池以爲固，禮義以爲紀。以正君臣，以篤父子，以睦兄弟，以和夫婦，以設制度，以立田里，以賢勇、知，以功爲己。……。禹、湯、文、武、成王、周公，由此其選也。此六君子者，未有不謹於禮者也。以著其義，以考其信，著有過，刑仁講讓，示民有常。如有不由此者，在埶者去，眾以爲殃。是謂小康。〔註119〕

其說雖不直接述及堯舜禪讓，但將「天下爲家」、「世及爲禮」的制度視之爲「大道既隱」的「小康」之世，而與視「選賢與能」爲「大道之行」的「大同」之世對舉；又舉「禹、湯、文、武、成王、周公」等人爲建立「小康」之世的代表人物而不述及堯舜，對堯舜禪讓的推崇乃不言而諭，可視之爲傳世文獻中主張禪讓政治的代表文獻。

總上所論，可知先秦儒家雖然對禪讓一事的詮釋及態度不盡相同，但皆以「禪讓制度是否爲最符合生民利益者」之角度評論此一事件。此即儒家「民本主義」政治思想之表現，而爲儒家諸子或諸學派之共同理念。然而，儒家諸子或諸學派由於諸多條件，如個人性格、思想傾向或時代風氣等不同，乃至於對禪讓制度的運作是否符合上述「民本主義」之理念，有不同見解。大抵而言，以上諸家對於堯舜禪讓的態度可大分爲二：其一爲《堯典》與《禮記．禮運》所持積極推崇的態度。《堯典》述而不作，爲儒家提出了一個理想上的禪讓程序；《禮記．禮運》則進一步提出的「世運」的觀念，將堯舜禪讓視爲上古「大道之行」的表現，而視後世的「世襲制度」爲「大道既微」後的產物，文字背後隱含對後者的質疑與批評。其二爲孟、荀所持消極、否定

〔註119〕《禮記集解》頁582～583。

的態度。孟子雖不否認堯舜禪讓之事，但認爲「禪讓制度」與「世襲制度」精神一致，故無須特別強調、提倡禪讓制度；《荀子》則進一步斥堯舜禪讓爲「虛言」，且提出「禮義之分」作爲禪讓與否的標準，認爲若無改於先王制度，即不可稱爲禪讓。

以上，爲傳世文獻中所見儒家對「禪讓」一事之態度，若將〈子羔〉與上述文獻比較，可知其對於禪讓制度的態度不但屬前者，且在論述上較《尚書》及《禮運・禮記》更爲深入。

禪讓思想之主要精神乃在「德位合」——以最俱「德行」者爲「帝王」，與墨家提倡的「尚賢」思想相符。顧頡剛曾撰〈禪讓傳說起於墨家考〉〔註120〕一文，認爲「堯舜禪讓」之事乃墨家爲提倡其思想而杜撰的故事。禪讓傳說是否如顧氏所說造於墨家，學界固有爭議。但是，此一傳說中「將天子之位讓位給最具德賢之人」的內容，正好與墨家所倡之「尚賢」、「尚同」觀念相符。故而，堯舜禪讓之說成爲先秦諸子用以闡述其政治思想的題材，並成爲一普遍流行之議題，從思想史的角度觀之，則當由墨家開端。職是，認爲先秦儒家所提倡之禪讓思想乃受墨家影響，當不致大誤。由此觀之，〈子羔〉一文中所提倡的禪讓思想，其產生背景約在戰國時代，而最早不過墨家興盛之時。

值得一提的是，孟、荀二子對於堯舜二帝雖多所稱美，但對於「讓天下」不可成爲一常態性的「政治制度」則態度相同〔註121〕。然則，先秦儒家在禪讓思想的態度上，乃如韓非所云「取舍相反、不同，而皆自謂眞孔、墨，……，皆自謂眞堯舜」〔註122〕，而〈子羔〉中對於「禪讓制度」的認同與嚮往，則與孟、荀所持者有異。換言之，〈子羔〉當是孟、荀之外，戰國儒家爲提倡「禪讓」思想而依託孔子、子羔的著作。

以上，本小節關於〈子羔〉內容之討論可總結如下：首先、指出〈子羔〉一文的政治思想可大致分爲以下幾點：在政治制度方面，輕「世襲」主「禪讓」；在帝王本身的條件方面，輕「血統」而重「德行」；以及，有德之士是否得以受命爲帝，與是否得遇明君有關。再者，援引社會學家韋伯在支配問題方面的研究，指出〈子羔〉在先秦儒家禪讓思想中的重要意義，乃在針對「世襲制度」中以「血緣」作爲政權繼承標準的觀念提出質疑，點出其支配

〔註120〕顧氏載前揭書。

〔註121〕關於先秦諸子的禪讓觀念，參〈先秦政治思想中的禪讓觀念〉。

〔註122〕載《韓非子集釋》頁1080。

正當性的關鍵問題。接著，將〈子羔〉與《論語》比較，發現無論就孔子思想及文體發展的角度觀之，前者所載皆與後者齟齬，並考察先秦儒家學派的發展，對戰國儒家是否有「子羔」一派提出質疑，而認爲〈子羔〉的內容並非子羔、孔子所有；其間，並兼論〈仲弓〉及其他載爲孔子與弟子對話篇章之學派歸屬問題。最後，從先秦儒家「禪讓觀」之角度總結〈子羔〉的時代背景，認爲可視之爲戰國儒家托孔子、子羔以闡述其「禪讓思想」的著作。

三、〈君子爲禮〉、〈季康子問於孔子爲主〉所見「德位關係」之論述

（一）「德位背離」狀況之說解與回應

儒家認爲「德位關係」之理想狀況爲「德位合」，但考慮現實狀況，有德者不見得可以在位，在位者亦並非皆有德，故對此一問題必須有所說解或回應。面對此種「德位不合」的狀況，上博「禮記類」文獻中可見之說解回應有三：其一爲以「際遇」之觀念解釋有德無法在位之情況；其二爲以「時機」之觀念說明有德者在出仕與退隱間之選擇；其三爲以「德高於位」之觀念說明有德者即便不在位，其地位仍高於在位者。以下分而述之：

第一、際遇：前一小節論及〈子羔〉思想大綱時指出，簡文中提出了有德之士是否受到重用的「際遇」問題，認爲個人即使才德兼備，但若無適當之際遇，「則亦不大使」。此爲上博楚簡「禮記類」文獻用以說解「德位不合」現象之第一種觀念。

第二、時機：與「際遇」相近之觀念爲「時機」，二者皆有待於外在條件之具足，然「際遇」與「時機」二者之差別在於，前者強調的是有德者是否得遇伯樂，出仕與否是被動的；而後者強調的則是，有德者對整體政治環境之認同與否，而決定是否出仕，出仕與否是主動的。關於後者，〈相邦之道〉載：

> 先其欲，備其強，牧其惓，靜以待，待時出，故出使事，出正政，毋忘所治事〔簡 1〕

由於缺佚內容較多，故此段文字之內容乃難以詳言，尤其是「先其欲，備其強，牧其惓」中的「其」字，當爲本段文句之關鍵詞。儘管如此，從「靜以待，待時出」一句仍可知前半段所強調者在一「待」字。參上下文意，此處所言「出」當指「出而相邦」。職是，耐心地等待適當時機出仕乃「相邦之道」者之修養。此爲上博楚簡「禮記類」文獻用以說解「德位不合」現象之

第二種觀念。

以上，有德者仍須待「際遇」與「時機」而出仕之觀念，爲先秦儒家常見之觀念，以《中庸》爲例，「君子居易以俟命」〔註 123〕，所俟者「際遇」也；「天下有道則見，無道則隱」，有無之間，所待者時機也。至於以下所云「德高於位」觀念之強調，則不見於《論語》，而發展於戰國。

第三、德高於位：關於「德高於位」的觀念，除前舉〈子羔〉討論堯舜與三王之地位時有所反映外，上博楚簡「禮記類」文獻中，亦有藉由孔子與古聖先賢之比較加以闡述之段落，詳下。

（二）〈君子為禮〉一段對孔子地位之推崇及其意義

〈君子爲禮〉載：

> 行子人_。子羽問於子貢曰：「仲尼與乎子產孰賢？」子貢曰：「夫子治十室之邑亦樂，治萬室之邦亦樂，然則〔簡 11〕【賢於子產】矣。」「與禹孰賢？」子貢曰：「禹治天下之川☒〔簡 15〕以爲己名，夫〔簡 13〕子治詩書〔簡 16〕，亦以己名，然則賢於禹也。「與舜〔簡 14〕孰賢？」子貢曰：「舜君天下〔簡 12〕【……，夫子……然則賢於舜也。】

本段文字藉由子羽與子貢的討論，一一比較孔子與子產、禹、舜孰賢，引起了徐少華〔註 124〕、淺野裕一〔註 125〕等學者的注意。逐次而言，子產有賢之名而無王之實，禹有賢之名亦有王之實，舜則有聖之名亦有王之實，三人之歷史地位依序提升，而孔子一一與之相較，德行事功亦勝於三人。關於此種論述，徐氏認爲與《論語・子張》及《孟子・公孫丑上》中將孔子與其他歷史人物相較之記載近似或一致，而不見於此後之其他儒家文獻，體現了戰國早中期百家爭鳴、互相貶抑、言辭多現極端的時代特徵。至於淺野裕一則將此段置於儒家「孔子素王說」理論建構史中觀察，認爲乃「處於孔子比先王優越的第（1）階段」。〔註 126〕案：徐氏認爲此段文字產生於孔子之後，當無疑

〔註 123〕載《四書章句集注》頁 24。

〔註 124〕參徐少華，〈論竹書《君子爲禮》的思想內涵與特徵〉，《中國哲學史》（2007 年 2 期），頁 22～31。

〔註 125〕參淺野裕一，〈君子爲禮與孔子素王說〉，淺野裕一著、佐滕將之譯，《上博楚簡與先秦思想》（臺北：萬卷樓圖書股份有限公司，2008 年 9 月），頁 55～81。

〔註 126〕淺野氏認爲孔子素王說是按照以下之順序而被形構完成的：（1）孔子比先王

義。此處所載，強調孔子較古聖先賢卓越之內容，依孔子之謙，自不致出於其口，而觀《論語》所載，亦無此等論調。

《論語》中雖亦有讚揚孔子才德之內容，如〈子罕〉載：

> 大宰問於子貢曰：「夫子聖者與？何其多能也？」子貢曰：「固天縱之將聖，又多能也。」子聞之，曰：「大宰知我乎！吾少也賤，故多能鄙事。君子多乎哉？不多也！」〔註127〕

又如〈子張〉所載：

> 叔孫武叔毀仲尼。子貢曰：「無以爲也，仲尼不可毀也。他人之賢者，丘陵也；仲尼，日月也，無得而踰焉。人雖欲自絕，其何傷於日明乎？多見其不知量也！」〔註128〕

以上二段載子貢對孔子之稱美，稱其爲「聖」、比之爲「日月」，然尚未有孔子賢於舜、禹等古聖之說。況且，孔子每每讚揚舜、禹，如：

> 子曰：「巍巍乎，舜禹之有天下也，而不與焉！」（〈泰伯〉）〔註129〕

又如：

> 子曰：「禹，五無閒然矣。菲飲食，而致孝乎鬼神；惡衣服，而致美乎黻冕；卑宮室，而盡力乎溝洫。禹，吾無閒然矣。」（〈泰伯〉）〔註130〕

又如：

> 子曰：「無爲而治者，其舜也與？夫何爲哉？恭己正南面而已矣。」（〈衛靈公〉）〔註131〕

依孔子對於驕傲的反感，當不致口出自身賢於舜、禹的言論，且若聞類似說法，亦當加以抑制，而不使之蔓延。值得注意的是，《孟子》中已見孔子勝於堯舜之言論，《孟子・公孫丑上》載：

> 「伯夷伊尹於孔子，若是班乎？」曰：「否！自有生民以來，未有孔

優越。(2) 既然先王開創王朝，孔子也應該成爲王朝之始祖。(3) 既然如此，然孔子王朝爲何沒有實現。(4) 究其原因就在孔子沒有當國君，又沒有獲得天子的推薦此點。(5) 不過，實際上孔子做爲素王而君臨天下，故孔子王朝確有實現存在過。

〔註127〕載《論語正義》頁329。

〔註128〕載《論語正義》頁752。

〔註129〕載《論語正義》頁307。

〔註130〕載《論語正義》頁313～315。

〔註131〕載《論語正義》頁615。

> 子也。」……曰：「宰我、子貢、有若，智足以知聖人，汙不至阿其所好。宰我曰：『以予觀於夫子，賢於堯舜遠矣。』子貢曰：『見其禮而知其政，聞其樂而知其德，由百世之王，莫之能違也。自生民以來，未有夫子也。』有若曰：『豈惟民哉！麒麟之於走獸，鳳凰之於飛鳥，泰山之於丘垤，河海之於行潦，類也。聖人之於民，亦類也。出於其類，拔乎其萃，自生民以來，未有盛於孔子也。』」（《孟子・公孫丑上》）〔註 132〕

此處孟子所云乃引宰我等人之言論爲說，然則孟子之時，孔子賢於堯舜之說已經出現。故而，類似說法之產生時間當在孟子以前。因此，徐氏認爲此段當產生於孟子之前，亦有可能。但必須說明的是，此段話固然可能產生於孟子之前，但亦不能排除其產生於孟子之後的可能性，所謂「類似記載不見於此後的其他文獻」云云，在邏輯上已先將〈君子爲禮〉置於孟子之前。〔註 133〕至於淺野氏之說，則先依上博楚簡之抄寫時代，將其產生時間上溯至春秋晚期至戰國早期，再依〈君子爲禮〉此段所載建構「孔子素王說」之理論史。換言之，〈君子爲禮〉產生時間乃非前揭文之討論重點，此不詳論。

（三）〈季康子問於孔子〉所載「賢人大於邦」反映之「尚賢」觀

附帶一提，上博楚簡「禮記類」文獻中「德高於位」之觀念亦反映在〈季康子問於孔子〉中述及「賢人」與「邦家」孰重孰輕之內容，其文爲：

> 是故賢人大於邦，而有厚心，……〔簡 18B〕

從現存文字觀之，「尚賢」（非墨家所言，詳下）觀念在〈季康子問於孔子〉中並非主要論旨，但字裡行間亦不乏此種觀念之點提，此處所言，乃直接陳述〈季康子問於孔子〉之「尚賢」觀。此句照字面意義解釋，則「賢人」之地位乃在邦國之上。此種將「賢人」地位推崇至邦國之上的觀念值得注意。蓋先秦提倡尚賢思想最重要的兩個學派爲墨家與儒家，而後者中最爲重要之孔、孟、荀三家，其主張又有小異。儘管如此，儒家之尚賢主張乃有與墨家

〔註 132〕載《孟子正義》頁 216～218。

〔註 133〕徐氏認爲，〈君子爲禮〉「顏回與孔子問答」一段的內容較《論語》相關記載有進一步的發揮，而與《孟子》相關記載更爲接近，但不如《孟子》有系統。故而，其產生時間當在孔、孟之間。案：影響文獻所載思想有無系統之原因不只一端，除與其時間背景有關外，作者思想之深、廣度亦爲重要因素，後出之著作較前者無系統性者所在多有，故僅〈君子爲禮〉思想較無系統一事，尚不足以論其產生時代先於孟子。

壁壘分別者：墨家，則在其「尚同」之政治理想下，主張由賢者成爲政治上之最高統治者，《墨子・尚同上》載：

> 子墨子言：古者民始生未有刑政之時，蓋其語「人異義」。是以一人則一義，二人則二義，十人則十義，其人茲眾，其所謂義者亦茲眾。是以人是其義，以非人之義，故交相非也。是以內者父子兄弟作怨惡，離散不能相和合。天下之百姓皆以水火毒藥相虧害，至有餘力不能以相勞，腐臭餘財不以相分，隱匿良道不以相教，天下之亂，若禽獸然。夫明虖天下之所以亂者，生於無政長。是故選天下之賢者，立以爲天子。〔註 134〕

其例證可見諸〈尚賢中〉所載：

> 故古者聖王唯能審以尚賢使能爲政，無異物雜焉，天下皆得其利。古者舜耕歷山，陶河瀕，堯得之服澤之陽，舉以爲天下，與接天下之政，治天下之民。〔註 135〕

因此，墨家之「尚賢」乃可推諸天子。儒家雖亦有「禪讓」之主張，然此種觀念卻非主流〔註 136〕，故其尚賢思想仍傾向於統治者用人唯賢之觀念。〔註 137〕職是，儒家尚賢思想中所強調者乃賢人而爲輔弼君王之「三公」，而非踐大位而成天子。此種傾向反映在上博楚簡「禮記類」文獻中，即爲對「相邦」問題之重視，〈仲弓〉所載仲弓任季氏宰而問孔子一事，〈相邦之道〉之中孔子讚嘆魯哀公問「相邦之道」而不問「有邦之道」一事，以及〈仲弓〉與〈季康子問於孔子〉中仲弓與季康子問孔子「民務」一事，皆可側面反映先秦儒家對此一問題之關注。另一方面，簡文中關於「舉用賢人與否」及「政治良窳」二者間關係之論述亦不罕見，如〈仲弓〉中仲弓問孔子爲政一段，孔子所言「舉賢才」一事。至於此處孔子所提「賢人大於邦」之說，則爲在「相邦」之範圍內對賢人之最佳尊崇。此外，孟子云：「民爲貴，社稷次之，君爲輕。」（《孟子・盡心》〔註 138〕）言社稷之重要性乃在人民之下，國君則

〔註 134〕載清・孫詒讓，《墨子閒詁》（北京：中華書局，2001 年 4 月），頁 74～75。

〔註 135〕載《墨子閒詁》頁 57～58。

〔註 136〕並參第五章第二節第二小節（三）「先秦儒家「禪讓觀」及〈子羔〉之時代背景」一段。

〔註 137〕以上關於儒、墨二家之尚賢思想論述部分，參黃俊傑，《春秋戰國時代尚賢政治的理論與實際》（臺北：問學出版社，1977 年 9 月）。

〔註 138〕載《孟子正義》頁 973。

又等而下之。依其說，國君及政府設立之目的在於造福人民。此處所云「賢人大於邦」之觀念，亦有此種「民貴君輕」之觀念存於其中，因「賢人之見用與否」乃與人民福祉習習相關，故其存在價值乃凌駕於邦國之上。唯篇中所見類似觀念僅見於此處，故其意是否照字面意義解則待討論，今附論於此。

（四）「德高於位」觀念產生之時代背景及其對實際政治之影響

總上，可知上述所舉關於「德、位」問題的討論，皆顯示出先秦儒家所宣揚之「德高於位」的觀念。考諸史籍，此種觀念之產生，乃與戰國時期知識階層社會地位提高之現象，互爲其根。蓋戰國時期各諸侯國爲求得禮賢下士之美名，開始攏絡知識分子，並給予知識分子崇高的地位，致使知識分子的地位日漸提升。余英時在〈古代知識階層的興起與發展〉一文，舉魏文侯和魯繆公的禮賢下士和陳仲的不願出仕，以及齊國成立的「稷下學宮」以保障知識份子的「議論權」爲例，論述其時知識份子聲望的提高。〔註 139〕今引其說，以略明戰國時期知識階層社會地位提升之軌跡。

戰國時最先禮賢下士的君主爲魏文侯。《史記・魏世家》載：

> 文侯受子夏經藝，客段干木，過其閭，未嘗不軾。秦嘗欲伐魏，或曰：「魏君賢人是禮，國人稱仁，上下和合，未可圖也。」文侯由此得譽於諸侯。〔註 140〕

同篇又載李克對翟璜云：

> 子安得與魏成子比乎？魏成子以食祿千鍾，什九在外，什一在內，是以東得卜子夏、田子方、段干木。此三人者，君皆師之。子所進五人者，君皆臣之。子惡得與魏成子比也？〔註 141〕

又《呂氏春秋・下賢》載：

> 魏文侯見段干木，立倦而不敢息，反見翟黃，踞於堂而與之言。翟黃不說。文侯曰：「段干木官之則不肯，祿之則不受。今女欲官則相位，欲祿則上卿，既受吾實，又責吾禮，無乃難乎？」〔註 142〕

《淮南子・脩務》載：

〔註 139〕參余英時，〈古代知識階層的興起與發展〉，《中國知識階層史論》（台北：聯經出版社，1993 年 5 月），頁 57～76。

〔註 140〕載《史記》頁 1839。

〔註 141〕載《史記》頁 1840。

〔註 142〕載陳奇猷，《呂氏春秋校釋》（上海，學林出版社，1995 年 10 月），頁 880。

段干木辭祿而處家，魏文侯過其閭而軾之。其僕曰：「君何爲軾？」文侯曰：「段干木在是，以軾。」其僕曰：「段干木布衣之士，君軾其閭，不已甚乎？」文侯曰：「段干木不趍勢利，隱處窮巷，聲施千里，寡人敢勿軾乎？段干木光於德，寡人光於勢；段干木富於義，寡人富於財。勢不若德尊，財不若義高。干木雖以己易寡人不爲，吾日悠悠慚于影，子何以輕之哉？」其後秦將起兵伐魏，司馬庾諫曰：「段干木賢者，其君禮之，天下莫不知，諸侯莫不聞。舉兵伐之，無乃妨於義乎？」於是秦乃偃兵，輟不攻魏。〔註 143〕

以上所述，其間或有後人加油添醋之處，不一定全然可信。然而，幾條記載卻共同指出：一、魏文侯對段干木等未仕的知識分子極其禮遇。二、因爲魏文侯的禮賢下士，致使其在諸侯間的聲望有所提升，對其國際地位有所幫助。這種現象所顯示者，不僅是知識分子在魏國地位的提升，同時也反映出當時各國對此種觀念的接受。關於這一方面，亦可見諸於子思與某些諸侯的關係，《孟子・萬章下》載：

費惠公曰：「吾於子思，則師之矣。吾於顏般，則友之矣。王順、長息，則事我者也。」〔註 144〕

據孟子所云，費惠公乃「小國之君」，而身爲一國之君的費惠公，既然以對待「師」的方式對待子思，可見子思地位之崇高。

稍後於魏文侯的魯繆公，其禮賢下士的名聲雖不若魏文侯，但對子思亦相當崇敬。《孟子・萬章下》載：

繆公亟見於子思曰：「古千乘之國以友士，何如？」子思不悅，曰：「古之人有言曰：『事之云乎，豈曰友之云乎？』」子思之不悅也，豈不曰：「以位，則子君也，我臣也，何敢與君友也；以德，則子事我者也，奚可以與我友。」千乘之君求與之友而不可得也，而況可召與？〔註 145〕

又載：

繆公之於子思也，亟問，亟餽鼎肉。子思不悅。於卒也，摽使者出諸大門之外。北面稽首再拜而不受，曰：「今而後知君之犬馬畜伋。」

〔註 143〕載劉文典，《淮南鴻烈集解》（北京：中華書局，1997 年 1 月），頁 636～637。
〔註 144〕載《孟子正義》頁 691。
〔註 145〕載《孟子正義》頁 721。

> 蓋自是臺無餽也。〔註 146〕

從這兩段引文可知，子思與魯繆公對於二人之間的關係，究屬師弟還是朋友有所爭執：繆公欲視子思爲「友」，而子思卻欲爲繆公之「師」。若非當時知識分子的社會地位已相當崇高，乃致可與一國之君頡頏，則此種爭執應該不會發生。値得注意的是，當時知識分子與一國之君，其地位究竟孰高孰低，似乎取決於知識分子是否受國君之祿。上引魏文君與翟黃及其僕人的對話，都點出段干木之所以受魏文君尊崇，其重要關鍵乃在段干木不肯受魏文君之祿；而在子思與魯繆公的爭執之中，子思最後以不受魯繆公的餽贈表明立場，亦顯示出知識分子的受祿與否與其地位高低間之微妙關係。而且，從上述引文中可知，當時的段干木、子思等人，在受祿與受禮之間，似乎更傾向於受禮。然則，若段干木、子思願意受祿，則起碼當如翟黃的「欲官則相位，欲祿則上卿」。換言之，當時的諸侯的確興起一股重視知識分子的風氣，而一般民眾只要「學也，祿在其中矣。」（《論語・衛靈公》）〔註 147〕

這種知識分子地位提升的趨勢，在子思之後有增無減，於是漸漸出現一些不欲入仕的知識分子，陳仲即是一例。《戰國策・齊策》載趙威后對齊使之言曰：

> 於陵子仲尚存乎？是其爲人也，上不臣於王，下不治其家，中不索交諸侯。〔註 148〕

於陵子仲即是陳仲，孟子曾許之爲齊國之士的「巨擘」。陳仲一類的人物，不僅不欲入仕，且對於當時的統治階級採取一種不予理會的態度。從陳仲與上述段干木、子思等人的例子可知，當時較有聲望的知識分子爲保持其崇高的社會地位，乃不願接受統治階級的聘用，成爲官僚體系內的一分子。在知識分子不願入仕，而各國國君又亟力想要拉攏知識分子的情況下，齊國「稷下學宮」的出現，爲此種看似對立之立場提供了制度上的解決之道。《史記・田敬仲完世家》載：

> 宣王喜文學之士，自如騶衍、淳于髡、田駢、接予、愼到、環淵之徒七十六人，皆賜列第爲上大夫，不治而議論。是以齊稷下學士復盛，且數百千人。〔註 149〕

〔註 146〕載《孟子正義》頁 713。
〔註 147〕載《論語正義》頁 637。
〔註 148〕載漢・劉向，《戰國策》（台北：里仁書局，1990 年 9 月），頁 418。
〔註 149〕載《史記》頁 1895。

又《史記・孟子荀卿列傳》載：

> 自騶衍與齊之稷下先生如淳于髡、愼到、環淵、接子、田駢、騶奭之徒，各著書言治亂之事，以干世主。……。於是齊王嘉之，自如淳于髡以下皆命曰列大夫，爲開第康莊之衢，高門大屋尊寵之。覽天下諸侯賓客，言齊能致天下賢士。〔註150〕

又《新序・雜事第二》載：

> 稷下先生喜議政事。鄒忌既爲齊相，稷下先生淳于髡之屬七十二人皆輕忌，以謂設以辭，鄒忌不能及。乃相與往見鄒忌。〔註151〕

又《鹽鐵論・論儒》載御史之言曰：

> 齊宣王褒儒尊學，孟軻、淳于髡之徒，受上大夫之祿，不任職而論國事，蓋齊稷下先生千有餘人。〔註152〕

從上述引文可知，齊國的「稷下學宮」爲當時的知識分子提供了一個可以獲得俸祿，卻又不需置身官僚系統的環境。所謂「列（例）大夫」，指的是「稷下先生」雖非官僚系統內的一分子，但其俸祿仍可比照大夫。在這種環境之下，聲望較高的知識分子得以與統治階級維持至少平等的關係，維持其崇高的地位，而統治階級也可因此而得「能致天下賢士」的美名。

總上，可知自子夏以下，戰國時期各諸侯國爲博取美名，故紛紛以某種禮賢下士的姿態與當時之知識分子相處。與此相應的，乃爲知識分子關於「德位」問題的討論。在此議題中，「德高於位」的觀念於是被加以強調。另一方面，此種「德高於位」觀念之流行，亦導致知識分子地位的提升，故有上述戰國知識分子受諸侯國君禮遇之情事產生。此即上博楚簡「禮記類」文獻中所述「德高於位」觀念之產生背景。

四、〈魯邦大旱〉、〈天子建州〉所載「陰陽刑德」思想

上博楚簡「禮記類」文獻之「陰陽刑德」思想見於〈魯邦大旱〉及〈天子建州〉二篇，前者引「陰陽刑德」之詞語以說解「天人關係」，後者部份章節則有直接陳述「陰陽刑德」思想之內容。以下分而述之

〔註150〕載《史記》頁2347～2348。

〔註151〕載漢・劉向，《新序》四部叢刊初編縮本，卷二，頁九。

〔註152〕載漢・桓寬，《鹽鐵論校注》（北京：中華書局，1996年9月），頁149。

（一）〈魯邦大旱〉所見「刑德觀」及「天人關係觀」

今所見〈魯邦大旱〉現存完、殘簡 6 枚，內容不多、結構簡單，其文載：

> 魯邦大旱，哀公謂孔子：「子不爲我圖之？」孔子答曰：「邦大旱，毋乃失諸刑與德乎？唯〔簡 1〕□□□□□□□□□□□□□□□□□□□□□【如】之何哉？孔子曰：「庶民知説之事鬼也，不知刑與德，如毋愛珪璧幣帛於山川，正刑與〔簡 2〕【德，以事上天】□□□□□□□□□□□□□□□□□□□出遇子貢曰：「賜，爾聞巷路之言，毋乃謂丘之答非歟？」子貢曰：「否也，吾子如重名其歟？若夫正刑與德，以事上天，此是哉。若夫毋愛珪璧〔簡 3〕幣帛於山川，毋乃不可。夫山，石以爲膚，木以爲民，如天不雨，石將焦，木將死，其欲雨或甚於我，何必待乎命乎？夫川，水以爲膚，魚以〔簡 4〕爲民，如天不雨，水將涸，魚將死，其欲雨或甚於我，何必待乎命乎？」孔子曰：「於呼〔簡 5〕□□□□□□□□□□□□□□□□□□□□□□公豈不飯粱食肉哉也，無如庶民何？」〔簡 6〕

其文章之結構，依其內容可分爲首、尾及中間三個段落：

第一、魯國出現大旱，魯哀公請孔子爲他想辦法。孔子認爲可以從兩方面下手：其一爲「正刑與德」，其二爲「毋愛珪璧幣帛於山川」。

第二、孔子與哀公對話完畢後遇見子貢。孔子詢問是否認爲其回答不當，子貢僅認同「正刑與德」的部分，對於「毋愛珪璧幣帛於山川」的部分則不表贊同，並提出其理由。

第三、孔子聽聞子貢之說後，爲子貢解釋爲何對魯哀公提出「毋愛珪璧幣帛於山川」的理由。

簡言之，〈魯邦大旱〉主要討論執政者面對天災的應變之道，並指出兩個方向：其一爲「正刑與德，以事上天」；其二爲「毋愛珪璧幣帛於山川」。今就篇中所涵之「刑德觀」及「天人關係觀」加以論述，如下：

第一、刑德觀

〈魯邦大旱〉中言及天災與人事之關係者，主要在「正刑與德，以事上天」一句，並可與「邦大旱，毋乃失諸刑與德乎？」句參看。依其字面意義解釋，〈魯邦大旱〉中孔子認爲旱災產生的原因是「失諸刑與德」，故解決旱災的方法之一，即爲「正刑與德」。

「刑」、「德」二詞，就其字面意義而言固指「刑罰」與「德惠」，各爲先秦文獻中常見之概念。但是，由於各家思想的差異，對於此二詞之義涵往往有不同的詮釋。大抵而言，先秦時期言「刑」、「德」者要有三家：一爲儒家、一爲陰陽數術家、一爲法家。今分疏其說如下：

1. 儒家：就儒家言，在其「德治」思想之體系中，「刑」、「德」分別指對人民之刑罰及德教，其目的在於「導民興德」、「化民成俗」；且「刑」、「德」二者之地位乃有主從輕重之異——以「德教」爲主、以「刑政」爲輔。〔註 153〕

2. 陰陽數術家：此處所指「陰陽數術家」，所指乃爲可溯自春秋以前，以「陰陽」之觀念論人事者，而非專指提倡「五德終始說」之鄒衍一派。〔註 154〕就陰陽數術家言，其所言之「刑」、「德」乃與「陰」、「陽」觀念相結合，而著眼於配合適當之時間、地點以應用。例如，《管子・四時》載：

> 是故春凋、秋榮、冬雷、夏有霜雪，此皆氣之賊也。刑德易節失次，則賊氣遬至；賊氣遬至，則國多菑殃。是故聖王務時而寄政焉，作教而寄武焉，作祀而寄德焉。此三者聖王所以合於天地之行也。日掌陽，月掌陰，星掌和。陽爲德，陰爲刑，和爲事。是故日食，則失德之國惡之；月食則失刑之國惡之；彗星見則失和之國惡之；風與日爭明，則失生之國惡之。是故聖王日食則修德，月食則修刑，慧星見則修和，風與日爭明則修生。此四者，聖王所以色於天地之誅也。〔註 155〕

認爲宇宙天地皆由陰陽二氣組成，人爲政治亦不例外，故云「陽爲德，陰爲刑」。執政者之行政須符合陰陽運行之原理，以求其「和」。馬王堆漢墓帛書《十六經・觀》亦載：

> 不靡不黑，而正之以刑與德。春夏爲德，秋冬爲刑。先德後刑以養生。〔註 156〕

將刑、德與時節相配，以求其正。此外，亦有將地點賦與「刑德」意義者，《淮

〔註 153〕孔子關於「刑」、「德」觀念在治民中的地位，參第五章第二節第一小節「『以德爲本』的政治理念」。

〔註 154〕二者所言固有同異，然非爲同家；略言之，以「陰陽」言人事之觀念可上溯至春秋，或春秋以前，爲子學未興盛前即存之思想；至於鄒衍，「陰陽」觀固亦爲其思想中之核心觀念，然其所創者，在於以「陰陽」言「五德終始」之說，而不在以「陰陽」觀言人事。

〔註 155〕載《管子校釋》頁 359。

〔註 156〕載國家文物局古文獻研究室，《馬王堆漢墓帛書》（北京：1980，3 月），頁 62。

南子・天文》載：

> 陰陽刑德有七舍。何謂七舍？室、堂、庭、門、巷、術、野。十二月德居室三十日，先日至十五日，後日至十五日，而徙所居各三十日。德在室則刑在野，德在堂則刑在術，德在庭則刑在巷，陰陽相德則刑德合門。八月、二月，陰陽氣均，日夜分平，故曰刑德合門。德南則生，刑南則殺，故曰二月會而萬物生，八月會而草木死。〔註157〕

《淮南子》雖不成書於先秦，然其中所載乃多有可溯自先秦者，可參看。此處不但言及陰陽二氣於時令中之變化消長，且論及不同地點之陰陽刑德屬性。

3. 法家：就法家言，所謂「刑」、「德」者乃君王之二柄，是君王用以掌控臣下之工具。《韓非子・二柄》載：

> 明主之所導制其臣者，二柄而已矣。二柄者，刑、德也。何謂刑德？曰：殺戮之謂刑，慶賞之謂德。爲人臣者畏誅罰而利慶賞，故人主自用其刑德，則羣臣畏其威而歸其利矣。〔註158〕

認爲人臣「畏誅罰而利慶賞」，故人主可以「刑」、「德」二柄操控之。

以上各家所言之「刑」、「德」觀，其義涵及作用皆不相同。〈魯邦大旱〉中對於「刑」、「德」的意義無詳細敘述，然其所論「正刑與德」乃是一種對應天災的方法，與法家所指差去甚遠，故其「刑」、「德」觀當屬儒家或陰陽數術家，或二者兼而有之。

關於此一問題，乃牽涉到〈魯邦大旱〉中天災與人事的關係，故在討論之前，可以先討論其「天人關係觀」。

第二、天人關係觀

〈魯邦大旱〉中，孔子認爲「邦大旱，毋乃失諸刑與德乎？」，而子貢亦云「若夫正刑與德，以事上天，此是哉。」指出當國家遇天災時，可以從「正刑與德」方面加以改善。如上所述，無論文中「刑」、「德」之義涵屬儒家或陰陽數術家，其所指稱者乃爲某種人世間的政治作爲，則當無疑義。然則，文中即將「天災」與「人事」視爲具因果關係之二者，唯對於二者間以何種關係相互影響則無解釋。

考諸先秦典籍對於此種關係的論述，可以發現大抵有兩種解釋方式，其

〔註157〕載《淮南鴻烈集解》頁98。
〔註158〕載《韓非子集釋》頁111。

一爲「天志」觀（此處借用墨家語，然其觀念自墨家以前早已出現），認爲「天」具有「意志」，可以對人類進行賞罰。「天災」的發生乃「天」所爲，故解決的方法則是祈求上天改變心意；其二爲「陰陽」觀，認爲天人同屬陰陽二氣所形，本質相同。「天災」的發生是因爲宇宙間陰陽二氣不協調所致，解決的方式則是檢討人類的行爲，使之符合陰陽運行的原理。以上二者，皆在春秋時期或之前即已出現。〔註 159〕若〈魯邦大旱〉之天人關係觀屬前者，則「正刑與德」乃泛指導正各項政治措施，以順天意。在此情況下，〈魯邦大旱〉中所言「刑」、「德」只是一般意義的詞語，並未成爲一哲學術語，而其「刑」、「德」觀乃屬儒家。另一方面，若其「刑」、「德」觀屬後者，則「正刑與德」所指配合陰陽之理施政，如《管子・四時》中所載：

> 是故陰陽者，天地之大理也；四時者，陰陽之大經也；刑德者，四時之合也。刑德合於時，則生福；詭，則生禍。〔註 160〕

指出陰陽之觀念乃「天地之大理」，四時之變化即依此種原理而行，故人爲之施政亦須符於此種原理。〈四時〉又載：

> 是故春凋秋榮，冬雷夏有霜者，此皆氣之賊也。刑德易節失次，賊氣速至，則國多災殃。〔註 161〕

指出人爲之施政若不符於陰陽之原理，則將令「氣賊」而遭致災禍。此種觀念推而廣之，即形成《呂氏春秋》十二紀之首章及《禮記・月令》所言，於不同之時節須行不同之政令之說，今引《呂氏春秋・孟春》中部分段落爲例，以明其說：

> 是月也，天氣下降，地氣上騰，天地和同，草木繁動。王布農事：命田舍東郊，皆修封疆，審端徑術，善相丘陵阪險原隰，土地所宜，五穀所殖，以教道民，必躬親之。田事既飭，先定準直，農乃不惑。〔註 162〕

若不依該時節所行之政令行政，則生災禍，亦以〈孟春〉爲例：

〔註 159〕以上，關於天帝賞善罰惡的觀念，參池田末利，〈「天道」與「天命」：理神論的發生〉，《中國觀念史》（鄭州：中州古籍出版社，2006 年 1 月），頁 207～239。關於以陰陽之說解釋宇宙現象的觀念，參馮友蘭，《中國哲學史》（臺北：藍燈文化事業，1989 年 10 月），頁 56～57。

〔註 160〕載《管子校釋》頁 354。

〔註 161〕載《管子校釋》頁 359。

〔註 162〕載《呂氏春秋校釋》頁 2。

> 孟春行夏令，則風雨不時，草木早槁，國乃有恐。行秋令，則民大疫，疾風暴雨數至，藜莠蓬蒿竝興。行冬令，則水潦爲敗，霜雪大摯，首種不入。〔註 163〕

以上所述，乃將人可操縱之「刑德」與天地運行之「陰陽」觀念連結。在此情況下，〈魯邦大旱〉所言之「刑」、「德」觀乃屬陰陽術數家。

針對以上兩種理解，本文認爲〈魯邦大旱〉中言及「天人關係」之文句，在觀念上較接近前者，但在語言的使用上，則有受後者影響之處。因爲純以陰陽數術家之觀念言，宇宙之變化及天象之形成，所遵循的規律乃是陰陽二氣之消長變化，近於一種「機械式」的宇宙論。在此種理論中，「天」的意志則無立足之處。然而，〈魯邦大旱〉中所言「正刑與德，以事上天」，儘管其重點乃在「正刑與德」的人爲政治措施上，但仍將「天」視爲是一個必須「事奉」的對象，而隱含「大旱」之形成與「上天」之意志有所關連。

另一方面，先秦儒家文獻中雖具「刑德」之概念，但所用語詞並不限於「刑」、「德」二者，且其同時出現二者之文句，亦不限於二者對舉。如《論語・爲政》載：

> 孔曰：「道之以政，齊之以刑，民免而無恥。道之以德，齊之以禮，有恥且格。」〔註 164〕

傳世本《禮記・緇衣》及郭店、上博楚簡《緇衣》中亦有類似文句。以傳世本爲例，載：

> 子曰：「夫民教之以德，齊之以禮，則民有格心。教之以政，齊之以刑，則民有遯心。」〔註 165〕

又《孔子家語・刑政》載：

> 孔子曰：「聖人之治化也，必刑政相參焉，太上以德教民，而以禮齊之。其次以政言導民，以刑禁之，刑不刑也。」〔註 166〕

《孔子家語》之成書年代固然尚有討論空間，但其內容大抵有所淵源。以上諸例皆以「政」與「德」對舉、「刑」與「禮」對舉。可見「刑」、「德」二詞在儒家文獻中並未成爲專用以對舉的術語，而此處所言，又恰與陰陽數術

〔註 163〕載《呂氏春秋校釋》頁 2。
〔註 164〕載《論語正義》頁 41。
〔註 165〕載《禮記集解》頁 1323。
〔註 166〕載《孔子家語》卷七頁九。

家所言「刑」、「德」與天象之關係若合符節。此外，在《論語》中，「天」之意義雖大抵仍屬傳統上的「意志之天」，但其具人格、意志的色彩已被淡化（故云「天道遠、人道邇」），將焦點到「人道」的部份。然而，在〈魯邦大旱〉中，孔子所云「正刑與德，以事上天」，其重點固然在人事部分的「正刑與德」，但於理論上卻仍提出「以事上天」之說以作爲解決旱災之道。此種將人事與天道連結的態度，乃與《論語》所持有異，恐怕是受到陰陽數術家的影響。

總上，可以說〈魯邦大旱〉中所蘊涵的「天人關係觀」，其精神乃與《論語》所載相符，但在用語上則有受到陰陽數術家以「刑德」言天象的習慣影響之處。

附帶一提，部分學者認爲〈魯邦大旱〉中的「天人關係觀」即所謂「天人感應論」，其著眼點乃在文中呈現出某種可以透過改善人世的政治行爲來消弭天災的觀念。〔註 167〕因此，〈魯邦大旱〉中所蘊涵之「天人關係觀」是否即爲「天人感應論」乃值得辨析。詳下。

第三、〈魯邦大旱〉「天人關係觀」與公羊家「天人感應論」之異同

在討論〈魯邦大旱〉之天人關係觀與「天人感應論」的異同問題以前，可以把「天人感應論」的思想約略說明。大抵而言，「天人感應論」之來源或可推諸戰國齊學公羊家思想，皮錫瑞云：

> 漢有一種天人之學而齊學尤盛。《伏傳》五行，《齊詩》五際，《公羊春秋》多言災異，皆齊學也。《易》有象數占驗，《禮》有明堂陰陽，不盡齊學，而其旨略同。當時儒者以爲人主至尊，無所畏憚，借天象以示儆，庶使其君有失德者猶知恐懼修者。此《春秋》以元統天、以天統君之義，亦《易》神道設教之旨。〔註 168〕

但其集大成者則爲漢代的董仲舒，《史記‧儒林傳》載：

〔註 167〕如劉樂賢云：「孔子說刑、德有問題，實際上就是說國家的政令有失誤。這種將天災與政治聯系的說法，與古代流行的天人感應學說相合。」參氏著〈上博簡《魯邦大旱》簡論〉，《文物》（北京：《文物出版社》，2003 年 5 期），頁 60～63。廖名春云「所謂「邦大旱，毋乃失諸刑與德乎？唯〔正刑與德〕」，其邏輯前提是天人感應論」，參氏著〈試論楚簡《魯邦大旱》的內容與思想〉，《上海博物館藏戰國楚竹書研究續編》（上海：上海書店出版社，2004 年 7 月），頁 102～114。

〔註 168〕載清‧皮錫瑞，《經學歷史》（臺北：河洛出版社，1974 年 9 月），頁 106。

> 董仲舒，廣川人也。以治《春秋》，孝景時爲博士。……。以《春秋》災異之變推陰陽所以錯行，故求雨閉諸陽，縱諸陰，其止雨反是。……，著《災異之記》。……。故漢興至于五世之閒，唯董仲舒名爲明於《春秋》，其傳公羊氏也。〔註169〕

仲舒既言災異，又傳公羊，則其思想與先秦齊學公羊家間的思想或有繁簡之異，但其架構當不致有太大差別。因此，以下的討論乃以董仲舒的思想爲主。析而論之，董仲舒之「天人感應論」乃建立在以下幾個基礎觀念：

1. 天人同質：認爲「天」與「人」皆由陰陽二氣組成，其本質相同。《春秋繁露・陰陽義》載：

> 天地之常，一陰一陽。陽者天之德也。陰者天之刑也。……。是故天之道以三時成生，以一時喪死。死之者，謂百物枯落也；喪之者，謂陰氣悲哀也。天亦有喜怒之氣、哀樂之心，與人相副。以類合之，天人一也。〔註170〕

爲了證明「天人同質」的觀點，董仲舒巧妙的將人體的構造比擬爲各種天象。《春秋繁露・人副天數》載：

> 人有三百六十節，偶天之數也；形體骨肉，偶地之厚也。上有耳目聰明，日月之象也；體有空竅理脈，川谷之象也；心有哀樂喜怒，神氣之類也。觀人之體一，何高物之甚，而類於天也。……。是故人之身，首坋而員，象天容也；髮，象星辰也；耳目戾戾，象日月也；鼻口呼吸，象風氣也；胸中達知，象神明也，腹胞實虛，象百物也。……。頸以上者，精神尊嚴，明天類之狀也；頸而下者，豐厚卑辱，土壤之比也。足布而方，地形之象也。……。天以終歲之數，成人之身，故小節三百六十六，副日數也；大節十二分，副月數也；內有五臟，副五行數也；外有四肢，副四時數也；乍視乍瞑，副晝夜也；乍剛乍柔，副冬夏也；乍哀乍樂，副陰陽也；也有計慮，副度數也；行有倫理，副天地也。……於其可數也，副數；不可數者，副類。皆當同而副天，一也。〔註171〕

如上所述，春秋以前亦有視天象人事二者同屬陰陽二氣之觀念，但其說卻無

〔註169〕載《史記》頁3127～3128。
〔註170〕載清・蘇輿，《春秋繁露義證》（北京：中華書局，1996年9月），頁341。
〔註171〕載《春秋繁露義證》頁354～357。

人之身體同質於天象之說。其說或有所本？或爲董仲舒所造？待考。然無論其說創於何者，皆無礙公羊天象人事皆屬陰陽之說。

2. 天人感應：由於天與人之本質相同，故天人之間可以互相影響。《春秋繁露．同類相動》載：

> 陽陰之氣，因可以類相益損也。天有陰陽，人亦有陰陽。天地之陰氣起，而人之陰氣應之而起，人之陰氣起，而天地之陰氣亦宜應之而起，其道一也。明於此者，欲致雨則動陰以起陰，欲止雨則動陽以起陽，故致雨非神也。而疑於神者，其理微妙也。〔註 172〕

此處言及雨旱及人爲的關係，認爲可經由人爲影響天象。而且，此種關係乃建立在「同類相動」的原理上。

3. 天的賞善罰惡：對於人世政治的好壞，天可以加以警告或懲罰，其方式乃透過災異。《春秋繁露．必仁且智》載：

> 其大略之類，天地之物有不常之變者，謂之異，小者謂之災。災常先至而異乃隨之。災者，天之譴也；異者，天之威也。譴之而不知，乃畏之以威。詩云：「畏天之威。」殆此謂也。凡災異之本，盡生於國家之失。國家之失乃始萌芽，而天出災害以譴告之；譴告之而不知變，乃見怪異以驚駭之，驚駭之尚不知畏恐，其殃咎乃至。〔註 173〕

可見就董仲舒而言，「天」乃是一具意志的實體。

以上，就第一點及第二點觀之，董仲舒之天人關係論近於「陰陽數術家」所言而有所增益；至於第三點則屬「天志」觀。換言之，董仲舒之「天人感應論」乃兼採先秦「天志」觀與「陰陽」觀而成。

比較〈魯邦大旱〉中的「天人關係觀」與董仲舒的「天人感應論」，可以發現，在思想內涵上，前者僅是在觀念上受「天志」觀影響，但無「陰陽數術家」之「機械式」宇宙論意味，僅在用語上受「陰陽」觀影響的產物；後者則爲糅合先秦「天志」觀及「陰陽」觀以創新說的理論。在面對天災的態度上，前者雖不反對「天」的地位，但認爲「天道遠、人道邇」，面對天災時僅需將焦點置於人之作爲即可；後者則認爲天災乃「天」之意志的反映，故執政者的種種作爲唯有順從天意，才能解除天災。因此，〈魯邦大旱〉中所蘊涵之天人關係觀與公羊家所言天人感應論，在內涵及態度上乃有所不同，不

〔註 172〕載《春秋繁露義疏》頁 360。
〔註 173〕載《春秋繁露義疏》頁 259。

可一概而論。

（二）〈魯邦大旱〉之文獻性質

〈魯邦大旱〉之思想內涵既如上所述，則可進一步論其作者及產生時間等文獻性質。學者或因〈魯邦大旱〉所載推求本篇寫作時間，而將本篇視為眞實紀錄孔子及魯哀對話的文獻：原釋即依據《春秋》所載哀公十五年「大雩」的紀錄，認為「魯邦大旱」即發生於此年，而將本篇文獻的產生時間定於此年。另，楊朝明認為《春秋》所載「大雩」的紀錄與是否發生旱災無必然關係，而視其產生時間在魯哀公十一年孔子周遊列國後返魯之後，至魯哀公十六年孔子去世之前。〔註 174〕楊氏反對原釋的主要原因如下：第一、依《春秋》體例，書「雩」即旱「不為災」，與「大旱」的意思不同。第二、「雩」祭本為「常祭」，並非有旱時方祭。第三、三傳對於「雩」祭的解釋有所不同：《左傳》僅言「書，不時也」，《穀梁傳》言「得雨曰雩，不得雨曰旱」，因旱而行雩祭則為《公羊傳》所載。其實，三傳之說並無衝突。《左傳》載雩為不常之祭，並無說明何以須進行「不常之祭」，《公羊傳》載「大雩者何？旱祭也。」正可補充《左傳》文義，楊伯峻採汪克寬之說云：

> 雩有二，一為龍見而雩，當夏正四月，預為百谷祈雨，此常雩。常雩不書。一為旱嘆之雩，此不時之雩。……首言不時而后皆言旱，互文見義，皆以旱而皆不時也。〔註 175〕

至於《穀梁傳》所述「得雨曰雩，不得雨曰旱」，則是用以說明《春秋》筆法，與何以行「雩」祭無關。《春秋》書「雩」、「旱」，其義雖有別，然其分別乃《春秋》特有，其他文獻不必一概遵守。因此，依《春秋》所載，魯哀公十五年魯國曾發生過旱災。

然而，本文以為，「魯邦大旱」是否眞有其事，以及本篇是否為紀載當時魯哀公與孔子對話的實錄，二者間並無關係。〈魯邦大旱〉以對話形式舖陳文意之文獻，其對話人物為魯哀公及孔子，而其內容則與《晏子春秋‧諫上》、《說苑‧辨物》略同。以前者為例，其文載：

> 齊大旱逾時，景公召羣臣問曰：「天不雨久矣，民且有饑色。吾使人卜，云：祟在高山廣水。寡人欲少賦斂，以祠靈山，可乎？」羣臣

〔註 174〕參楊朝明〈上海博物館竹書《魯邦大旱》管見〉，《儒家文獻與早期儒學研究》（濟南：齊魯書社，2002 年 3 月），頁 245～261。

〔註 175〕載《春秋左傳注》頁 106。

莫對。晏子進曰：「不可！祠此無益也。夫靈山固以石爲身，以草木爲髮，天久不雨，髮將焦，身將熱，彼獨不欲雨乎？祠之何益？」公曰：「不然，吾欲祠河伯，可乎？」晏子曰：「不可！河伯以水爲國，以魚鱉爲民，天久不雨，水泉將下，百川將竭，國將亡，民將滅矣！彼獨不欲雨乎？祠之何益？」（〈景公欲祠靈山河伯以禱雨晏子諫第十五〉）。〔註 176〕

其情節、邏輯推演皆與〈魯邦大旱〉相同，唯對話人物與所用文字略小益耳！面對此種情況，曹峰認爲〈魯邦大旱〉爲「一則關於孔子或者說假托孔子的短篇故事。」因爲「這類關於大旱對策的套話曾經一度十分流行。它是一個時代或一個學派在闡述天災與人事的關係時，一種典範式的對應態度。」〔註 177〕案：先秦文獻中以對話體成篇者，多見內容相似而對話者不同之情況，要之皆爲後學依托之作。張懷通在〈先秦時期的山川崇拜〉一文中指出，先秦時期山川崇拜的發展有如下的演變：

戰國時代山川崇拜受時代思想的影響更加突出。如果說原始社會末期某些氏族或部落首領由英雄祖先轉化爲山川神靈是由人到神，那麼戰國時代的山川神靈則又回歸於「人」。山川神靈由神性向人性的發展我們稱之爲「人神化」過程。具體表現是：一、山川神靈除極盡變化的本領外，其品格、感情、形貌已與人無別。二、對山川神靈的祭祀已不再以祈求其對人事的保佑爲目的，而是著眼於祭祀行爲的政治教化功能。〔註 178〕

驗之於〈魯邦大旱〉，則其山川神靈觀則與戰國時期的特徵相符。必須說明的是，〈魯邦大旱〉與《晏子春秋》、《說苑》中雖然皆出現過類似的對話，但由於二者對於「祭祀山川」一事之作法不同，故其態度亦有異。就作法而言，在《宴子春秋》及《說苑》中，齊景公「欲少賦斂以祠靈山」、「河伯」，其祭祀的財物來源乃從人民的「賦斂」，而在〈魯邦大旱〉中，魯哀公用以「說鬼神」的是自己的「圭璧幣帛」，二者來源不同。就態度而言，在《晏子春秋》及《說苑》中，此種關於天災的邏輯被奉爲圭臬，但在〈魯邦大旱〉

〔註 176〕載鄭太華，《晏子逸箋》（臺北：臺灣中華書局，1973 年 2 月），頁 45～46。

〔註 177〕參曹峰，〈《魯邦大旱》初探〉，《上博館藏戰國楚竹書研究續編》（上海：上海書店出版社，2004 年 7 月），頁 121～138。

〔註 178〕參張懷通，〈先秦時期的山川崇拜〉，《河北師院學報》（河北，河北師範學院，1997 年 2 期），頁 50～57。

之中，則被視爲過度現實而無法理解傳統儀式中人文精神的想法。因此，〈魯邦大旱〉與《晏子春秋》、《說苑》在面對天災一事上固然有表現出一種「輕鬼神、重人事」的態度，但其思想層次則有所不同。

此外，從思想觀念上言，《魯邦大旱》中載及「刑德」及「天災」的關連性，已與「子不語怪力亂神」之精神齟齬。孔子論政固重視「刑德」，然皆從人事之觀點論述其在政治上之地位，而其對待傳統儀式之態度，亦皆從人文精神之觀點立論。此處所云雖一語帶過而無所舖陳，然其基本觀念乃認爲「天災」與人事有關。曹峰前揭文云：「馬驌《繹史》卷八十六《孔子類記一》中有「哀公問」一節，從中可知，其材料分布於《論語》、《墨子》、《莊子》、《荀子》、《韓非子》、《呂氏春秋》、《禮記》、《大戴禮記》、《韓詩外傳》、《史記》、《孔叢子》、《孔子家語》、《說苑》、《新序》等多種書籍中，這其中雖有眞實的成份，但不乏編造的故事。目前出土的《魯邦大旱》可以說又多了一則新的魯哀公與孔子之間的問對故事。」其說大抵無誤。《漢志》「六藝略論語類」載孔子與時君對話之著作有《孔子三朝》七篇。顏師古注云：「今《大戴禮》有其一篇，蓋孔子對魯哀公語也。三朝見公，故曰三朝。」沈欽韓《漢書疏證》載：「今《大戴記》有〈千乘〉、〈四代〉、〈虞戴德〉、〈誥志〉、〈小辨〉、〈周兵〉、〈少閒〉七篇。劉向《別錄》曰：『孔子三見哀公，作《三朝記》七篇』。今在《大戴記》是也。」《大戴記》中題名「哀公問」者有〈哀公問五義〉、〈哀公問於孔子〉兩篇，師古所云「有其一」當指其中之一。另一方面，沈欽韓所指諸篇，其中所載與孔子對話者雖僅言「公」，然其篇數與《漢志》所載相符，且後者所載諸書，多有從「古文禮記」輯出者，若此七篇所載「公」另有所指，向、歆當另有著錄。然則，〈千乘〉等篇中與孔子問答之「公」即哀公。必須說明的是，以上兩者行文語氣不同，當屬不同來歷之文獻，然觀其內容，二者多涉及戰國以後之觀念，當爲戰國儒家依托魯哀公及孔子對話之作。可見戰國儒家依托孔子與時君之對話者，常以魯哀公爲對象，而〈魯邦大旱〉亦屬同性質文獻。

（三）〈天子建州〉所見「陰陽刑德」思想

上文提及「陰陽數術家」之「刑德」觀時，曾略述「刑」、「德」二者在其思想體系中之義涵爲「其所言之『刑』、『德』乃與『陰』、『陽』觀念相結合，而著眼於配合適當之時間、地點以應用」。此種「刑德觀」，爲行文方便計，或可稱爲「陰陽刑德」思想。

除〈魯邦大旱〉之外，上博楚簡「禮記類」文獻中尚有其他反映「陰陽刑德觀」之篇章。例如〈天子建州〉以下一段：

> 文陰而武陽，伸文得吏，伸武得田。文德〔乙 4〕治，武德伐，文生武殺。日月得其〔甲 5〕輔，相之以玉斗擊，𨿝殘亡。〔乙 5〕〔甲 6〕

本段所述，可分爲兩個層次討論。在前半段，「文陰而武陽，伸文得吏，伸武得田。文德治，武德伐，文生武殺。」，反映出某種「陰陽刑德」思想。至於後半段，「日月得其輔，相之以玉斗擊，𨿝殘亡。」，則爲「陰陽刑德」思想在軍事上之運用，所述與〈漢志〉所載「兵陰陽家」思想相契。分疏如下：

第一、「陰陽刑德」思想：上引前半段，「文陰而武陽，伸文得吏，伸武得田。文德治，武德伐，文生武殺。」將德行分爲「文德」、「武德」，認爲「文德」主治民，「武德」主戰爭。雖未提及「刑」、「德」，但此種以「陰、陽」爲準，將各種統治方法亦分爲兩類之作法，乃「陰陽刑德」思想之基本結構。舉例而言，「陰陽刑德」思想亦見於馬王堆「黃老帛書」，其中所載「文」、「武」二詞即有「陰陽刑德」之義涵。《經法・四度》載：

> 動靜參於天地胃（謂）之文。誅□時當胃（謂）之武。靜則安，正【則】治，文則【明】，武則強。安得本，治則得人，明則得天，強則威行。參於天地，闔（合）於民心，文武並立，命（名）之曰上同。〔註 179〕

指出執政者參天地而施政謂之「文德」，而依時而行刑罰謂之「武德」。又，此處「明」當作「明瞭」解，謂執政者明瞭如何參天地而施政；至於「強」，當指執政者當以剛強的態度執政，使人民信服，認爲執政者若能「明」即可得天地之理，剛強則能使其威權散佈。《經法・四度》又載：

> 極陽以殺，極陰以生，是謂逆陰陽之命。極陽殺於外，極陰生於內。〔註 180〕

反映出以「陰陽」配「生殺」的觀念。又，《經法・君正》載

> 天有死生之時，國有死生之正（政）。因天之生也以養生，胃（謂）之文；因天之殺也以伐死，胃（謂）之武。【文】武並行，則天下從

〔註 179〕以上引文載《馬王堆漢墓帛書》頁 51。又，部分文字釋讀補文以己意而爲，下文引「黃老帛書」處同。

〔註 180〕載《馬王堆漢墓帛書》頁 51。

矣。〔註 181〕

以上，將「陰陽」與「文武」相配，則可得出「陰－文－生」與「陽－武－殺」兩組相對立的概念。因此，上引〈天子建州〉所載「文」、「武」二詞，實有「陰陽刑德」之義涵。循此理路，如何行「文」、「武」二德，乃與「刑、德」的使用有關。《十六經・觀》載：

先德後刑以養生。〔註 182〕

透過「先德後刑」的方式可以養「生」。養生屬「文德」，換言之，行使「文」德的方式在於以「德」爲主，以「刑」爲輔。反之，行使「武」德的方式則當爲以「刑」爲主，以「德」爲輔。《十六經・觀》又載：

凡諶（戰）之極，在刑與德。刑德皇皇，日月相望，以明其當，而盈【屈】無匡。〔註 183〕

此段文字大部分內容亦見於《大六經・姓爭》，其載：

凡諶（戰）之極，在刑與德。刑德皇皇，日月相望，以明其當。望失其當，環視其央（殃）。天德皇皇，非刑不行；繆（穆）繆（穆）天刑，非德必頃（傾）。刑德相養，逆順若成。刑晦而德明，刑陰而德陽，刑微而德章（彰）。〔註 184〕

此處所述更爲詳細，指出戰爭之主要原則在於「刑德兼用」。以上所載，雖無直接將「刑德」配以「陰陽」之文句，然其視「刑」爲「晦」、「微」、視「德」爲「陽」、「彰」，則在觀念上亦與「陰陽」可通。此爲「刑陰德陽」之觀念。〔註 185〕

第二、兵陰陽家思想：上引〈天子建州〉之文後半段，「日月得其輔，相之以玉斗擊，讎殘亡。」以日、月爲輔，觀察北斗星等，參考天文現象以作戰之說，亦見於〈漢志・兵書略〉所載「兵陰陽家類」思想。「兵陰陽家」序文載：

（兵）陰陽者，順時而發，推刑德，隨斗擊，因五勝，假鬼神而爲

〔註 181〕載《馬王堆漢墓帛書》頁 47。

〔註 182〕載《馬王堆漢墓帛書》頁 62。

〔註 183〕載《馬王堆漢墓帛書》頁 62。

〔註 184〕載《馬王堆漢墓帛書》頁 69。

〔註 185〕以上關於「文陰武陽」、「刑陰德陽」觀念之討論，參林文華〈《天子建州》釋讀五則〉一文（「簡帛網」2008 年 7 月 15 日），唯林說所引《莊子・則陽》所載「太公調曰：陰陽相照，相蓋相治；四時相代，相生相殺。」亦當屬「黃老思想」，而非《莊子》，今不採。

助者也。〔註 186〕

可見兵陰陽家的戰爭觀是：「順時而發」、「推刑德」、「隨斗擊」、「因五勝」和「假鬼神而爲助」。其中，「斗擊」的「斗」，當爲北星斗之斗。兵陰陽家認爲，北斗星之斗柄指向，可供爲作戰參考。〈漢志〉所載兵陰陽家典籍多已亡佚，今難詳考其說，然此種參考北斗星以作戰之說，亦有載諸其他著作者，《尉繚子・天官》載：

楚將公子心與齊人戰，時有慧星出，柄在齊。柄所在勝，不可擊。公子心曰：「慧星何知？以慧斗者，固倒而勝焉？明日與齊戰，大破之。」〔註 187〕

可知戰國時的確出現過如下說法：慧星斗柄的指向，可作爲作戰勝負的判斷標準。此種觀念大抵自「羲和之官」來，〈漢志〉載：

陰陽家者流，蓋出於羲和之官。敬順昊天，歷象日月星辰，敬授民時，此其長也。及拘者爲之，則牽於禁忌，泥於小數，舍人事而任鬼神。〔註 188〕

此處所言「陰陽家」，非指提倡「五德終始說」之鄒衍，而爲前所述「陰陽數術家」。「羲和之官」即古時掌管天文、曆法之官，其重「北斗」的觀念見於《史記・天官書》所載：

斗爲帝車，運於中央，臨制四鄉。分陰陽，均五行，移節度，定諸紀，皆繫於斗。〔註 189〕

此處所載乃用以治國，而「兵陰陽家」乃用以作戰。此種重視「北斗」的觀念亦載於後世典籍。《淮南子・天文》載：

帝張四維，運之以斗。〔註 190〕

又載：

……北斗所擊，不可與敵。〔註 191〕

又《晉書・天文志》載「北斗主殺伐。」並引石申曰：

第一曰正星，主陽德，天於之象也。二曰法星，主陰刑，女主之位

〔註 186〕載漢・班固，《漢書》（臺北：宏業書局，1992 年 4 月），頁 1760。

〔註 187〕載李解民，《尉繚子譯注》（河北：人民出版社，1995 年 4 月），頁 6。

〔註 188〕載《漢書》頁 1735。

〔註 189〕載《史記》頁 1291。

〔註 190〕載《淮南鴻烈集解》頁 110。

〔註 191〕載《淮南鴻烈集解》頁 126。

> 也。三日令星，主中禍。四曰伐星，主天理，伐無道。五曰殺星，主中央，助四旁，殺有罪。六曰危星，主天倉五穀。七曰部星，亦曰應星，主兵。〔註192〕

依其文，「北極星」居中央，爲殺星。故能藉以指示作戰方針。

總上，前引〈天子建州〉一段，前半段所載之「文」、「武」、「陰」、「陽」觀念具有「陰陽刑德」思想之義涵。於此，淺野浴一認爲此種現象反映出當時儒家將「陰陽」、「文武」相配的觀念引入其說的作法，〔註193〕大抵可從；後半段以日、月、北斗作爲作戰參考之說則與〈漢志〉所載「兵陰陽家」思想相契。凡此，皆亦可反映出戰國儒家引他家思想以富豐儒家學說的嚐試。驗之以傳世文獻，此種思維方式存在於「齊學」之中，並透過經學傳承至漢代，前文所述董仲舒之「天人感感論」中所含之「陰陽」觀，即其例。

五、小　結

本節討論上博楚簡「禮記類」文獻中受其他思想影響之篇章。其中，〈民之父母〉、〈子羔〉、〈魯邦大旱〉、〈君子爲禮〉及〈天子建州〉等篇，就其內容觀之皆有受儒家以外之思想影響者，如下：

第一、〈民之父母〉中所載「三無」之論述方式乃受道家思想影響。

第二、〈子羔〉所論「血統與統治的正當性」議題所涉及之「禪讓」主張，乃受墨家影響。

第三、〈君子爲禮〉中比較孔子與古聖先賢之討論，所反映之「德高於位」觀念，當與因戰國時期知識階層之興起，所導致之時代觀念改變相關。

第四、〈魯邦大旱〉中「刑」、「德」二詞對舉之陳述方式，在詞語之使用上當有受「陰陽數術家」影響者。

第五、〈天子建州〉所載之「陰陽刑德」思想（含「兵陰陽家」思想），乃有受「陰陽刑德」思想影響者。

大抵而言，先秦各家思想之發展，其先乃壁壘分明、互不相干。其後，隨著學術交流之頻繁及思想之互相衝擊，乃出現觀念互相滲透之事。此種發

〔註192〕載唐・房玄齡等，《晉書》（北京：中華書局，1997年），頁126。

〔註193〕參淺野浴一，〈「上博楚簡」〈天子建州〉的北斗與日月〉，「2007 中國簡帛學國際證壇」論文（臺北：臺灣大學中國文學系、武漢大學簡帛研究中心、芝加哥大學顧立雅古文字學研究中心，2007年11月10～11日）。

展雖無法明確指出其進程，但各家思想相互滲透之事，大抵爲戰國中、後期之事。以儒家爲例，戰國中期的《孟子》一書中尚未明顯可見儒家以外之思想、觀念，而至戰國晚期的《荀子》一書中，則各篇乃多可見儒家以外之觀念。然則，以上諸篇就思想之互相影響、滲透一事觀之，其時代背景大抵不在戰國早期以前。

第三節　結　語

本章討論了上博楚簡「禮記類」文獻所見特殊觀念，而以《論語》所載之有無作爲是否屬「特殊觀念」之標準。這些觀念又可分爲兩大類：第一類爲《論語》有所提及但無詳細討論之議題，可視之爲孔子後學對《論語》思想的發展，純屬儒家思想之發展。在簡文中，這類議題有「人性論」、「人道與心術」及「樂論」三者，主要集中在〈性情論〉一篇。由於討論這些議題時所反映出來的觀念，適可與傳世文獻所載相互對照，而可提供我們考究其文獻性質的線索，故本文在探究第一類思想亦同時對〈性情論〉可能之學派及時代背景作一推測。

第二類爲受他家影響而產生之觀念。此一部分又可以分爲「議題的回應」及「觀念的引入」二者，前者指的是以〈子羔〉爲主，對「血緣在統治正當性中的地位」議題之討論，以及〈君子爲禮〉所載「德高於位」之主張；而此二者又與墨家思想有關——簡文中關於此二議題的主張，雖仍可在儒家思想中找到立足點，但儒家對於此一議題的重視，除緣於外在社會環境之改變外，恐亦與墨家「禪讓」、「尚賢」觀念的提倡有關。後者指的是〈民之父母〉中反映出的道家「以無爲本」之論述方式；以及〈魯邦大旱〉在詞語上、〈天子建州〉在觀念上，所受「陰陽刑德」思想影響之痕跡。

以上兩類思想，就思想史及學術史的發展觀之，乃符於戰國學術發展之狀況，故以上所述載及這些議題、思想之文獻如〈性情論〉、〈子羔〉、〈君子爲禮〉、〈民之父母〉、〈魯邦大旱〉、〈天子建州〉，皆可視之戰國儒家之著作，而爲戰國儒家思想發展之種種樣貌。

第六章　上博楚簡「禮記類」文獻的學術價値——以「文獻學」爲主

在討論過上博楚簡「禮記類」文獻之「整理方案」及「特殊觀念」之後，本章將進一步論述其學術價値。略言之，上博楚簡「禮記類」文獻之學術價値至少可從「文字學」、「學術史、思想史」、「一般史」及「文獻學」四個方面言。其中，在文字學及學術史、思想史之價値部分，具體例證可見於本文第二、三、四章「整理方案」中對簡文文字之釋讀，以及第五、六章論及簡文思想的部分，今不具言，僅綱述如下。

在文字學價値方面，上博楚簡「禮記類」文獻既爲楚人書寫之典籍，自有其文字學之史料價値。約而言之，其文字學價値有以下數端：

其一、許多文字的釋讀，在上博楚簡「禮記類」文獻的出現後得以確認。

其二、部分文字，上博楚簡「禮記類」文獻提供了異體字或假借字，對於戰國文字實際之使用方式提供了一手資料。〔註 1〕這一部分的作用，最爲直接、最有效果的例子即是相同篇章之不同抄本的校讀。透過上博楚簡與其他出土、傳世文獻同篇或同章節文字的校讀，對於楚簡中部分文字的釋讀可以提供關鍵性的證據。在上博楚簡「禮記類」文獻中，此種可以與其他文獻校讀的篇章有：上博〈緇衣〉與郭店〈緇衣〉、傳世本《禮記・緇衣》；〈性情論〉

〔註 1〕例如，徐富昌即針對三種本子之通假異文進行考察，將三者之通假現象依同音、雙聲及疊韻等關係分別整理羅列例證，有助於今人瞭解先秦文字之通假現象。參徐富昌，〈上博《紂衣》、郭店《緇衣》與今本《緇衣》異文側探——以通假異文爲核心的考察〉，《簡帛典籍異文側探》（臺北：國家出版社，2006 年 3 月），頁 152～194。

與郭店〈性自命出〉;〈民之父母〉與傳世本《禮記・孔子閒居》、《孔子家語・論禮》;〈內豊〉與《大戴記・曾子立孝》、〈曾子事父母〉四者。

其三、學者已經注意到,簡文從「形體結構」和「書法體勢」上言,有使用非典型楚系文字的現象。(楚簡文獻中使用的文字仍多屬楚系)。此種同篇文獻中以楚系文字爲主,間或帶有他系文字特徵的現象,對於戰國文字各系間如何影響提供了直接史料。周鳳五云:「儒家典籍在流布的過程中不斷被傳習者輾轉抄寫,而時空的遷移也在文本烙下清晰的印痕。尤其楚國爲南方之強,其語言、文化自成一系,不但與中原各國爭霸,甚至問鼎周室,儼然與天子分庭抗禮。這樣一個南方的大國,自國外引進來典籍的過程中,勢必經歷文字『馴化』(Domestication)的階段。較早知的文本,則往往保留若干外來文字的蛛絲馬跡。」〔註2〕基於此,許多學者對於出土楚簡之底本問題提出討論。〔註3〕

由以上數端可知,上博楚簡的出現,對於今人研究戰國文字提供的一手資料,其文字學價值是不言而喻的。

在學術史、思想史價值方面,上博楚簡「禮記類」文獻既屬思想性文獻,其本身乃具有學術史、思想史之價值,自屬必然。要言之,其在學術史、思想史上之價值有以下數端:

其一、就思想、觀念言,上博楚簡「禮記類」文獻各篇所載,除有反映儒家思想特徵者外,部分篇章乃含有未見於《論語》,或《論語》無詳述之觀念,以及受他家思想影響之痕跡。以前者言,〈性情論〉中對「人性論」、

〔註2〕載周鳳五,〈郭店竹簡的形式待徵及其分類意義〉,《郭店楚簡國際學術研討會論文匯編第二冊》(湖北:武漢大學中國文化研究院,1999年10月15~18日),頁338~356。

〔註3〕如馮勝君,〈論郭店簡〈唐虞之道〉、〈忠信之道〉、〈語叢〉一~三以及上博簡〈緇衣〉爲具有齊系文字特別的抄本〉,《北京大學博士後研究工作報告》(北京:北京大學,2004年8月)。並參馮勝君,《郭店簡與上博簡對比研究》(北京:綫裝書局,2007年5月)「參、國別篇」,頁。林素清,〈郭店、上博《緇衣》簡之比較——兼論戰國文字的國別的問題〉,《新出土文獻與古代文明研究》(上海:上海大學出版社,2004年12月),頁83~96。黃人二,〈上博藏簡《周易》爲西漢古文經本子源流考〉,《中國經學》第一輯(桂林:廣西師範大學出版社,2005年11月)。轉引自蘇建洲下文。蘇建洲,〈以古文字的角度討論《上博楚竹書》文本來源〉,《上博楚竹書文字及相關問題研究》(臺北:萬卷樓,2008年1月),頁212~250。林聖峰,〈《上博六・孔子見季桓子》底本國別問題補說〉,「簡帛網」2008年6月7日。

「人道與心術」與「樂論」之說，乃屬《論語》中雖有提及、但無詳細論述的議題。透過〈性情論〉的內容，可以得知先秦儒家對《論語》部分零星觀念進行系統性論述的嘗試。以後者言，〈子羔〉篇中對於血緣在「統治正當性」中所佔地位的質疑，其觀念雖亦可於儒家思想中找到立足點，但恐與墨家對「尚賢」觀念的提倡脫離不了關係。又如，〈民之父母〉中所呈現出的「本末觀」，其「本」、「末」之內涵雖與道家述有異，但以「本末觀」說解儒家思想，在論述方式上恐怕乃受到「道家」影響。再如，〈魯邦大旱〉中「刑德對舉」之文句，在詞語的使用上恐怕亦受到「陰陽數術家」之影響。最後，〈天子建州〉中所反映出的「陰陽刑德觀」及「兵陰陽家」觀念，亦爲上博楚簡「禮記類」文獻受他家思想影響者。《韓非子・顯學》篇中述及戰國儒家思想分歧雜亂的狀況云：

> 世之顯學，儒、墨也。儒之所至，孔丘也。……。自孔子之死也，有子張之儒，有子思之儒，有顏氏之儒，有孟氏之儒，有仲良氏之儒，有孫氏之儒，有樂正氏之儒。故孔、墨之後，儒分爲八，墨離爲三，取舍相反、不同，而皆自謂眞孔、墨。孔、墨不可復生，將誰使定世之學乎？〔註4〕

韓非所謂「取舍相反、不同」，最明顯的例子爲《荀子・非十二子篇》中對子思、孟子的判評。荀子云：

> 略法先王而不知其統，猶然而材劇志大，聞見雜博。案往舊造說，謂之五行，其僻違而無類，幽隱而無說，閉約而無解。案飾其辭，而祇敬之，曰：「此眞先君子之言也。」子思唱之，孟軻和之。世俗之溝猶瞀儒、嚾嚾然不知其所非也，遂受而傳之，以爲仲尼子弓爲茲厚於後世。是則子思孟軻之罪也。〔註5〕

「案往舊造說」亦顯示出當時儒家學派思想發展之創造性。對照簡文各篇所載思想，可見荀、韓之說不誤。凡此，皆可反映出儒家思想在戰國時期發展之一個側面。

其二、簡文的出土亦影響學者對部分傳世文獻的看法，此一部分主要表現在對大小戴《記》中部分內容可與簡文對應之篇章的重新審視。簡文的出土，基本上肯定了大小戴《記》中部分篇章源自先秦，而非漢人虛造。故而，

〔註4〕陳奇猷，《韓非子集釋》（高雄，復文圖書出版社，1991年7月），頁1080。
〔註5〕李滌生，《荀子集釋》（臺北：學生書局，1988年10月），頁98。

大小戴《記》大抵可作爲戰國儒家在思想史、學術史上之史料（說詳本章第二、三節）。

其三、近年出土之戰國楚系「著作類」文獻——主要集中在郭店楚簡與上博楚簡，從數量與學派的關係來看，儒家乃佔大半。就上博楚簡已發表的部分觀之，儒家文獻至少佔八成左右的比率。此種現象反映出戰國時期儒家成爲「顯學」的狀況。

其四、從學術地理學的角度觀之，亦反映出儒學在楚國的興盛狀況：史載儒學自孔子在世時即已由其弟子澹台滅明傳入楚國，孔子沒後，其弟子後學商瞿、陳良等仍陸續入楚傳學。〔註6〕郭店、上博出土之大量儒家典籍，正可爲此一記載提供出土證據。循此思路，有學者爲簡文之學派來源提出推測，例如周鳳五即認爲郭店〈忠信之道〉及上博〈從政〉、〈昔者君老〉皆與子張有關，而《荀子・非十二子》篇中亦述及「子張氏之儒」，可見子張一派曾經流傳於楚國。〔註7〕

由以上數端可知，簡文的出現直接提供了戰國時期楚國儒家文獻的一手資料，透過對這些材料的研究，對於今人瞭解戰國儒學的發展有所幫助。

在「一般史」價值部分，則由於簡文文獻性質無法確定，且所載史事多可見於傳世文獻，故本文在「一般史」價值之敘述部分篇幅有限。因此，本章關於上博楚簡「禮記類」文獻學術價值之焦點，乃集中於其「文獻學價值」部分，而附論其「一般史價值」於後。必須說明的是，上博楚簡「禮記類」文獻既屬思想性文獻，其文獻學價值亦可視之爲學術史、思想史之史料價值。

大體而言，上博楚簡「禮記類」文獻之「文獻學」價值有三：其一爲可讓今人對戰國時期之文獻傳抄狀況有進一步的瞭解；其二爲可用以校對傳世文獻的內容及成書過程，並依推論其在傳抄過程中可能發生的情況。其三爲可用以考察與之性質相近之傳世文獻——《大戴記》、《禮記》。於此，下文首先擬對簡文中所見「簡本典籍」之異文現象作一分析，以「書寫者對簡本典籍內容之影響」一題爲例，綜述戰國「簡本文獻」在傳抄過程中可能遭遇之狀況，以說明簡文在「文獻學」上的第一個價值。其次，以「提供校定傳世文獻內容及成書過程之線索」爲題，針對內容可與簡文對應之傳世文獻進行

〔註6〕參張強，〈儒學南漸考〉，《江海學刊》（南京：江蘇省社會科學院，2006 年 6 期），頁 138～145。

〔註7〕周鳳五，〈讀上博楚竹書《從政》甲篇劄記〉，《上博館藏戰國楚竹書研究續編》（上海：上海書店出版社，2004 年 7 月），頁 181～195。

校對，並從中推敲傳世文獻形成的可能過程。再者，基於上博楚簡「禮記類」文獻部分內容可與《大戴記》、《禮記》對應一事，重新檢視後者之成書問題，以說明簡文對「考證《大戴記》、《禮記》的文獻性質」一事之幫助。最後，則以幾個史實問題之考證爲例，說明上博楚簡「禮記類」文獻之「一般史價值」。

第一節　書寫者對簡本典籍內容之影響

上博楚簡「禮記類」文獻的出現，對於釐清文獻學上之問題提供了新的線索。由於取得方式而造成的殘存狀況不同，上博簡的整理條件較郭店簡更爲嚴苛。因此，在實際的整理工作中，也讓今人對古人整理文獻之經驗有所體驗，而加深了對部分傳世典籍的理解。舉例而言，傳世本〈緇衣〉中部分章節爲上博、郭店二本所無，當爲其他文獻之零簡誤入。〔註8〕此種誤入的情況與今人在整理上博楚簡時，誤將某些零簡歸類於其他篇章的情況類似。（例如：〈季康子問於孔子〉簡16，福田哲之認爲當與〈內豊〉、〈昔者君老〉同篇，整理者所歸乃屬誤入，其說可從。）〔註9〕此爲上博楚簡「禮記類」文獻整理工作對今人體會簡本典籍整理的例子之一。

以上，乃就「認知心理」層面言簡文之問世之文獻學價值，至於對簡本典籍實際狀況之瞭解，則有賴於不同傳、抄本間內容之比對。

上博楚簡「禮記類」文獻〈緇衣〉、〈性情論〉等篇在郭店楚簡中亦見，使今人得以同時見到同一典本典籍的兩種抄本；在比對的過程中，亦可使今人對於戰國時期的文獻傳抄的情況有更爲具體的瞭解。舉例而言，郭店〈性自命出〉與〈性情論〉基本上內容一致，但所抄篇數、次序卻不一，足使今人瞭解先秦文獻之抄寫有其靈活性，而後世所謂篇章在先秦時亦尚無定制（詳下）。凡此，皆足使今人對簡本典籍之傳抄情況有進一步的瞭解。因此，以下本文擬以「書寫者對簡本典籍內容之影響」爲題，藉由簡本與簡本，或簡本

〔註8〕參第二章第一節第二十二小節「第二十三章（傳世本第二十五章）」。

〔註9〕參福田哲之，〈上博四〈內禮〉附簡、上博五〈季康子問於孔子〉簡16的歸屬問題〉，「簡帛網」2006年3月7日。http://www.bsm.org.cn/show_article.php?id=271。又，福田哲之〈上博五《季康子問於孔子》的編聯與結構〉，《楚地簡帛思想研究（三）》（武漢：湖北教育出版社，2007年4月），頁53～69。又，本文「〈季康子問於孔子〉整理方案」、及「〈緇衣〉校對釋讀」、「〈內豊〉、〈昔者君老〉整理方案」等節。

與傳世典籍的比對，以瞭解「簡本典籍」如何在書寫者的影響下顯現出不同的樣貌。

必須說明的是，此處所謂「書寫者」，乃指在典籍上進行書寫的人。因此，自行書寫文獻之「作者」（相對於自己口述、他人記載之「作者」）、典籍「抄手」，以及對典籍內容進行修改之「讀者」，皆屬「書寫者」。

在地下典籍文獻尚未問世之前，學者限於材料，對於簡本典籍的傳抄現象所作之解釋，僅能在傳世本的基礎上論述其異文現象。至於造成此種異文現象的原因，以及典籍文獻在傳抄過程中可能產生的內容演變，除在個別文字的層次上，文字學家尚可藉由《說文》等字書中所保存之先秦古文字討論外，在語句、章節及篇章的層次上，由於無法直接閱讀一手材料，僅能就傳世文獻間接揣測，故在論述的詳細度及深度乃有所限制。地下典籍文獻問世後，若僅有一抄本，而無其他傳、抄本，由於無從比對，則亦無法探究該文獻之傳抄現象；若該抄本有傳世本可以比對，則儘管有論述空間，但由於抄本品質難以掌握，部分問題可能無法經二者比對而得出結論，故亦難以全面論述此一議題。

近年來地不愛寶，在考古工作蓬勃發展，以及文物市場興盛的情況下，出現了許多簡本典籍。其中，數量最大、種類最多、影響最大的兩批出土文獻，非郭店楚簡及上博楚簡莫屬。在時間上，郭店楚簡發表較早，故許多議題的突破性研究，是在郭店楚簡發表後開始的。上博楚簡的發表雖較郭店楚簡來得晚，但在典籍數量上確較郭店楚簡多，故二者之重要性難分軒輊。值得注意的是，上博楚簡中的某些篇章在郭店楚簡中亦可找到相對的抄本，且文句、章節等內容大抵相近，如上博〈性情論〉與郭店〈性自命出〉、上博、郭店二本〈緇衣〉，使我們得以確認抄本品質，掌握抄本內容；又由於時間、地望接近，對於抄本文獻異文現象之討論亦得以免除許多支節問題，而提供了今人討論先秦異文現象的適當材料。因此，學界在此方面的研究不少，以〈緇衣〉而言，李零〔註10〕、王師金凌〔註11〕、林素清〔註12〕、虞萬里〔註13〕、

〔註10〕李零，〈上博楚簡校讀記（之二）——緇衣〉，《上博楚簡三篇校讀記》（北京：中國人民大學出版社，2007年8月），頁38～49。

〔註11〕王金凌，〈《禮記·緇衣》今本與郭店、上博楚簡比論〉，《新出楚簡與儒家思想論文集》（臺北：輔仁大學文學院，2002年7月），頁1～33。

〔註12〕林素清，〈郭店、上博《緇衣》簡之比較——兼論戰國文字的國別的問題〉，《新出土文獻與古代文明研究》（上海：上海大學出版社，2004年12月），頁83～96。

〔註13〕虞萬里，〈上博簡、郭店簡《緇衣》與傳本合校拾遺〉，《上博館藏戰國楚竹書

陳偉〔註14〕、鍾宗憲〔註15〕、王平〔註16〕及胡治洪〔註17〕等皆有相關論述，成果頗豐。

這些成果，對今人全面討論簡本典籍內容之演化提供了許多例證。其中，郭店、上博二簡本〈緇衣〉與傳世本的比對，由於所涉對象兼具簡本及傳世典籍，更使今人對簡本典籍內容的改變之問題有更爲詳細、深入的瞭解。在學者的論述中，經常發現抄本文獻在不同的時空中，往往因爲種種因素而使得其內容產生差異。

統言之，簡本典籍在不同的時空之中所以會產生不同面目，乃在其使用之文字、語句可能在每次的傳抄過程間不斷的改變。而且，此種改變在經過一段時間後，可能會使流傳於特定時空下的簡本典籍產生特有的面目，而與祖本及流傳於其他時空之傳本有所不同。經比對不同傳、抄本之內容，並分析其因後，可以發現此種演變的過程，其模式頗似生物學上對於「物種演化」的說法。

一、簡本典籍之異文性及其因素

正如語言、文字〔註18〕一樣，作爲一種文化載體，簡本典籍在不同的環

研究》（上海：上海書店出版社，2002年3月），頁426～439。

〔註14〕陳偉，〈上博、郭店二本《緇衣》對讀〉，《上博館藏戰國楚竹書研究》（上海：上海書店出版社，2002年3月），頁417～425。

〔註15〕鍾宗憲，〈《禮記・緇衣》的論述結構及其版本差異〉，《新出楚簡與儒家思想論文集》（臺北：輔仁大學文學院，2002年7月），頁151～173。

〔註16〕王平，〈上海博物館藏《戰國楚竹書・緇衣》引《詩》異文考〉，《華東師範大學學報》第35卷第4期（上海：華東師範大學，2003年7月），頁72～78。

〔註17〕胡治洪，〈原始儒家德性政治思想的遮蔽與重光〉，《儒家文化研究》第一輯「新出楚簡研究專號」（北京：三聯書店，2007年6月），頁167～187。

〔註18〕先秦文字之字形、字體即出現各個文化圈相異的情況。《說文・序》載：「其後諸侯力政，不統於王，惡禮樂之害己而皆去其典籍，分爲七國。田疇異畮，車涂異軌，律令異灋，衣冠異制，言語異聲，文字異形。」載清・段玉裁，《說文解字注》（臺北：黎明文化事業股份有限公司，1993年7月影印經韵樓臧版本），頁765。證之以出土文獻，郭店、上博本皆以楚文字書寫，相較於傳世本其字形結構具有楚文字的特徵自不待言（傳世本無法反映當時之書法風格，故與簡本相較，僅能論及字形結構）。然細究之，郭店、上博二本雖同以楚系文字書寫，但其字形字體亦有不同面目。林素清在比較二者之字形結構及書法風格之後，發現郭店本〈緇衣〉保留較多楚系文字的特色，而上博本〈緇衣〉則除楚系文字的特色外，其部份文字尚有齊系文字的特徵。周鳳五並依此現象，推論上博本〈緇衣〉傳至楚地的時間不足，故其字形字體尚未

境中亦會產生不同面目。就史籍記載可知，漢代流傳之同一典籍，其內容即會因流傳於不同文化圈而產生內容不盡相同之現象〔註19〕（如《論語》古本即與魯、齊二家傳本分篇稍異〔註20〕），證之以出土資料，以上博、郭店、傳世三本〈緇衣〉爲例，可以發現流傳於楚地之上博、郭店二簡本，其內容大抵相似，而與傳世本〈緇衣〉有較大的不同〔註21〕。此種內容之不同，在傳統上稱爲「異文」；而簡本典籍又因其「異文性」較甚於印刷本文獻，故在反映環境對其內容之影響一事，亦較印刷本典籍明顯。

大抵而言，造成此種差異的原因可從兩種角度思考，其一爲「文獻學的」，其二爲「思想史的」。以前者言，造成不同傳本間內容不同緣於典籍之外在物質條件，如文字的殘泐或錯簡所導致的異文現象，屬「物質因素」；以後者言，造成不同傳本間內容不同的原因在於人爲的有意更動，屬「心理因素」。本文以爲，此兩種角度皆屬片面；典籍在流傳的過程中，其內容之改變原因相當複雜而多元，故面對傳本之異文現象，若僅採取其中之一種角度而言，則難免陷入「盲人摸象」之困境。因爲，若僅以文獻學的角度觀之，則無視於讀者之「再詮釋」心理；若僅以思想史的角度觀之，則往昔學者豈皆杜撰之徒？因此，面對此種異文現象，乃須從更爲宏觀之角度，全面探討其成因。

進一步而言，以竹簡爲載體的典籍（或可稱爲「簡本典籍」），由於時人觀念及物質條件的侷限，其內容不像後世文獻，有較強的固定性，故不同抄本間的「異文」甚多。此種影響又可分爲「心理因素」與「物質因素」二者。

在心理因素方面，文獻內容之所以產生「異文」，其背景因素在於時人抄

被完全「馴化」。凡此，皆可說明文字在不同環境下的改變。

〔註19〕此處所謂「內容」包含使用文字的不同、使用文句的不同以及段落安排的不同，詳下小節。

〔註20〕據〈漢志〉載，魯《論語》凡二十篇；齊《論語》較魯《論語》「多〈問王〉、〈知道〉」（班固注語）兩篇，二十二篇；古文《魯語》二十一篇，班固注：「出孔子壁中，兩子張。」其篇次、文字亦多與魯《論語》、齊《論語》不同。以上所述〈漢志〉所載，參漢·班固，《漢書》（台北：宏業書局，1992年4月），頁1716。

〔註21〕傳世本〈緇衣〉的來源當與戰國時魯地傳本有關，詳本章第三節第一小節「〈漢志〉所載《記》等五種文獻之性質」部分。鄭玄注《禮記》，其所用抄本甚多，然這些抄本在漢代是否有不同來源，目前尚不可知。可以確定的是，鄭玄當時所看到的〈緇衣〉傳本，除可能有先秦古本外，尚有漢人傳抄本。

寫文獻之目的在於實用，故其「尊重文獻」之觀念不若後世。〔註 22〕此點可從同篇文獻中同一位置的文字在不同抄本中常常以不同文字來代換一事觀之；尤有甚者，在某種情況下，抄本文字只要求「可以讀懂」，至於是否合乎通用字形則可被忽略。（此種現象，在上博楚簡「禮記類」文獻中不乏其例。）此種「只要可以辨識，無論文字對錯」的觀念，爲簡本典籍「異文性」之心理因素之一例。此種觀念表現在文句上，則爲：只要不礙文意，文本中句子的長短、全文結構皆無須拘泥原抄本之觀念（詳下）。此種觀念直至後世，仍可看出由「古人引書，只要不礙文意，並不在意所引字句是否與所引書完全相同」一事見其痕跡。以上所言，乃古人抄書不拘內容是否全然錄自母本，所造成之異文，乃屬無意。此外，尚有有意更動典籍內容之事。例如，上博、郭店本〈緇衣〉第九章引詩少「行歸於周」一句；又如，《大戴記．曾子立孝》「故爲人子」以下一章僅提及對「臣」、「子」、「弟」之規範，較之於內容相近之〈內豊〉兼述「君臣」、「父子」、「兄弟」，二者所言繁簡不同。其間則或有思想背景之因素可論（詳下）。凡此，無論有意無意，皆爲簡本典籍「異文性」之心理因素。

在物質因素方面，印刷術尚未發明之前，規範文獻內容乃爲一困難度相當高之事。此種處境，可從「石經」之設立一事觀之：至漢代，由於有統一經典內容的要求而出現「石經」。「石經」之出現即是透過物質條件的提供，使文獻之規範得以實現。同時，也反映出對當時而言，文獻內容的統一乃爲一項難度甚高之事。此外，先秦文獻多載於簡冊，而簡冊之篇幅一來不似後世以紙張裝訂之書籍那麼大，故相同內容之文獻，其所載冊數可能有異，而造成相同文獻段落配置不同之情況；二來簡冊之編繩可能脫斷而造成典籍的脫簡、錯簡現象。例如，〈民之父母〉中「明目而視之」句，《禮記》、《孔子家語》本作「正明目而見之」，多一「正」字，意殊難解，且與其前的「傾耳而聽之」無法相對。另一方面，簡文中正有「君子以正」句，故此處多一「正」字，學者認爲當是錯簡所致，可從。〔註 23〕又如，傳世本〈緇衣〉第 5、10、

〔註 22〕所謂「尊重文獻」之觀念，指的是書寫者對文獻內容原貌的保存觀念。清代以前，學者此一觀念大抵薄弱，表現在文獻的傳抄傳刻上，則爲以己意纂改文獻內容。至清代，則此種觀念被視爲學術規範。以校讎學爲例，所校文獻內容之訛誤儘管已然鐵證如山，但仍不改本文一字，僅於註文中註出，即此處所云「尊重文獻」之觀念。

〔註 23〕參陳劍，〈上博簡《民之父母》「而得既塞於四海矣」句解釋〉，「簡帛研究網

18 章，其後引《詩》、《書》文句之先後與他章及郭店、上博二簡本通篇之體例不同，有學者認爲此乃因錯簡所致，可備一說。〔註 24〕必須說明的是，傳世本〈緇衣〉其章次與簡本不同，固然可能是因爲脫簡、錯簡所致，但亦不能排除其原本即書寫於不同簡冊，而在抄於同一簡冊時造成章次異動。〔註 25〕然而，此種狀況亦與簡本載體相關，而屬物質因素。

簡言之，所謂「物質因素」，指的是外在條件對簡本典籍之影響，例如簡冊長度的限制，編繩耐用的程度等；而所謂「精神因素」則與典籍「書寫者」之心理狀態有關。然而，所謂「物質因素」亦難與「精神因素」影響完全切割，二者可互相影響。例如，〈緇衣〉傳世本第二十五章中有引孔子所言「南人有言」一句，在郭店本和上博本中「南人」即作「宋人」（第二十三章）。針對此種現象，何琳儀認爲傳世本作「南人」，乃因「南」字與「宋」字形近，故今本才訛作「南」〔註 26〕；王力波以爲「南人」有貶義，而楚人將「南」改抄爲「宋」〔註 27〕；黃人二認爲簡本作「宋」不作「南」，乃因抄者不忘在宋時之隱約困窮，故刻意爲之。〔註 28〕以上學者所提造成二者異文之因，即兼涵「心理因素」與「物質因素」。此外，就心理因素言，此種現象恐怕亦與傳本的地域性有關，蓋對孔子而言，宋國在魯國之南，故孔子引宋人言論而略言「南人」可以理解；但對楚人而言，「南人」的稱呼就不那麼恰當了，因爲一來宋國在楚國之北，自不可稱「宋人」爲「南人」，二來孔子所謂「南人」乃爲略稱，以地理位置言，楚人亦屬「南人」，而本句就其語氣而言「南人」乃指外地人，楚人自不適合原封不動的稱引。因此，有理由相信，簡本中以「宋人」替代「南人」乃爲〈緇衣〉傳入楚地後所作的更動。此種現象當爲文字實際使用後所造成之複雜現象所致，故有時造成異文之原因，亦非純以

站」2003 年 1 月 18 日。http://www.bamboosilk.org/Wssf/2003/chenjian03.htm。

〔註 24〕除此之外，如前所述，當時人「尊重文獻原貌」之觀念不似後世慎重，而引文之先後對於通章文意之理解亦無關鍵性之影響，故造成此種現象的原因或爲抄手無意的更動，不盡然爲錯簡所致。

〔註 25〕例如郭店本〈性自命出〉及上博本〈性情論〉在傳抄的過程中曾經出現過三篇的情況一樣，後來在上博本時以一篇的形式出現，詳下。

〔註 26〕參何琳儀，〈郭店竹簡選釋〉，《新出楚簡文字考》（合肥：安徽大學出版社，2007 年 9 月），頁 44～63。

〔註 27〕王力波，《郭店楚簡〈緇衣〉校釋》（東北師範大學中文系碩士論文，2002 年 5 月），轉引自鄒濬智前揭文。

〔註 28〕黃人二，《上海博物館藏戰國楚竹書（一）研究》（武漢大學博士論文，2002 年），轉引自鄒濬智前揭文。

「心理因素」或「物質因素」可言。

必須說明的是，簡本典籍的抄寫最終還是透過「人」，故「物質因素」往往可以提供書寫者依個人意識書寫典籍的空間。因此，書寫者之心理狀態乃爲造成簡本典籍內容改變之主要因素。

二、簡本典籍內容之改變及其內涵之轉移

同篇文獻在經傳抄後所造成的「內涵」改變或可稱爲「轉移」（借自詞彙學中關於「詞義轉移」之說，原指語詞在不同時空下涵義的轉變；此處用以指稱文獻內涵的轉變）。從今可見之簡本典籍觀之，相同篇章的每一次抄寫都可能因爲種種因素，使得新抄本的內容（含文字之換用，詳下）與舊抄本有所不同。此種內容的更改即可能造成讀者對文獻內涵認知上的改變，而形成文獻內涵的「轉移」現象。

析言之，簡本典籍之內容之差異又可以分爲三個層次：「文字層次」、「文句層次」及「段落層次」，而各個層次內容差異之表現方式亦異：在文字層次方面，主要表現在「通假」、「意近換用」、「異體字」、「訛誤」等四種類型上。在文句層次方面，主要表現在「文句長短」、「句型結構」及「句次安排」三方面。在段落層次方面，則主要表現在段落次序安排的不同。詳下：

（一）文字層次

造成簡本典籍「文字層次」異文現象之因，可分爲「通假」、「意近換用」、「異體字」、「訛誤」等四種類型。〔註29〕以下分而述之：

第一、通假：所謂「通假」，指的是在典籍中以一個讀音相同或相近的字來替代另一個字，爲古籍常見之現象。因「通假」而產生的異文現象，有時會因讀者對該字之「讀法」不同而致使整個句子之內涵產生差異。舉例而言，傳世文獻中朱子注〈大學〉「在親民」一句，即讀「親」爲「新」。就文字使用的「通假」現象觀之，讀「親」、「新」皆可通，但一字之差乃使本句之內涵有所不同，而使此句之釋讀成爲一學術公案。一字讀法之差，所涉層面有如此之深遠者。此種因讀法之不同而影響全句文意之現象，在上博楚簡「禮記類」文獻中亦不乏其例：〈仲弓〉中有一句話是「惑（宥）怸（過）惥（舉）辠（罪）」。其中，學者針對「惥」字作出不同釋讀，大抵分爲兩說，其一讀「宥

〔註29〕此處所言不包含屬「書寫風格」不同之「字體改變」。

過與罪」，意指爲政之先須原諒人民所犯諸罪過；其二讀「宥過舉罪」，意指爲政者可以「宥過」，但仍須「舉罪」。相似段落亦見於《論語》，但《論語》僅言及「赦小過」，對於「罪」字則無置喙，故後二字究該讀爲「與罪」還是「舉罪」，仍存在釋讀空間。由於其時通假字的盛行，可以想像的是，在無解說的情況下，即使當時人見〈仲弓〉中此句，仍可能會產生該讀爲「與罪」還是「舉罪」的疑問。此時，即出現了閱讀者可以詮釋的空間——若將之讀爲「與罪」，則本句話之內涵與《論語》所載「赦小過」相似，但若讀爲「舉罪」，則其內涵與《論語》所載即有所不同。

進而言之，此種可以詮釋的空間若落實到新抄本的抄寫上，則同篇文獻在抄寫的過程中，即可能產生內涵「轉移」的現象。此種現象，在上博楚簡「禮記類」文獻與傳世文獻之異文現象中，即提供了一個鮮明的例子：〈民之父母〉「五志」一段載：

> 物之所至者，志亦至焉；志之〔簡 3〕【所】至者，禮亦至焉；禮之所至者，樂亦至焉；樂之所至者，哀亦至焉；哀樂相生。〔註 30〕〔簡 4〕

所載「五至」分別爲「物、志、禮、樂、哀」五者。然而，傳世本《禮記・孔子閒居》、《孔子家語・論禮》對應文句作：

> 志之所至，詩亦至焉；詩之所至，禮亦至焉；禮之所至，樂亦至焉；樂之所至，哀亦至焉。〔註 31〕

所載「五至」爲「志、詩、禮、樂、哀」五者。關於此種現象，學者或從簡本，或從傳世本。季旭昇師認爲傳世本文句乃受漢代獨尊儒術，以及「詩言志」觀念之影響，將同以「之」爲聲符之「志」讀爲「詩」，再以「志」字取代「物」字。〔註 32〕從「通假字」、「思想史」的角度解釋此種現象，可謂合理。此爲因「通假」而產生之文獻內涵「轉移」現象之例。

〔註 30〕本章所引上博楚簡「禮記類」文獻內容皆直接破讀，詳細的討論參本文第二至第四章「整理方案」部分。引文末簡號僅代表書寫該段文字之單枚簡，不代表該簡文字至此結束。

〔註 31〕本節所引《禮記・孔子閒居》文句，載清・孫希旦，《禮記集解》（北京，中華書局，1995 年 5 月），頁 1274～1279。又，所引《孔子家語・論禮》文句，載晉・王肅，《孔子家語》四部叢刊本（上海：涵芬樓影印江南圖書館藏明翻宋本），下不另註。

〔註 32〕季旭昇〈《上博二》小議（二）：《民之父母》「五至」解〉，「簡帛研究網站」2003 年 3 月 19 日。http://www.jianbo.org/Wssf/2003/jixusheng02.htm。

第二、意近換用：所謂「意近換用」，指的是用一個意義相近的字來替代原來的字。此種例子於文獻中不勝枚舉，爲古人常見之抄寫習慣。此種現象在簡文與傳世文獻之異文現象中，亦不乏其例：《尚書・君奭》「其集大命于厥躬」句中之「躬」字，郭店、上博二簡本皆作「身」；「躬」、「身」二字意義相近。又，《尚書・呂刑》「苗民弗用靈」句「弗」字，傳世本《禮記・緇衣》引作「匪」，郭店、上博二簡本引作「非」。「弗」、「匪」、「非」三字意義相近。又，僞古文《尚書・君陳》「未見聖，若不克見」句中「不」字，傳世本及郭店、上博二簡本〈緇衣〉皆引作「弗」字。〔註 33〕「不」、「弗」二字意義相近。以上數例，所載異文間意義相近，故書寫者互用其字。此外，意近換用之作法亦見於「避諱」之中，例如傳世本〈緇衣〉「國」字，在簡本即作「邦」。然則，傳世本作「國」乃因避劉邦諱，而用與「邦」字意義相近的「國」字來替代之。此種「意近換用」的觀念，使得簡本文獻得以因時因地而改變其用字。此爲因「意近換用」而產生之文獻內容改變之現象。

第三、形近訛誤：所謂「形近訛誤」，指的是書寫者在抄寫時所造成的「別字」。〔註 34〕此種現象在簡文與傳世典籍之異文現象中亦有其例：僞古文《尚書・君牙》「夏暑雨，小民維曰怨咨；冬祁寒，小民亦惟曰怨咨」句中「曰」字，郭店、上博〈緇衣〉引作「日」。就文意言，當以作「日」爲是，傳世本作「曰」，乃因二字形近而導致訛誤。此種轉變雖非常態，但在上博楚簡「禮記類」文獻中則甚爲常見。一般而言，文字的訛誤會使得語境中的文句不通順，故此種誤抄之字往往可依上下文予以訂正。然而有趣的是，有時誤抄後的內容亦有可說之處（如「郢書燕說」），而形成另一種可與原來內容競爭的抄本。舉例而言，郭店〈性自命出〉簡 6「人唯（雖）又（有）眚（性）心〈也〉，弗取不出。」一句（此句上博本佚）。其中「性」字後之字讀作「心」或「也」字，皆有可說之處，故二者雖有一誤，但仍難僅憑文意而斷其是非。可以想見的是，在流傳的過程中，原來的內容不一定會獲得

〔註 33〕以上所引《尚書》諸文，載屈萬里，《尚書集釋》（臺北：聯經出版社，1994 年 11 月），頁 208、252、325。

〔註 34〕戰國時期對於文字之使用尚無規範，故同字字形往往允許小異，但若涉及與他字字型的分別，則其間仍有關鍵性之差別。此種關鍵性之差別，即指陳某字爲「別字」之重要依據。因此，戰國文字往往難言其「錯字」，但對於其「別字」的指陳仍有標準。此處所謂「別字」指的是同一地區（以簡文而言，爲楚系）甲、乙二字又具關鍵性之差異時，而將甲字書成乙字的情況。

保留，如果誤抄後的文句較獲認同，原本的內容甚至可能遭到淘汰。此種現象，類似文字學中通假字通行而本字反而被淘汰的現象。此爲因「形近訛誤」而產生之文獻內涵「轉移」現象。

第四、異體字：所謂「異體字」即代表同一「詞語」的不同書寫形式（同詞異形）。在簡文中，最常見之「異體字」現象乃爲文字之「省形」或「繁構」。「異體字」既屬「同詞異形」，則在正常的狀況下此種異文乃不致造成典籍內涵之轉移。然而，異體字之使用可增加文字「通假」、「意近換用」或「訛誤」的機率，而間接造成典籍內涵之「轉移」。舉例而言，〈民之父母〉「而旻（得）既塞於四涍（海）矣」句，《禮記》、《孔子家語》本皆作「志氣塞乎天地」。本文以爲，「旻既」二字當讀爲「得既」〔註35〕，《禮記》、《孔子家語》本作「志氣」乃爲內涵「轉移」後之內容。在此例中，簡文「既」在傳世本中作「氣」，乃因「既」字可讀爲「㤅」或視爲「㤅」字之省形，而「㤅」字又爲「氣」之異體字所致。故而，此種內涵之「轉移」乃與「異體字」相關。另一方面，「既」字原本乃爲一普通用語，「得既」二字在簡文中並無深意，但若照傳世本所載作「志氣」，則該句即增入一重要之哲學概念。此爲因「異體字」之使用而間接造成之內涵「轉移」現象。

以上四者，或音近通假，或意近換抄，或形近訛誤，或異形代用（從以上所舉諸例中不難發現，部分異文形成之因素，或不止上述四者之一。），而其間書寫者皆有更改文本內容之空間：第一、二、四項固爲當時使用文字的習慣，是爲常態，但從上述分析中可知，書寫者的觀念對於用字的選擇，亦有決定性之作用；第三者固可歸咎於其時字形混同的現象，但究屬筆誤，故仍與書寫者之知識水準、抄寫態度等內心狀態因素息息相關。此外，書寫者抄寫簡本典籍時若參考兩種以上抄本，則影響新抄本用字的關鍵因素之一，即爲書寫者個人的判斷。以傳世本〈緇衣〉爲例，鄭玄於其注文中時會說明各本用字之情況（如傳世本第22章「私惠不歸德」句之「懷」字，鄭玄注：「『歸』或爲『懷』。」）可見鄭氏注釋時所參考者不限一本。在此種擁有兩種以上之傳本的情況下，鄭玄即可依其對〈緇衣〉的理解，決定其所欲採用之字詞、文句。

（二）文句層次

不同抄本在「文句層次」上異文之情況有二：其一爲句型結構的不同。

〔註35〕參第二章第三節第三小節「三無」。

例如，前所述〈民之父母〉中「而㝵（得）既塞於四海（海）矣」在傳世本中作「而志氣塞於四海」。陳劍指出傳世本將「得既」二字改爲「志氣」〔註 36〕。由於文字釋讀不同，使簡本與傳世本此句之句型結構有所改變。

其二爲文句長短的不同。以〈緇衣〉爲例，上博、郭店本第九章（傳世本第九章）引《詩》之文作「其容不改，出言又章，黎民所信。」然傳世本作「其容不改，出言有章，行歸于周，萬民所望。」較簡本多「行歸於周。」且所引詩句在《詩經・小雅・都人士》中，亦作「其容不改，出言有章，行歸于周，萬民所望。」《詩經》大體各章句數整齊，少了一句即不成篇，且「章」、「信」二字不叶韵，可見二簡本所引當非原貌。故而，劉信芳以爲簡本所引較傳世本〈緇衣〉及《詩經》原文少「行歸於周」一句，可能是其時楚人在心態上已輕蔑周，故刻意省略該句，可備一說。又如，上博〈內豊〉簡 1 至簡 4 言君臣父子兄弟之心態一段載：

> 故爲人君者，言人之君之不能使其臣者，不與言人之臣之不能事〔內 1〕其君者└；故爲人臣者，言人之臣之不能事其君者，不與言人之君之不能使其臣者└。故爲人父者，言人之〔內 2〕父之不能畜子者，不與言人之子之不孝者└；故爲人子者，言人之子之不孝者，不與言人之父之不能畜子者└。〔內 3〕故爲人兄者，言人之兄之不能慈弟者，不與言人之弟之不能承兄者└；故爲人弟者，言人之弟之不能承兄〔內 4〕【者，不與言人之兄之不能慈弟者。】〔內 5〕

在《大戴記・曾子立孝》中亦有類似文句，但所載文句較簡文少：

> 故爲人子而不能孝其父者，不敢言人父不能畜其子者；爲人弟而不能承其兄者，不敢言人兄之不能順其弟者；爲人臣而不能事其君者，不敢言人君之不能使其臣者也。〔註 37〕

簡文對「君臣」、「父子」、「兄弟」等三組六種角色的人，當以何種態度對待同組中的另一方皆有所陳述，而《大戴記・曾子立孝》則僅提及同組中的「臣」、「子」、「弟」等「在下位者」。對此，梁濤〔註 38〕、季旭昇師〔註 39〕、

〔註 36〕關於此一問題之詳細論述，參下節論「〈民之父母〉與《禮記・孔子閒居》、《孔子家語・論禮》」一小節。

〔註 37〕清・王聘珍，《大戴禮記解詁》（臺北：漢京文化事業有限公司，1987 年 10 月影印四部刊要本），頁 80～81。

〔註 38〕梁濤，〈上博簡《內禮》與《大戴禮記・曾子》〉，「清華大學簡帛研究網－Confucius2000」2005 年 8 月 1 日。http://www.confucius2000.com/admin/list.asp?id=1881。

廖名春〔註 40〕認爲《曾子立孝》中的「爲人君」、「爲人父」、「爲人兄」三句可能在流傳的過程中被刪除，而其原因乃與秦漢統一中國之後君父思想高張，儒家君臣父子關係的被絕對化有關。福田哲之指出的，〈曾子立孝〉此段，其「原型」可能即是〈內豊〉上引對應文字。〔註 41〕比照〈內豊〉及〈曾子立孝〉，可以發現除了二者之前半篇文字有相同或相似情況外，其他部分內容皆不同，故二者當非同一文獻的不同抄本，而是內容相似兩種文獻。儘管如此，但仍不能排除另一種可能，即〈曾子立孝〉的作者在寫作時參考了〈內豊〉前半篇的文字，並有所增減〔註 42〕、改寫，原因是〈曾子立孝〉之篇旨在講「孝」，而「孝」乃是用以規範子女對父母之心態言行。

以上諸例，皆可說明簡本典籍在抄寫的過程中，書寫者對「文句增減」之影響，而造成簡本文獻內涵之「轉移」。〔註 43〕

（三）段落層次

在「段落層次」部分，同篇典籍中段落的安排有所不同，其原因除前所述「錯簡」因素外，亦當與典籍之載體——「簡冊」之分合有關。關於此種現象，上博〈性情論〉（以下簡稱〈性情論〉）與郭店〈性自命出〉（以下簡稱〈性自命出〉）之篇章分合狀況適可提供鮮明的例證。以下，擬以二者之校對爲例說明簡本典籍篇章之分合狀況。

在〈性情論〉尚末問世之前，與之內容基本相同之出土典籍——〈性自命出〉的簡序排列問題即引起學者討論。〈性情論〉問世之後，由於其各段落間之次序得以確定，故對於〈性自命出〉之整理方案提供了關鍵性的線索。廖名春在〈郭店簡《性自命出》的編連與分合問題〉一文，以及陳偉在〈《性

〔註 39〕陳思婷，〈內豊譯釋〉，《上海博物館藏戰國楚竹書（四）》讀本》（臺北：萬卷樓圖書，2007 年 3 月），頁 103～124。陳文爲季旭昇校訂，內中多有案語。

〔註 40〕廖名春，〈楚竹書〈內豊〉、〈曾子立孝〉首章的對比研究〉，《出土文獻研究方法論文集》（臺北：臺灣大學出版社，2005 年 9 月），頁 265～287。

〔註 41〕福田哲之，〈上博楚簡《內豊》的文獻性質〉《簡帛》（第一輯）（上海：上海古籍出版社，2006 年 10 月），頁 161～175。

〔註 42〕古人寫書，不以抄錄他書爲嫌。苟他書想法與我相同，則在寫作時直接抄錄自他書之例，往往有之。如《史記》各篇內容多有抄自其他史書者，如《左傳》、《國語》、《戰國策》等。說詳章學誠《文史通義・言公》篇。

〔註 43〕必須說明的是，簡本典籍內容之異文性及其內涵的轉移，乃互爲因果關係，蓋不同內容之典籍，即提供了書寫者對此一典籍內涵解讀的不同；而書寫者對文獻內涵解讀的不同，又可能影響到抄寫典籍的行爲。

自命出》諸簡編連問題及校釋〉〔註 44〕一文中，即據〈性情論〉之內容重新討論〈性自命出〉的整理方案，並取得部分共識。然而，二者對於〈性自命出〉中「編連組」之次序問題仍有異見。職是，本文以下之討論重點有二：其一、將學者所提之合理意見加以統合，並作一簡要論述；其二、針對學者所爭議的問題作一辨析，並爲〈性自命出〉的整理方案提出個人見解。要言之，〈性情論〉問世後，首先可以肯定的是，〈性自命出〉中存在幾個各自獨立的「編連組」一事。此外，對照兩種抄本的內容，亦可以確定郭店整理者對諸「編連組」內之簡次排列當屬正確。但是，對於各「編連組」之次序問題學界仍存有爭議；而此一問題，又涉及〈性自命出〉的分篇問題，故仍待討論。本文以爲，就書寫位置及段落文意觀之，〈性自命出〉中存在著幾個各自獨立的「編連組」，故而提供文本在傳抄的過程中，出現「篇章分合」及「次序異動」之空間。唯就〈性自命出〉之抄寫情況觀之，郭店整理者對〈性自命出〉簡次之安排當屬正確。以下，就上述觀點一一析論之。

第一、〈性自命出〉中存在幾個各自獨立的編連組

在討論此一問題之前，有必要對〈性自命出〉的簡文狀況作一簡要描述。〈性自命出〉中，就其書寫位置及段落文意觀之，即存在著幾個可各自獨立之「編連組」。（由於「編連組」之起首文句皆書於該段首簡開頭處，而其結尾文句或書於該段尾簡之末，或其後無其他文字。）故而，在〈性情論〉尚未問世之前即有學者針對〈性自命出〉內諸編連組是否爲「同篇」的問題提出質疑：或以之爲一篇，以之爲二篇、三篇。爲討論方便計，暫且此先略過篇數問題之討論（詳下），而將這些各自獨立的內容以「編連組」稱之。爲明眉目，可將其中之「編連組」範圍條列如下：

1. 簡 1-簡 33。
2. 簡 34-35。
3. 簡 36-49。
4. 簡 50-67。

〈性情論〉問世後，對於以上諸「編連組」範圍之認定有所幫助，因爲除簡 34-35 外，其餘諸「編連組」皆可見於〈性情論〉。一般而言，學者大抵對於簡 34-35 與簡 1-33 當屬同段並無異議；陳偉則認爲，簡 34-35 之所以不

〔註 44〕載陳偉，《郭店竹書別釋》（武漢：湖北教育出版社，2003 年 9 月）頁 175～176。

見於〈性情論〉，乃因脫簡所致，其云：

> 在具體文句上，郭店、上博二本在兩方面存在明顯的差異。一是前者的一些語句不見於後者，即 36、34、35 號簡（筆者案：陳偉主簡 36 當置於簡 34、35 之前）所書內容以及 67 號簡上所書「君子身以爲主心」一句。……。原本位於一編之首或之末的竹簡，丟失的可能性最大。〔註 45〕

其實，簡 34、簡 35 是否與簡 1-33 同段，並不影響另外幾個編連組的次序問題，故在尚無其他證據之前，可先將其位置問題擱置，僅討論另外三個「編連組」。然則，〈性自命出〉全篇之簡序整理問題又可分爲兩個層次討論：其一、諸編連組內之簡次安排是否合理；其二、諸編連組之次序問題，詳下。

第二、郭店整理者對諸「編連組」內之簡次排列當屬正確

在〈性情論〉問世之前，學者對於〈性自命出〉上述編連組內原釋所次之簡序有所調整〔註 46〕；〈性情論〉問世後，可以發現〈性自命出〉諸編連組中之內容及文句次序，基本上與之相同，唯有一處小異，即：對應於〈性自命出〉簡 62 前半段「凡憂患之事欲任，樂事欲後。」一句，〈性情論〉將之與〈性自命出〉中置於其後的「身欲靜而毋羨……君子身以爲宔心」一段分爲兩段，並置於不同位置外，其餘諸段內之簡序皆與〈性情論〉相同。關於此點，本文以爲當屬「錯簡」一類之異常狀況，略述如下：

爲討論方便計，可先將〈性情論〉與〈性自命出〉之文句安排表列、比較如下：

篇　名	文　句　次　序
〈性自命出〉	「凡人情爲可悅也。……」→「凡說人勿離也……」 →「凡憂患之事欲任，樂事欲後。身欲靜而毋羨……」
〈性情論〉	「凡人情爲可悅也……」→「凡身欲靜而毋衍……」 →「凡說人勿離也……」→「凡憂患之事欲任，樂事欲後……」

就文意觀之，〈性情論〉之文句安排甚不合理。首先、〈性自命出〉、〈性情論〉中各章之起首皆以「凡」字開頭，若將「凡憂患之事欲任，樂事欲後▌。」獨立出來，則其篇幅與同篇中他章出入甚大。其次、「凡憂患之事欲任，樂事欲後▌。」與「凡身欲靜而毋動」等句句法基本相同，〈性自命出〉

〔註 45〕載《郭店竹書別釋》頁 175～176。

〔註 46〕參廖名春前揭文。

中將之置於同章甚爲合理。因此，本文以爲〈性情論〉中將此二段分置兩處的作法甚不合理。值得注意的是，若將〈性情論〉「凡身欲靜而毋動」一段移置「凡憂患之事欲任，樂事欲後▌　。」之後，則其章序乃與〈性自命出〉相同。因此，合理的解釋是，〈性情論〉中「凡身欲靜而毋動」一段文句因爲某種緣故而錯置於「凡人情爲可悅也」及「凡說人勿離」二章間。因此，上述二篇之簡序出入現象，當屬「錯簡」一類之異常狀況，而無礙於二者當屬「同一文本之不同抄本」一事。然則，〈性情論〉的出現，證明〈性自命出〉整理者對於以上諸段內簡序之安排無誤。

第三、諸「編連組」次序之調整

〈性情論〉問世之後，由於諸編連組之次序與〈性自命出〉整理者所列不同，故此一問題乃須進一步討論。若〈性自命出〉之簡序乃如整理者所列，則其與〈性情論〉間即存在編連組次序之差異。然如上所述，〈性自命出〉之編連組次序原本即存在討論之空間，故亦不能排除其次序與〈性情論〉相同的可能性，只是郭店整理者排列錯誤而已。以上兩種觀點皆有學者贊同：陳偉依「上博本作出的提示」，將「簡 36-49」編連組與「簡 50-67」編連組對調。依其說，〈性自命出〉之簡序當爲：

1. 簡 1-簡 36。
2. 簡 50-簡 67。
3. 簡 36-簡 49。

與陳偉不同的，廖名春引李天虹之說就三篇文意之觀點，認爲應依整理者所列：

> 考慮到李天虹所說的郭店簡簡 36「凡學者求其心爲難，從其所爲，近得之矣，不如以樂之速也」在《性自命出》中似乎起著承上（篇）啓下（篇）的作用。「不如以樂之速」，承上篇樂論而來；「求其心爲難，從其所爲，近得之矣」，開啓下篇的心、情論，而「凡學者求其心爲難，從其所爲，近得之矣，不如樂之速也」與「凡人情爲可悅也」實在不好銜接。因此，將郭店簡簡 50 以下部分前置，或以郭店簡簡 37 至簡 49 殿後，實非優選。最佳方案還應是《郭店楚墓竹簡》釋文原來的編排。〔註 47〕

以上，〈性自命出〉各編連組間之排序問題乃牽涉到其抄錄狀況，因爲若各編

〔註 47〕載《新出楚簡試論》頁 213。

連組有同抄錄於一組「簡冊」〔註 48〕的情況下，則自有次序可言；反之，若上述編連組是分別抄錄於不同「簡冊」，則其間乃無次序可言。故而，其次序問題又涉及「簡冊」數量問題；而「簡冊」數量問題，又與〈性自命出〉之「分篇問題」相關，故可一併討論。詳下。

第四、〈性自命出〉的「分篇」問題

學者對於〈性自命出〉的分篇問題，有三種意見：

1 .一篇說：自郭店整理者在《郭店楚墓竹簡》一書中將〈性自命出〉之整理結果公布後，學者或有調整，然亦有學者從其說，如錢遜、李天虹。大抵而言，主一篇說之學者認為〈性自命出〉簡 36 末雖有「乚」符號，但整體而言思想一致，當為同一文獻之上、下篇。

2. 兩篇說：與原釋不同，李學勤、周鳳五、林素清及梁立勇等認為以簡 36 為界的前後文字，在文意、字體、字型或竹簡外形乃有所差異，當可分為兩篇文獻，並給予兩個名稱。

3. 三篇說：〈性情論〉問世後，廖名春、陳偉曾就〈性自命出〉之分篇問題提出其說，認為〈性自命出〉可以分為三篇。依其說，簡 1-35 可為上篇、簡 36-49 可為中篇、簡 50-67 可為下篇。〔註 49〕

以上，學者所述「分篇」之說，尚有待辨析者。蓋古人所謂「篇」者有兩種意義，其一指文獻抄寫於「簡冊」之數量，作「量詞」用。此時，所謂幾「篇」者，乃指該文獻抄於幾組「簡冊」之上。其二指其內容是否為一整體而具有「不可分割性」。此種現象與今日用以計算書籍的「本」字一樣，既可作為量詞，用於計算書籍數量（如「這裡有三本書」），又可以用以指稱同一書籍（如「這本書有三冊」）。舉例而言，錢大昕在論及大、小戴《記》之篇數問題時，即云「《小戴記》四十九篇，《曲禮》、《檀弓》、《雜記》皆以簡策重多，分為上下，實止四十六篇。」〔註 50〕所謂「四十九篇」者，乃取前義；而「四十六篇」者，乃取後義。為正名目，在討論此一問題時，可將作為「量詞」之「篇」暫用「簡冊」或「編」〔註 51〕稱之。然則，所謂「分

〔註 48〕此處所謂「簡冊」乃指用同一組編繩編連之多枚竹簡，在傳統上稱為「篇」，然考慮到「篇」字之歧義性（詳下），此處暫以「簡冊」稱之。

〔註 49〕關於〈性自命出〉簡序之問題參廖名春、陳偉前揭書。

〔註 50〕載顧俊，《漢書藝文志注釋彙編》（臺北：木鐸出版社，1983 年 9 月），頁 210。

〔註 51〕陳偉即將一個「簡冊」稱為一「編」，而將同一整體的本文稱為「篇」，即考慮到此種文字歧義性。

篇」問題可分爲兩個面向言，其一爲就抄錄典籍之「簡冊」數量言，其二爲就典籍內容是否具「不可分割性」言。準此，對於〈性自命出〉之「分篇」問題可以有幾種理解：若〈性自命出〉乃抄錄於同一「簡冊」中，且內容具「不可分割性」，則可視之爲「一篇」〔註 52〕；若抄錄於二組以上的「簡冊」中，且內容具「不可分割性」，則可視爲同篇之「上、(中)、下」篇；若抄錄於同一「簡冊」中，且各段內容不具「不可分割性」，則可視爲不同典籍之「合抄本」；若抄錄於二組以上的「簡冊」中，且各冊內容亦「不具不可分割性」，則各冊爲各自獨立之單篇。以上四種情況，可表列如下：

簡 冊 數 量	是否具「不可分割性」	結　　果
一冊	是	一篇
二冊以上	是	同篇之「上、(中)、下」篇
一冊	否	不同典籍之「合抄本」
二冊以上	否	各自獨立之單篇

職是，對於〈性自命出〉的「分篇問題」乃須就上述兩種面向分別討論。

〈性情論〉問世後，〈性自命出〉之內容是否具「不可分割性」的問題基本上獲得解決，理由是上述四個編連組中除 B 編連組外，其餘皆見於〈性情論〉，當非巧合，故〈性自命出〉中諸編連組間當具「不可分割性」。

然則，以上所述之「兩篇說」基本上可以排除，故待討論者爲〈性自命出〉抄錄「簡冊」數量之問題，亦即其可分爲「上、下」兩「編」或「上、中、下」三「編」的問題。

必須說明的是，〈性情論〉的問世對於〈性自命出〉的「簡冊」數量的問題並無直接的幫助，因爲其時「簡冊」之長短大小並無定制，故抄寫同一典籍所需之「簡冊」亦得以不同。此種情況，可於古籍篇數之不一一事觀之，如：《漢志》「諸子略・儒家」載《內業》十五篇，馬國翰以爲即《管子・內業》一篇；「六藝略・樂」載《樂記》二十三篇，孔穎達指出其中之十一篇即《小戴記・樂記》。以上二者，「篇」數相距甚大。此種情形，與今日不同版本之同一書籍，其冊數可能有異的情況相同。

因此，〈性自命出〉之「簡冊」數量問題仍不可一以〈性情論〉爲準，而

〔註 52〕準此，就上博〈性情論〉抄寫的情況觀之，其各段落之間並無另起新行書寫的情況，故當爲「一篇」無疑。

須回歸至〈性自命出〉之抄寫情況討論。

如上所述，廖名春及陳偉均主張〈性自命出〉可分爲三編，理由如下：

1. 郭店本簡 49 末端之標示符號爲分篇符號「し」。廖名春說：

> 從形式上說，簡 49 的末端有兩點有別於簡 35 和簡 67。一是沒有留空，二是標誌有異。沒有留空，可能與簡文書寫到簡末剛好完結有關，在上海簡簡 41，「斯有過，信矣」後就留 40 多字的空。所以，在郭店簡裏，簡 49 簡文末未留空應該是出於偶然。郭店簡簡 49 末的標誌較簡 35 和簡 67 小，但仔細觀察，似乎與一般句尾的標誌也有不同，好像也是「し」（引者案：限於電腦排版，廖文所劃符號，其形狀與此不同，但所指即「分篇符號」，下同）形，只是較小而上部又欠清楚。（自注云：「由於是黑白照片，看得不太清楚。不能保證無誤。」）但在上博簡簡 41，其標誌作「乙」形（引者案：亦指「分篇符號」），明顯不是一般句尾符號，其作用當與郭店簡簡 35 和簡 67 的「し」形同。因此，筆者認爲它也是分篇的標誌。〔註 53〕

以上，乃就使用符號言「簡 36-簡 49」與「簡 50-簡 67」不屬同篇。

2. 上述編連組中，末兩組（簡 50-簡 67、簡 36-簡 49，亦即廖、陳所謂之中、下兩篇）之次序在郭店及上博本中正好相反，而郭店、上博二本文句之差異處，皆出現於郭店本各編編末。針對此一問題，陳偉認爲：

> 對造成這些情形的原因，可以有多種推測。而就書諸簡冊的文本而言，最容易發生的，大概是簡冊的失序以致竹簡的缺佚。在這種場合，原本同爲一編的竹簡，出現錯亂、失序的可能性最大；原本位於一編之首或之末的竹簡，丟失的可能性最大。從這一推測出發，簡書的三部分很可能原本或曾經分作三編。相應地，這三部分簡書分作三篇的可能性也就要更大一些。〔註 54〕

關於以上諸點，本文以爲：第一、廖氏所提簡 49 末符號之問題中，空間問題屬巧合性問題，無法討論；而符號形狀又因照片清晰度的緣故而無法保證。然則，其認爲簡 49 末端符號當即分篇符號「し」的主要原因爲〈性情論〉同處有之。其實，〈性情論〉此處有分篇符號「し」乃因其爲末簡，並不代表〈性

〔註 53〕載廖名春前揭書頁 217。

〔註 54〕載陳偉前揭文。

自命出〉必須在此處分篇，正如〈性自命出〉末簡的「乚」符號並不出現在〈性情論〉一樣。此外，筆者據文物出版社「《簡帛書法選》編輯組」所出版之放大本〈性自命出〉所載，簡49末端之符號與一般的斷句符號相同，並非廖氏所言爲字體較小之分篇符號「乚」〔註55〕。第二、就先秦典籍之流傳狀況言，陳偉之說甚爲合理。唯如上所述，先秦文本之抄寫「編數」相當靈活，故依其說，只能認爲今稱爲〈性自命出〉或〈性情論〉之文本在流傳的過程中曾經以「三編」的形式流傳過。因此，在尚無其他證據出現以前，〈性自命出〉之分篇問題，仍須從郭店本本身推敲，而視爲同篇文獻之上、下兩「編（篇）」爲宜。

現在，讓我們回歸到簡本典籍段落安排不同的問題上。從以上的討論可知，造成簡本典籍諸抄本間段落安排次序有所差異的因素之一，乃與當時之文獻載體——「簡冊」之分合有關。儘管如此，但時人並無尊重文獻內容完整性之觀念，亦爲造成此種篇章分合的心理背景。

三、簡本典籍「演化論」

總上所述，可以發現面對簡本典籍文字的實際記載，書寫者多非以直接修改的方式改變簡本典籍的內容，而是透過「選擇性」取捨文字、語句與段落的方式，以使其內容更符合書寫者的解讀，而此種方式之所以有運用的空間，乃因簡本典籍內容的難以規範所致。故而，簡本典籍內涵的「轉移」，乃與書寫者的心理狀況有直接關係。本文以爲，簡本典籍內涵之「轉移」方式似如生物學中環境對物種演化的影響——透過「書寫者心理」的篩子，不同環境可篩選出典籍之特殊風貌。說詳下。

在討論之前，必須對「演化」一詞稍作說明。「演化」一詞借自生物學中「物種演化」的觀念；用之於簡本典籍上，乃可指其在流傳過程中因內容之更動所造成之內涵「轉移」。達爾文認爲，物種在演化的過程中，經環境的篩選後，最後會保留適合該環境的「顯性特徵」，而去除不利於生存在該環境之「顯性特徵」。其說可化約如下：

第一、物種內之個體，其所具之「顯性特徵」有所不同。

第二、在同一環境中，具有某些「顯性特徵」之個體較易生存；而不具

〔註55〕載《簡帛書法選》編輯組編，《郭店楚墓竹簡・性自命出》（北京：文物出版社，2002年12月），頁49。

該「顯性特徵」者較不易生存。因此，同一物種在不同環境下，其個體留存之「顯性特徵」亦不相同。

第三、經過許多代的繁衍後，物種內所留存的個體皆具適合該環境的「顯性特徵」。

以上幾點在簡本典籍流傳的過程中，均可找到相應的狀況：

第一、簡本典籍之不同抄本，其文句、用字可能有所不同。尤有甚者，其段落次序之安排亦可能不同，如〈性自命出〉與〈性情論〉對篇中段落次序安排之不同等等。

第二、在某些環境中，簡本典籍內之某些字詞文句較易被人接受而保存下來，如上博、郭店本〈緇衣〉第二十三章引孔子之言時稱「宋人」，而不似傳世本稱「南人」；某些字詞文句則可能被省略或刪除，如上博、郭店本〈緇衣〉第九章引詩較傳世本少「行歸於周」一句。

第三、不同環境可能透過對抄手思想、觀念的影響而對簡本典籍的內容產生指引性作用，如：《大戴記．曾子立孝》「故爲人子」以下一章僅提及對「臣」、「子」、「弟」等「在下位者」之規範，而不似內容相近之〈內豊〉，兼述「君臣」、「父子」、「兄弟」，亦提及「在上位者」之規範。久而久之，流傳於該地區之簡本典籍即會呈現出某種特定的面目。〔註56〕

然則，環境對物種個體之篩選過程，頗似簡本典籍在傳抄過程中內涵的「轉移」過程，故簡本典籍內涵之「轉移」，其模式或有與生物學所言之「演化論」相通之處。

四、小　結

本節寫作的目的，在於透過對上博楚簡「禮記類」文獻與其他可對應文獻間之異文分析，論述書寫者如何對簡本典籍的內容產生影響。於此，本文首先提及造成簡本典籍之異文之「心理因素」及「物質因素」。其次、分別針對「文字層次」、「文句層次」與「段落層次」，舉例說明典籍之異文及內涵「轉移」之現象。最後、發現簡本典籍內涵的「轉移」多在一次次的傳抄中逐漸

〔註56〕由此觀之，今人在引用《禮記》等傳世文獻以討論戰國儒家思想時，或許應該注意以下幾點：其一、作思想闡述時，儘量以全篇或全章之章旨爲主，不要引隻言片語以爲證。其二、若所欲表達之觀念僅存見於個別文句，則須對此文句是否足以反映原貌一事加以考察。

完成，其模式頗似生物學中之「演化論」。

第二節　上博楚簡「禮記類」文獻與傳世文獻考論

上博楚簡「禮記類」文獻之文獻學價值，最簡而易見者莫過於以之校對內容相近之傳世本文獻。舉例而言，秦樺林在〈楚簡《君子爲禮》札記一則〉〔註 57〕中指出上博楚簡之價值有：

第一、清汪中在〈賈誼《新書》序〉中認爲《新書・容經》以下則皆古禮逸篇與其義，而〈君子爲禮〉中所載君子舉止之規範與〈新書・容經〉有所符合，可見汪中所云有其道理。

第二、上博楚簡中有不少內容與《大戴記》相關，如〈孔子詩論〉簡 19 可與《大戴記・文王官王》相印證；〈內禮〉內容多與《大戴記・曾子立孝》相關；〈三德〉開頭與《大戴記・四代》所謂以三才之德配陰陽刑德的表達較相似。

以上，秦氏所云〈孔子詩論〉簡 19 可與《大戴記・文王官王》相印證，以及〈三德〉開頭與《大戴記・四代》所謂以三才之德配陰陽刑德的表達較相似的部分，爲古籍常有現象，不必深論。然其論〈君子爲禮〉及《新書》的部分，以及〈內禮〉與〈曾子立孝〉的關係則值得注意。

循此理路，本節擬以「提供校定傳世文獻內容及成書過程之線索」爲題，討論上博楚簡「禮記類」文獻對認識傳世文獻（以《禮記》及《大戴禮記》爲主）內容及成書過程之幫助。必須說明的是，以楚地所傳之典籍文獻校定傳世本文獻，其間之異文現象固然可能如前節所述，乃該經典流傳於楚地後所形成之特殊面貌所致。但另一方面，傳世文獻（如大、小戴《記》）依史載（詳下）亦多源自地下材料，故後者內容之正確性仍存在許多討論空間。因此，面對二者之異文現象，乃須個別審視，以推求其因。本節所述，即大抵聚焦於簡文對傳世文獻內容之校正。總言之，上博楚簡「禮記類」文獻可與傳世文獻可以比對之篇章有三：其一爲〈緇衣〉與《禮記・緇衣》（此一部分可並參郭店楚簡〈緇衣〉）；其二爲〈民之父母〉與《禮記・孔子閒居》、《孔子家語・論禮》；其三爲〈內豊〉與《大戴記・曾子立孝》、〈曾子事父

〔註 57〕參秦樺林，〈楚簡《君子爲禮》札記一則〉，「簡帛網」2006 年 2 月 22 日。http://www.bsm.org.cn/show_article.php?id=220。

母〉。透過與簡文的校對，可以讓今人對傳世文獻有更進一步的瞭解，以下分而述之。〔註 58〕

一、上博、郭店本〈緇衣〉與《禮記・緇衣》

上博楚簡「禮記類」文獻中與傳世文獻內容最爲接近者爲〈緇衣〉一篇，除若干文句之次序與使用之文字有所不同，其內容大抵與傳世本《禮記・緇衣》相近。此外，〈緇衣〉一篇亦出現在郭店楚簡中，其內容大體與上博本相同。藉由三本〈緇衣〉的校對，當可使今人對《禮記・緇衣》的文獻形成過程及其內容有進一步瞭解。

此外，上博〈緇衣〉的出現，對於我們理解傳世本〈緇本〉的文獻形成過程有所幫助：郭店〈緇衣〉發表後，即有學者針對傳世本的錯簡問題提出討論，例如：周桂鈿〔註 59〕即認爲傳世本中第七、八章的形成乃因錯簡所致；刑文〔註 60〕認爲傳世本第一章乃〈表記〉誤入，而傳世本第五章引《詩》文句原屬第四章，今置於第五章也係錯簡誤入所致。儘管上述學者所論皆有理據，但郭店本文句章節之安排是否較傳世本優，乃成爲此一問題的關鍵。因爲若設定郭店本之安排較合理，則傳世本中與其相異之處自可因而更正，但在無他本參考的情況下，亦不能排除傳世本文句章節亦有其根據的可能。而上博本〈緇衣〉的出現，正可爲此一問題提供有力證據，因爲上博本與郭店本二者之內容文句及章節次序基本相同，可見此種內容的安排在當時已有其固定性。因此，傳世本中其內容與郭店、上博二本不同者，基本上亦當以簡本爲標準。然則，上博本〈緇衣〉的出現對於今人理解傳世本〈緇衣〉即提供了有力的直接證據。

在此一基礎下，又有學者進一步的對傳世本〈緇衣〉的編纂問題提出其說，如夏含夷〔註 61〕即認爲可據簡本而對傳世本〈緇衣〉的編纂過程提出四

〔註 58〕此外，簡文的出現對於解讀其他傳世文獻亦有所幫助，例如〈仲弓〉篇中對於「先之」二字有更爲詳細的申論，對於釐清《論語》中此句文意的理解提供了重要線索。

〔註 59〕〈郭店楚簡《緇衣》校讀札記〉，《中國哲學》（瀋陽：遼寧教育出版社，1999 年 1 月），頁 204～220。

〔註 60〕〈楚簡《緇衣》與先秦禮學〉，《郭店楚簡國際學術研討會論文匯編（第二冊）》（武漢：武漢大學，1999 年 10 月 15～18 日），頁 33～42。

〔註 61〕夏含夷，〈試論《緇衣》錯簡證據及其在《禮記》本《緇衣》編纂過程中的原因和後果〉，《新出土文獻與古代文明研究》（上海：上海大學出版社，2004

個推論：

第一、郭店本和上博本比《禮記》本更接近《緇衣》的原來原貌，《禮記》本的出入大概是由後人編輯錯了而來的。

第二、當《禮記》本《緇衣》經過最後編定之時，無論是郭店本還是上博本都不在世（兩本顯然已埋在地下）。

第三、《禮記》編者所利用的底本像戰國秦漢大多數的典籍一樣是寫在竹簡上的。

第四、《禮記》本的編者所利用的底本不像郭店本和上博本那樣從頭到尾從一條簡到另一條簡是連接寫的，反而每一章都在一條簡上頭重新開始。因爲每一章都始於新簡上，底本的編綫假如折斷，簡條分散，編者就沒有語言方面上下文的聯繫將之再連接起來，只能根據他自己對每一章的內容的了解來安排次序。

此外，夏氏還在文中針對傳世本錯簡文句的字數，推算當時之每枚竹簡所能容納的字數。（此種推論亦見於虞萬里前揭文，略言之，虞氏乃從錯簡字數及傳世本較簡本所多字數推論傳世本之簡長，但仍有若干無法解決之問題。〔註 62〕）夏氏所論雖屬推論，且部分推論恐有矛盾〔註 63〕，但大體合理可信。其中，關於第二點的推論，可以稍加補充：所謂簡本已埋在地下，指的是傳世本〈緇衣〉並無另一傳本可資參考，否則兩相對照，其簡序當可得知，不致有錯簡或誤入其他文獻之內容於其中的情況。

與簡序問題一樣，自郭店本〈緇衣〉出土後，學者取之以與傳世本〈緇衣〉進行校對，得到許多成果。上博〈緇衣〉問世後，其中部分文字又與郭店本不同，學者比對三種本子，對於傳世本〈緇衣〉的文字校對更有幫助。

年 12 月），頁 287～296。

〔註 62〕參林素英，〈從施政策略論〈緇衣〉對孔子理想君道思想之繼承——兼論簡本與今本〈緇衣〉差異現象之意義〉，《哲學與文化》（臺北：哲學與文化月刊，2007 年 3 期），頁 15～34。

〔註 63〕例如：其認爲傳本是以每章另起新簡的方式而抄，但在論證錯簡現象時又認爲時人將部分留白簡誤入某些章節中，如傳世本第五章《詩》云：「赫赫師尹，民具爾瞻。」；第八章《詩》云：「愼爾出話，敬爾威儀。」；末章〈兑命〉曰：「爵無及惡德，民立而正，事紀而祭祀，是爲不敬。事煩則亂，事神則難。」等文句。據所論，則上述文句所載竹簡或一枚或二枚，而其下當皆有留白。若傳世本的抄寫是以各章另起新簡的方式，編纂者當不致將之誤置於各章之中，而形成該章中間部成亦出現下部留白的情況。

此外，簡文中引用《詩》、《書》等典籍的文句，亦可作爲校對傳世本《詩經》、《尚書》的材料，廖名春〔註64〕、張玉金〔註65〕、林素清〔註66〕、王平〔註67〕、吳榮曾〔註68〕等學者皆有此方面之研究。舉例而言，林素清在〈利用出土戰國楚竹書資料檢討《尚書》異文及相關問題〉一文，即利用各種出土資料檢討《尚書》文句。其中，上博、郭店二簡本〈緇衣〉所引者甚多。在將上博、郭店本〈緇衣〉所引《尚書》文與各種傳世《尚書》比較後，林文認爲簡本「提供我們對於《尚書》文字釋讀、斷句方式和文義通讀等不少新的認識」，並歸納了簡本對《尚書》文字釋讀的五種幫助：其一、校正錯訛字；其二、了解同音通假字；其三、確認古今字；其四、校正經文句讀；其五訂正脫文、衍文。所論者雖限於所引《尚書》之文，但其情況當亦可類推於校對傳世本〈緇衣〉。今引所見學者以簡本校〈緇衣〉之例，以說明簡本對傳世本之校對成果：

第一、廖名春認爲傳世本第 11 章所引「葉公之顧命」篇，依簡文例當亦出自先秦《尚書》。〔註69〕

第二、彭浩在上博〈緇衣〉尚未發表時即認爲傳世本〈緇衣〉中凡郭店本所無章節或引文，皆爲後人所增。〔註70〕

第三、傳世本第 15 章：「民是以親失，而教是以煩」，郭店、上博二本皆作「教此以失，民此以繁」，王師金凌認爲傳世本「親失」不成義，疑蒙上文「大人不親其所賢」之「親」字而衍。〔註71〕

〔註64〕參廖名春，《新出楚簡試論》（臺北：台灣古籍出版有限公司，2001 年 5 月）第二章「郭店楚簡引《詩》論《詩》考」，第三章「郭店楚簡引《詩》論《詩》考」又，廖名春，〈郭店楚簡《緇衣》引《書》考，《西北大學學報》（哲社版），2000 年 2 月，頁 57～58。

〔註65〕張玉金，〈《尚書》新證八則〉，《中國語文》（北京：中國語文編委會 2006 年 3 期），頁 256～261。

〔註66〕林素清，〈利用出土戰國楚竹書資料檢討《尚書》異文及相關問題〉，《龍宇純先生七秩晉五壽慶論文集》（臺北：學生書局，2002 年），頁 79～100。

〔註67〕參〈上海博物館藏《戰國楚竹書・緇衣》引詩異文考〉。

〔註68〕吳榮曾，〈《緇衣》簡本、今本引《詩》考辨〉，《文史》第 3 輯（北京：中華書局，2002 年 8 月），頁 14～18。

〔註69〕載〈郭店楚簡引《書》論《書》考〉、〈郭店楚簡《緇衣》引《書》考〉。

〔註70〕彭浩，〈郭店楚簡《緇衣》的分章及相關問題〉，《簡帛研究》第 3 輯（南寧：廣西教育出版社，1998 年 12 月），頁 44～49。

〔註71〕王金凌，〈《禮記・緇衣》今本與郭店、上博楚簡比論〉，《新出楚簡與儒家思想論文集》（臺北：輔仁大學文學院，2002 年 7 月），頁 1～33。

第四、傳世本第 25 章：末有引《易》之文：「《易》曰：『不恒其德，或承之羞。恒其德，偵，婦人吉，夫子凶。』」爲郭店、上博二本所無，王師金凌疑爲後人所增。〔註 72〕案：王師之說可從，從其內容觀之，此文可用以說明其前之「南人有言曰：『人而無恒，不可以爲卜筮。』當爲注文纂入。

第五、傳世本第 17 章：引《尚書・君雅》曰：「夏日暑雨，小民惟曰怨。資冬祁寒，小民亦惟曰怨。」其中「日」字上博、郭店本皆作「日」，學者多認爲傳世本誤。

以上，爲筆者所見以簡本校對傳世本〈緇衣〉之例（未見者不知凡幾）。其說容有討論空間，然簡本可提供今人校對傳世本〈緇衣〉一事，則當無疑義。

二、〈民之父母〉與《禮記・孔子閒居》、《孔子家語・論禮》

上博楚簡「禮記類」文獻中，全篇內容有傳世本文獻可對照者除前節所述〈緇衣〉外，尚有〈民之父母〉一篇。其內容略與《禮記・孔子閒居》全篇及《孔子家語・論禮》不含末段之其他部分相同。（爲行文方便計，以下各稱爲「簡本」、「《禮記》本」與「《家語》本」。一般認爲，簡文的問世對於瞭解傳世二本的內容及其成篇過程有所幫助。其中，《禮記》與《孔子家語》之成書問題乃爲學界久懸之公案，故〈民之父母〉與傳世二本間之關係，尤爲重要。職是，下文擬以三者之關係問題爲綱，以簡本對傳世二本個別字句之校定爲緯，進行討論，以點出簡本之文獻價值。

（一）學者對於三者關係的說法

由於〈民之父母〉與《禮記・孔子閒居》與《孔子家語・論禮》有可對應內容，故其問世之後，立即引發學者對於此三者間關係之討論。然而，在學者尚無專文討論此一問題以前，即有學者在考釋〈民之父母〉個別文字時提出《禮記》本的錯簡問題，如陳劍〔註 73〕、方旭東〔註 74〕（詳下）。其後，寧鎮疆〈由《民之父母》與定州、阜陽相關簡牘再說《家語》的性質及成書〉

〔註 72〕王金凌，〈《禮記・緇衣》今本與郭店、上博楚簡比論〉，《新出楚簡與儒家思想論文集》（臺北：輔仁大學文學院，2002 年 7 月），頁 1～33。

〔註 73〕參陳劍，〈上博簡《民之父母》「而得既塞於四海矣」句解釋〉，「簡帛研究網站」2003 年 1 月 18 日。http://www.bamboosilk.org/Wssf/2003/chenjian03.htm。

〔註 74〕參方旭東，〈上博簡《民之父母》篇論析〉，《上博館藏戰國楚竹書研究續編》（上海：上海書店出版社，2004 年 7 月），頁 256～276。

〔註 75〕一文，即著眼於簡本及傳世本，以及二傳世本間的差異，論述三者關係。簡言之，寧氏全篇之立論乃從「文獻創生梯次」的觀念，論述《家語》本與《禮記》本二者關係，指出二者相異之處，簡本皆同後者：其一、〈民之父母〉「五起」一段，《家語》僅載「二起」，佚「三起」；《禮記》本則與簡本同有「五起」。其二、「五起」末句《家語》本作「無聲之樂，所願必從；無體之禮，上下和同；無服之喪，施及萬邦」。《禮記》本所載則與簡本基本相同（詳下）。職是，寧氏認爲《家語》本乃《禮記》本的「次一級文獻」。

此外，徐少華〈竹書〈民之父母〉的文本比較及相關問題分析〉〔註 76〕一文所論雖非僅限於三者之關係，但對此一問題亦頗多著墨。簡言之，徐文認爲《家語·論禮》乃合《禮記·仲尼燕君》與〈孔子閒居〉兩篇所成，但其所採者與傳世本《禮記》各自不同，而傳世本《禮記》、《家語》本皆非鄭玄、王肅原貌，故今所見之《禮記》本較《家語》本接近簡本之處，以及《家語》本較《禮記》本接近簡本之處，皆可能涉及後人纂改問題。

以上，陳劍、方旭東所提之錯簡問題，可合理解釋《禮記》、《家語》本中若干段落或文句之不合理情形，大抵可從。而寧鎮疆所提之「文獻創生梯次」觀念，驗之於簡本及傳世二本之關係，亦若合符節。然而，純粹以此模式理解三者關係，又無法解釋簡本部分內容同於《家語》，而異於《禮記》之情況。因此，本文以爲，寧氏所提固有可取之處，然其模式仍待調整。至於徐少華所提鄭、王之後後人纂改的問題，由於《禮記》與《孔子家語》二書的成書時間距今至少都在千年以上，其內容是否經過後人改動的問題難以考察，故今所見之傳世本，其內容是否與史籍所載者相同，乃非本節所論。此處針對三者異文現象分析，所涉及之推論乃僅及於今所見傳世本。以下，即針對上述學者所提一一討論。

（二）三者異文現象分析及簡本對傳世本之校定

大體而言，簡本與傳世二本的異文現象，除個別字句之不同外，以下兩點乃爲全篇中差異較爲明顯，而對三者關係之釐清有所助益者：其一爲由簡本「而㝵（得）既塞於四海（海）矣」句位置與傳世二本之不同，所引發之「錯

〔註 75〕寧鎮疆，〈由《民之父母》與定州、阜陽相關簡牘再說《家語》的性質及成書〉，《上博館藏戰國楚竹書研究續編》（上海：上海書店出版社，2004 年 7 月），頁 277～310。

〔註 76〕徐少華，〈竹書〈民之父母〉的文本比較及相關問題分析〉，《出土文獻研究方法論文集》（臺北：臺灣大學出版社，2005 年 9 月），頁 289～306。

簡」問題；其二爲三本間「五起」內容的異文問題。以下依次討論：

第一、傳世本之「錯簡」問題：前節提及簡本典籍內容差異的物質影響時，曾舉出傳世二本的「錯簡」問題。爲討論方便計，今將二者相關內容摘錄於下：

> 子𣅀（夏）曰：「敢𦖞（問）可（何）胃（謂）『五至』？」孔=（孔子）曰：「『五至』𢑭（乎）？勿（物）之所至者，志亦至安（焉）；志之〔簡 3〕【所】至者，豊（禮）亦至安（焉）；豊（禮）之所至者，樂亦至安（焉）；樂之所至者，㥏（哀）亦至安（焉）；㥏（哀）樂相生。君子〔簡 4〕㠯（以）正，此之胃（謂）『五至』。」（上博本）

> 子夏曰：「民之父母既得而聞之矣，敢問何謂五至？」孔子曰：「志之所至，《詩》亦至焉。《詩》之所至，禮亦至焉。禮之所至，樂亦至焉。樂之所至，哀亦至焉。哀樂相生。是故正明目而視之，不可得而見也。傾耳而聽之，不可得而聞也。志氣塞乎天地。此之謂五至。（《禮記》本）

> 子夏曰：「敢問何謂五至？」孔子曰：「志之所至，《詩》亦至焉；《詩》之所至，禮亦至焉；禮之所至，樂亦至焉；樂之所至，哀亦至焉。《詩》禮相成，哀樂相生，是以正明目而視之，不可得而見；傾耳而聽之，不可得而聞。志氣塞于天地，行之充於四海，此之謂「五至」矣。（《家語》本）

以上，爲簡本與傳世二本「五至」一段之內容，可以發現，簡本並無「正明目而視之」云云諸句，而是出現在「三無」一段之中：

> 孔=（孔子）曰：「『三亡（無）』𢑭（乎）？亡（無）聖（聲）之樂，亡（無）𩪖（體）〔簡 5〕之豊（禮），亡（無）備（服）之𠷎（喪），君子㠯（以）此皇（橫）于天下〔註 77〕。奚（傾〔註 78〕）耳而聖（聽）之，不可㝵（得）而𦖞（聞）也；明目而視之，不可〔簡 6〕㝵（得）

〔註 77〕「君子㠯（以）此皇（橫）于天下」，傳世本無，方旭東認爲前文已經出現過「㠯（以）皇（橫）于天下」（簡 2），故此處當刪。參方旭東，〈上博簡《民之父母》篇論析〉，《上博館藏戰國楚竹書研究續編》（上海：上海書店出版社，2004 年 7 月），頁 256～276。

〔註 78〕「奚」字，原釋讀爲「繫」；劉樂賢、何琳儀、黃德寬、孟蓬生依傳世本讀爲「傾」，可從。林素清釋作「昊」。

而視〈見〉也，而𠭁（得）既塞於四海（海）矣，此之胃（謂）『三亡（無）』。」〔簡 7〕

關於上述異文，學者有以下分析：

1. 傳世本「是故正明目而視之，不可得而見也。傾耳而聽之，不可得而聞也。志氣塞乎天地。」等文句位置置於講述「五至」一段之後當爲錯簡所致。詳言之，上博〈民之父母〉「而𠭁（得）既塞於四海（海）矣」句，《禮記》、《孔子家語》本皆作「志氣塞乎天地」。陳劍、方旭東指出傳世本此句位置皆置於講述「五志」一段之後，與簡本置於「三本」一段一後不同，就文意言簡本較勝，而傳世本之誤置乃因錯簡所致，並疑傳世本因錯簡之後前後文意難以銜接，而刪「而」、「矣」二字，並將「得既」二字改爲「志氣」。

2. 陳劍指出，同篇「明目而視之」句，《禮記》、《家語》本作「正明目而見之」，多一「正」字，意殊難解，且與其前的「傾耳而聽之」失對，而簡文中正有「君子以正」句，故此處多一「正」字當是錯簡所致。陳麗桂師亦有相同見解，並從「表述形式」與「義理結構」比較簡本與傳本，發現「就句法形式言，簡文的表達相當穩定而整齊……《孔子閒居》與《論禮》則不然」，並引上博〈性情論〉、《禮記・樂記》之文說解「五至」內涵，以證簡本及傳世本二者之異處，當從簡本爲是。〔註 79〕

3. 據前一點，彭裕商推論其母本單枚簡約可載 27～28 字，且《禮記》本孔子回答何謂三無「無聲之樂，無體之禮，無服之喪」之後可據簡本補入「君子以此橫于天下」10 字。〔註 80〕此外，針對部分傳世本有而簡本無之文句，徐少華認爲乃傳世本所加，如下：其一、〈民之父母〉簡 3「敢問何謂『五至』？」一句，《禮記》本作「民之父母既得而聞之矣，敢問何謂五至？」徐少華認爲「民之父母既得而聞之矣」乃《禮記》據上下文而補入。其二、簡本簡 4「哀樂相生」前《家語》本多「詩禮相生」一句。

以上，陳劍、陳麗桂師說可從；彭、徐之說雖屬推測，但其論述尚稱合理，值得參考。

〔註 79〕參陳麗桂，〈由表述形式與義理結構論《民之父母》與《孔子閒居》及《論禮》之優劣〉，《上博館藏戰國楚竹書研究續編》（上海：上海書店出版社，2004 年 7 月），頁 236～250。

〔註 80〕參彭裕商，〈上博簡《民之父母》對讀《禮記・孔子閒居》〉，「簡帛研究網站」2004 年 3 月 13 日。http://www.jianbo.org/admin3/list.asp?id=1120。此亦爲上博簡得正校正傳世文獻之一例。

第二、簡本與傳世二本「五起」一段異文現象：除前舉因錯簡而造成之字句差異外，簡本、《禮記》本、《家語》本三者「五起」一段，所載內容皆不同。爲明眉目，今將三本「五起」一段之內容表示如下：

序號	簡本	《禮記》本	《家語》本
1	無聲之樂，氣志不違； 無體之禮，威儀遲遲； 無服之喪，內恕巽悲。	無聲之樂，氣志不違； 無體之禮，威儀遲遲； 無服之喪，內恕孔悲。	無聲之樂，氣志不違； 無體之禮，威儀遲遲； 無服之喪，內恕孔悲。
2	無聲之樂，塞于四方； 無體之禮，日就月將； 無服之喪，純德同明。	無聲之樂，氣志既得； 無體之禮，威儀翼翼； 無服之喪，施及四國。	缺
3	無聲之樂，施及子孫； 無體之禮，塞于四海； 無服之喪，爲民父母。	無聲之樂，氣志既從； 無體之禮，上下和同； 無服之喪，以畜萬邦。	無聲之樂，所願必從； 無體之禮，上下和同； 無服之喪，施及萬邦。
4	無聲之樂，氣志既得； 無體之禮，威儀翼翼； 無服之喪，施及四國。	無聲之樂，日聞四方； 無體之禮，日就月將； 無服之喪，純德孔明。	缺
5	無聲之樂，氣志既從； 無體之禮，上下和同； 無服之喪，以畜萬邦。	無聲之樂，氣志既起； 無體之禮，施及四海； 無服之喪，施于孫子。	缺

以上，《家語》本「五起」部分僅載「二起」，且其中「一起」之內容與簡本、《禮記》本有較大的差異；《禮記》本雖有「五起」的文句，但與簡本有明顯差異。爲討論方便計，下文依簡文順序將此五段依序稱爲「第一起」至「第五起」。必須說明的是，《家語》本「五起」雖佚「三起」，但其於所存二起文句後云「既然，而又奉之以三無私而勞天下，此之謂五起。」則以「三無私」補入所佚「三起」，以合「五起」之數。從表中可知，簡本與《禮記》本「第一起」同；簡本的「第二起」爲《禮記》本的「第四起」；簡本的「第三起」爲《禮記》本的「第五起」而語序、內容有所不同；簡本的「第四起」爲《禮記》本的「第二起」；簡本的「第五起」爲《禮記》本的「第三起」。因此，依簡本次序，《禮記》本「五起」之排列順序爲：1→4→5→2→3。此種現象，寧鎮疆認爲乃錯簡所致；徐少華認爲另一種可能是後人有意調整。至於二者之文句安排，原釋認爲簡本較有規律而《禮記》本較爲雜亂無章，方旭東認爲其他三處述及「無聲之樂」的段落皆以「氣志既 X」接續，故句序當從《禮

記》本。〔註 81〕案：若爲有意調整，當不會有文句內容差別甚大的情況產生（如簡本「第三起」與《禮記》本「第五起」之異文）。合理的解釋是，簡文此處因編繩斷裂而造成簡文有所殘佚，故漢人以己意排列簡文，並補入缺文。然則，此處文句與前所述「三無」處一樣，皆經漢人整理後修改，故與簡本不同。

針對以上錯簡現象，寧鎮疆認爲「《禮記》、《家語》的編者並沒有見到竹書這樣組織嚴密、相對原始的本子，否則就不會重組得這樣文理不通」，且「《禮記》與《家語》錯誤的一致性表明，它們應該是秉之相同的本子。當然，也不排除一方襲取另一方的可能，但就大的方面來說，它們應該屬同一系統。」其說大抵可從。

必須補充的是，儘管《家語》本與《禮記》本的內容有所差別，但仍不影響二者之文章結構相同一事：部分內容用字遣詞構句的差異，可視爲在傳抄期間所造成的異文現象，固無須論；較重要者，乃爲「五起」一段，《家語》本較《禮記》本少了「三起」的文句，而《家語》本所缺之「三起」，對照《禮記》本，其內容亦與簡本有較大的出入。於此，合理的推論是，二者在校定時所依據的傳本雖亦屬古本，但其竹簡有所殘佚、簡序須重新整理。面對這種殘佚的情況，《禮記》本選擇依上下文例補入文句，而《家語》本則從缺並補入「三無私」一段，以足「五起」之數。此種情況正如今人從事整理方案時的選擇：有的選擇從缺，有的則選擇「補文」。不過可以確定的是，無論何種情況，《禮記》、《家語》二本所依據的傳本當爲同一來源，否則縱使個別文句、字詞有所差異，當不致出現整段異常之處相同的情況。

至於傳世二本之關係，如前所述，寧文指出簡文第三起的文句，傳世二本文句雖有差異，然與簡本相較，二者之關係仍較近，並據此推論《家語》本乃《禮記》本的「次一級文獻」。寧氏之說符合簡本文獻的流傳現象，值得參考。以博楚簡「禮記類」文獻爲例，凡僅有部分章節與傳世本可對應者，皆置於全篇之首，如〈內豊〉與《大戴記・曾子事父母》、〈曾子立孝〉；〈民之父母〉與《禮記》本、《家語》本。此種現象或與時人慣於增附相關內容的文字於某些章節之後的習慣有關。（〈緇衣〉後增附關於《易》之文句，即屬此類。）凡此，皆可作爲例證，補充其說。

〔註 81〕參方旭東，〈上博簡《民之父母》篇論析〉，《上博館藏戰國楚竹書研究續編》（上海：上海書店出版社，2004 年 7 月），頁 256～276。

但是據前所述，《禮記》本「五志」部分既有錯簡、缺佚，則內容之可靠性即待考察；從另一個角度觀之，《家語》本缺此處文句，可說在某種程度下反映了祖本此處有所殘佚的狀況。此外，從三者的比對中可以發現，《家語》本部分字詞文句較《禮記》本更接近竹簡本，如：

第一、全篇開頭《禮記》本作「孔子閒居」，《家語》本作「子夏侍坐於孔子」，簡本作「子夏問於孔子」。

第二、簡 9-10「其在語也，快矣！宏矣！大矣！盡於此而已乎？」一句，《禮記》本作「言則大矣、美矣、盛矣」，《家語》本作「言則美矣大矣」，林素清〔註 82〕認爲就內容而言後者較近簡本，而認爲《孔子家語》「有一部分內容確是傳自先秦的。惟因流通的時代較晚，當時《禮記》早己盛行，於是第三句被改從《禮記》。」

第三、簡 3「敢問何謂『五至』？」一句，《禮記》本作「民之父母既得而聞之矣，敢問何謂五至？」，《家語》本作「敢問何謂五至？」徐少華認爲「民之父母既得而聞之矣」乃《禮記》據上下文而補入。

第四、簡 7「而得既塞於四海矣」句，《禮記》本作「志氣塞乎天地」，《家語》本作「志氣塞于天地，行之充於四海」，雖然多出一句，但仍保留「四海」一詞。

針對上述《家語》本較《禮記》本近於簡本的部分，徐少華認爲有兩種可能：其一、在《家語》編纂後，仍有後世學者更改《禮記》本內容，導致《家語》本保存了原貌；其二、《家語》本與《禮記》本所採之傳本不同，導致《家語》本保留較多的原貌。而針對以上兩種可能，徐少華認爲後者的可能性較大，理由是王肅既注過《禮記》，且欲與鄭玄抗衡，則必搜羅其時可見之《禮記》傳本。另一方面，鄭玄注《禮記》時，其所參考傳本亦多。然則，《禮記》、《家語》本中內容與竹簡本相同者，乃源自於二人所參之傳本；因取捨不同，故亦各自保存了原貌之部分內容。

總上，比較《家語》本與《禮記》二者，其間文句差異較大者皆發生在傳世本錯簡之處，且從《家語》本部分內容較接近簡本這一點看來，《家語》本並非直接抄自《禮記》本，而是另有所本。而所本者，當亦爲同篇文獻之不同傳抄本——今所見《禮記》爲鄭玄所定，鄭玄之時《禮記》諸篇即有不

〔註 82〕參林素清，〈上博（二）《民之父母》幾個疑難字的釋讀〉，《上博館藏戰國楚竹書研究續編》（上海：上海書店出版社，2004 年 7 月），頁 230～235。

同傳本〔註 83〕；王肅下鄭玄不遠，其能見之傳本當可與鄭玄相比，二者取捨不同，故有《家語》本近於簡本之情況。但是，從成書時代觀之，王肅既注過《禮記》，則其對《家語》本進行校對、整理工作時受《禮記》本影響，亦爲情理之事。換言之，《家語》本內容之形成亦不免受《禮記》本內容影響。

因此，《家語》本雖受《禮記》本影響，但並非直接抄錄《禮記》本成篇，其來源當溯自《禮記》本之前的傳本。換言之，《家語》本、《禮記》本當皆爲簡本之「次一級文獻」，而《家語》本又受《禮記》本影響，其關係可圖示如下：

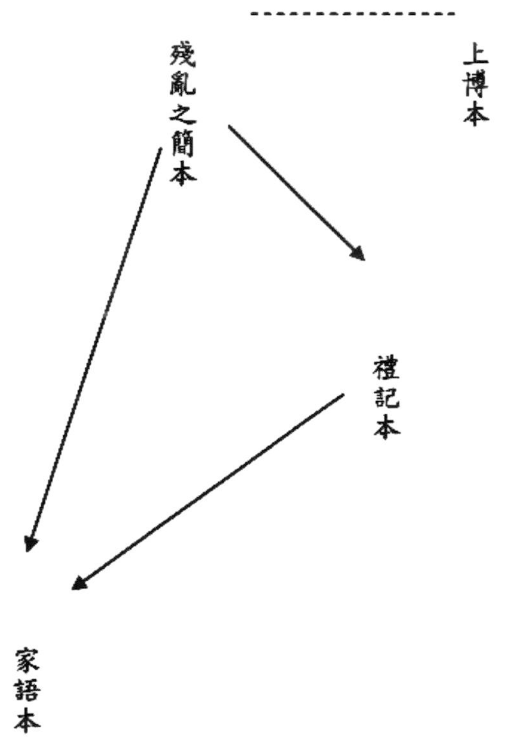

〔註 83〕楊天宇曾據《通典》所載「聞人通漢」及《說文》等者所引《禮記》文句與傳世本異文部分，以及《禮記》鄭注中往往有「某或爲某」、「某或作某」之注文，陳橋縱引其父陳壽祺之說云：「鄭氏《禮記注》，引出本經異文，及所改經字，凡言『或爲某』者，《禮記》他本也。」李雲光並曾統計鄭《注》全書，發現全書《注》中凡 206 條，且其中一字而有兩異文者凡 11 條。認爲「《禮記》一書在輾轉傳抄過程中，衍生出了許多不同的本子，蓋因傳抄者有意或無意地對其所抄之本進行改字、增刪所致。」參楊天宇，《鄭玄三禮注研究》（天津：天津人民出版社，2007 年 4 月），頁 167～168。

針對上圖，必須說明的是：

第一、傳世本《禮記》乃經鄭玄校定，且其校定時所用版本包含今、古文本（此處古文即戰國文字，故所謂古本者，乃戰國本）。在鄭玄之前，已有人對古文本作出整理，如劉歆，其所據之今古文本當皆出於同一來源。

第二、傳世本《家語》乃經王肅作注，並發表於當時，在此之前則沒沒無聞，故而，若今所見《家語》可以反映王肅所據本之原貌，則所載當經王肅之手。

第三、由《禮記》、《家語》本觀之，二者共同之祖本，其面目與上博本大抵相同，可視爲同一個系統，此處以虛線表示。

三、〈內豊〉與《大戴記》「曾子十篇」

上博楚簡「禮記類」文獻中，〈內豊〉（含〈昔者君老〉，以下徑稱〈內豊〉〔註 84〕）之中有兩大段，其內容分別與《大戴記・君子立孝》、《大戴記・君子事父母》相似，唯語句略異，可證《大戴記》中以「曾子」爲名的十篇（以下簡稱「曾子十篇」）中至少部分內容源自先秦舊籍，而爲重新審視《大戴記》曾子十篇之文獻性質提供新材料。換言之，上博〈內豊〉的問世，除可用以校定上述二篇部分段落之內容外，另一個重要價值即在提供今人重新審視《大戴記》「曾子十篇」文獻性質之線索。以下分而述之：

（一）〈內豊〉校對「曾子十篇」例

〈內豊〉在校對「曾子十篇」之內容，以及提供瞭解「曾子十篇」中部分篇章之成篇過程方面，可舉下列二例說明：

在內容校對的價值方面，例如：《大戴記・曾子事父母》一段「孝子無私樂，父母所憂憂之，父母所樂樂之」〔註 85〕，自方孝孺提出當作「孝子無私憂，無私樂」之說以來，阮元、朱彬、汪照多有討論，然由於無直接證據，故仍屬推測。而今，上博〈內豊〉載有類似文句：「君子事父母，無私樂，無私憂。父母所樂樂之，父母所憂憂之。」（內 6）可見方孝孺之說無誤。〔註 86〕

〔註 84〕〈內豊〉與〈昔者君老〉當爲同篇，參第四章第四節「〈內豊〉、〈昔者君老〉整理方案」。

〔註 85〕載《大戴禮記解詁》頁 86。

〔註 86〕以上關於方孝孺等人之說，參曹建敦，〈讀上博藏楚竹書《內豊》篇札記〉，「清華大學簡帛研究網－Confucius2000」2005 年 2 月 25 日。http://www.confucius2000.

此爲以〈內豊〉校定「曾子十篇」內容之一例。

在提供考察「曾子十篇」之成篇線索方面，例如：上博〈內豊〉載「與君言，言使臣；與臣言，言事君。與父言，言畜子；與子言，言孝父。與兄言，言慈弟，與弟言，言承兄。反此亂也。」（內 5－內 6）傳世本作「與父言，言畜子；與子言，言孝父；與兄言，言順弟；與弟言，言承兄；與君言，言使臣；與臣言，言事君。君子之孝也，忠愛以敬，反是亂也」〔註 87〕先論與父子言、次論與兄弟言，最後才論及與君臣言，與簡本不同。此外，傳世本此段文句之下作「君子之孝也，忠愛以敬，反是亂也」，簡本則徑作「反是亂也」。針對上述差異，可有的解釋是，傳世本此處編繩殘斷導致簡文散亂，而漢人整理文獻時，比照此段之前的文字〔註 88〕，將「與君臣言」移至「與父子、兄弟言」之後，又在「反是亂也」之前補入文字。此爲〈內豊〉提供「曾子十篇」成篇線索之一例。

（二）「曾子十篇」之來源問題

此外，在〈內豊〉問世後，部分學者，如黃開國〔註 89〕、梁濤〔註 90〕等開始注意到「曾子十篇」在思想史、學術史方面的史料價值，然對於二者之關係似無深論，今疏之如下。在此之前，有必要對「曾子十篇」之來源問題作一討論。

關於《大戴記》曾子十篇，傳統上認爲與〈漢志〉諸子略儒家類《曾子》一書有關。阮元云：

> 《大戴》十篇皆冠以「曾子」者，戴氏取《曾子》之書入于雜記之中，識之以別於他篇也。〔註 91〕

---

com/admin/list.asp?id=1629。又，曹建敦，〈用新出竹書校讀傳世古籍札記一則——上博簡《內豊》校讀《大戴禮記》一則〉，「簡帛研究網站」2005 年 3 月 6 日。www.bamboosilk.org/showarticle.asp?articleid=1078。又，黃人二，〈上博藏簡第四冊內禮書後〉，《古文字研究》第二十六輯（北京：中華書局，2006 年 11 月），頁 350～354。

〔註 87〕載《大戴禮記解詁》頁 81。

〔註 88〕參第四章第四節第二小節「事父母」。

〔註 89〕參黃開國，〈論儒家的孝道學派——兼論儒家孝道派與孝治派的區別〉，《哲學研究》（北京：中國社會科學院哲學研究所，2003 年 3 期）。

〔註 90〕參梁濤，〈「仁」與「孝」——思孟學派的一個詮釋角度〉梁濤，〈「仁」與「孝」——思孟學派的一個詮釋角度〉，《郭店竹簡與孟思學派》（北京：中國人民大學出版社，2008 年 5 月），頁 468～508。

〔註 91〕載阮元，《曾子十篇・敍錄》（北京：中華書局，1985 年，叢書集成初編），頁 2。

認爲「曾子十篇」乃取自《曾子》十八篇中之十篇。但是，關於《大戴記》曾子十篇與〈漢志〉儒家《曾子》一書的關係，王聘珍有不同看法，其云：

> 此以下十篇，題首並云「曾子」者，蓋曾子之後學者，論撰其先師平日所言立身孝行之要，天地萬物之理，同在古文《記》二百四篇之中，並出於孔氏壁中者也。《漢書藝文志》，儒家有《曾子》十八篇，班氏自注云：「名參，孔子弟子。」是即《禮記》中之本。自劉氏析群書爲《七略》，乃從《禮記》類中出之於儒家者流，《藝文志》乃因劉氏之舊耳。當日大戴定《禮記》，衹就《古文》二百四篇，或刪或取，未嘗汎及諸子也。〔註92〕

認爲《大戴記》曾子十篇與儒家《曾子》十八篇皆同出孔壁，而後者之成書，乃出之於前者。以上兩說，皆認爲「曾子十篇」與《曾子》書中之十篇內容相同，唯阮元認爲「曾子十篇」取《曾子》一書，而王聘珍認爲二者兼採自孔壁。由於《曾子》一書已佚，故今尚無討論此一問題的條件，不過，可以確定的是，二者間無論是何種關係：「曾子十篇」採自《曾子》一書，或《曾子》一書兼採「曾子十篇」及其他章篇，或「曾子十篇」與《曾子》一書各自有其來源、互不直接採用對方所載，而其內容相同者乃爲巧合，然而，其源頭皆爲漢代出土之戰國文獻，則爲其共識。

考《大戴記》中提名「曾子」之十篇，其體例、內容、思想大抵一致，當爲同一整體。因此，〈君子立孝〉與〈君子事父母〉二篇具先秦來源〔註93〕，已可補證阮、王之說。此外，「曾子十篇」中當有其他篇章有先秦來源者。梁濤嘗將戰國秦漢典籍中與「曾子十篇」可以對應之文句表列出〔註94〕，其中尤可注意者有以下兩條：

其一、《荀子・法行》載：

> 曾子病，曾元持足，曾子曰：「元！志之！吾語汝。夫魚鼈黿鼉猶以淵爲淺而堀其中，鷹鳶猶以山爲卑而增巢其上，及其得也必以餌。

〔註92〕載《大戴禮記解詁・目錄》，頁3～4。

〔註93〕將〈內豊〉中與〈曾子立孝〉、〈曾子事父母〉內容相應之段落比較，可以發現二者在文字語句上雖有小異，但內容主旨大抵相同。關於此種差異，如上所述，乃與後人的傳抄有關。

〔註94〕其作「先秦典籍引用《曾子》表」，將秦漢文獻與「曾子十篇」列表對應，唯所列典籍不限「先秦」，而「曾子十篇」與其他文獻之引用關係亦無討論，故所謂引用《曾子》，仍待商榷。

故君子能無以利害義，則恥辱亦無由至矣。」〔註95〕

相應內容見於《大戴記‧曾子疾病》，其載：

曾子疾病，曾元抑首，曾華抱足。曾子曰：「微乎！吾無夫顏氏之言，吾何以語汝哉！然而君子之務，盡有之矣。夫華繁而實寡者，天也；言多而行寡者，人也。鷹鶽以山爲卑，而曾巢其上，魚鼈黿鼉以淵爲淺，而蹷穴其中，卒其所以得之者，餌也。是故君子苟無以利害義，則辱何由至哉！」〔註96〕

其二、《呂氏春秋‧孝行》載：

曾子曰：「身者，父母之遺體也。行父母之遺體，敢不敬乎？居處不莊，非孝也。事君不忠，非孝也。莅官不敬，非孝也。朋友不篤，非孝也。戰陳無勇，非孝也。五行不遂，災及乎親，敢不敬乎？」〔註97〕

此段文字將人之諸種不善視爲不孝，而將不孝之內涵擴充至立身處事之各方面，乃戰國儒家中，某種持「以『孝』爲諸德根本」之說之學派所有（詳下）。相應內容見於《禮記‧祭義》及《大戴記‧曾子大孝》，後者載：

曾子曰：「是何言與！是何言與！君子之所謂孝者，先意承志，諭父母以道。參直養者也，安能爲孝乎！身者，親之遺體也。行親之遺體，敢不敬乎！故居處不莊，非孝也；事君不忠，非孝也；莅官不敬，非孝也；朋友不信，非孝也；戰陳無勇，非孝也。五者不遂，災及乎身，敢不敬乎！」〔註98〕

以上兩條皆屬先秦文獻，且明言引自曾子言論，則「曾子十篇」中，除上述二篇外，〈曾子疾病〉、〈曾子大孝〉中至少部分內容源自先秦。

總上，「曾子十篇」中可確定有先秦來源之文獻已達四篇，更增阮、王之說之可信度。因此，本文以爲，「曾子十篇」大抵源於先秦舊籍，雖部分文字語句有所修改，但其修改處當不致於影響通篇主旨，而仍可視爲先秦儒家文獻。

（三）「曾子十篇」之學派歸屬

至於「曾子十篇」之學派歸屬問題，如上所述，「曾子十篇」及《曾子》

〔註95〕載《荀子集釋》頁658。
〔註96〕載《大戴禮記解詁》頁96～97。
〔註97〕載陳奇猷，《呂氏春秋校釋》（上海，學林出版社，1995年10月），頁732。
〔註98〕載《大戴禮記解詁》頁82～83。

一書乃漢時發掘之簡本，並無師承流傳〔註 99〕，故視之爲「曾子之後學者，論撰其先師平日所言立身孝行之要，天地萬物之理」云云，乃爲漢人之推測。值得注意的是，若進一步分析「曾子十篇」的思想，可以發現相較於《論語》，部分篇章則發展出某種「以『孝』爲諸德根本」之思想。例如上引〈曾子大孝〉之文及同篇以下內容：

> 夫仁者，仁此者也；義者，宜此者也；忠者，中此者也；信者，信此者也；禮者，體此者也；行者，行此者也；彊者，彊此者也。樂自順此生，刑自反此作。夫孝者，天下之大經也。〔註 100〕

所謂仁、宜、中、信、體「此」者之「此」，即「孝」。依此處所載，則「孝」爲諸德之根本，可統攝諸德也。〔註 101〕此爲〈曾子大孝〉論「孝」之異於《論語》處。

必須說明的是，先秦有依託著書之事，故題名「曾子」者不見得即爲曾子言行之實錄。汪照《大戴禮注補》引朱子及方孝孺之說云：

> 朱子曰：「世傳《曾子》書，乃獨取《大戴禮》之十篇以充之，其言語氣象視《論》、《孟》、〈檀弓〉等篇所載相去遠甚。」……方氏孝孺曰：「《曾子》十篇，其辭見《大戴禮》，雖非曾子所著，然格言正論，雜陳其閒，而於言者尤備，意者出於門人弟子所傳聞，而成於漢儒之手者也，故其說閒有不純。」〔註 102〕

〔註 99〕關於《禮記》之成書，參第六章第三節「《大戴記》、《禮記》文獻性質重考」。

〔註 100〕載《大戴禮記解詁》頁 83～84。

〔註 101〕此種觀念亦見載於《孝經》之中，二者之理論基礎相同。儘管如此，但就思想內涵之繁簡及二者側重之焦點而言，《孝經》多載有超出〈曾子大孝〉之觀念。黃開國將〈曾子大孝〉與《孝經》視爲儒家「孝道派」與「孝治派」思想之代表作，認爲「孝道派的孝理論講求孝在道德倫理中的根本地位，以探求子女對父母如何盡孝及其怎樣評判孝行爲重點，幾乎沒有談及孝的政治作用。孝治派雖然也引用孝道派關於孝爲天經地義一類說法，實際上却是以政治爲軸心，將孝視爲治理政治的手段或工具」，二者側重之焦點乃有所不同。故而，黃氏認爲《孝經》乃是以〈曾子大孝〉爲理論基礎下，發展出來之著作，就思想之發展言，乃不失爲一合理的解釋。順此，梁濤認爲《孝經》與〈曾子大孝〉二者的差別在於：第一、《孝經》中的孝更多地是與天子、諸侯等人的政治職責聯繫在一起。第二、它還表現在孝與官僚政治制度緊密結合在一起，並被運用於國家的管理和統治之中。第三、它眞正的完成了孝與忠、事父與事君的統一。以上，關於「曾子十篇」中孝道觀念之分析，參梁濤、黃開國前揭文。

〔註 102〕載方向東，《大戴禮記匯校集解》（北京：中華書局，2008 年 7 月），頁 415～416。

方氏之說，可以下文爲例：

> 樂正子春下堂而傷其足，傷瘳，數月不出，猶有憂色。門弟子問曰：「夫子傷足瘳矣，數月不出猶有憂色，何也？」樂正子春曰：「善如爾之問也。吾聞之曾子，曾子聞諸夫子曰：『天之所生，地之所養，人爲大矣。父母全而生之，子全而歸之，可謂孝矣；不虧其體，可謂全矣。』故君子頃步之不敢忘也。今予忘夫孝之道矣，予是以有憂色。」（《大戴記・曾子大孝》）〔註 103〕

此處所記，值得注意者有以下數事：其一、觀其語氣，知此段文字非撰於曾子或樂正子春。故而，撰者不早於樂正子春之門弟子，亦不能排除爲樂正子春之二傳弟子據聞以撰之可能性。然則，「曾子十篇」中爲曾子數傳弟子所著之篇章有之矣。其二、此處所載，樂正子春不能行其師曾子所教而「數月不出，猶有憂色」之情事，與〈君子爲禮〉中顏淵不能行孔子之言而「數日不出」且「痻」（訓作「瘦」）相似；此種情事相似之記載在先秦典籍中每每可見〔註 104〕，相應內容在不同記載中由不同人物之口中說出。可以想見此種對話乃爲當時流行之套語，故此段文字究竟是否出於曾子與樂正子春二者，亦大有可疑。〔註 105〕

總上，「曾子十篇」雖不必然如方孝孺所言成於漢人之手，但其是否可代表曾子、樂正子春思想亦甚可疑。然而，就「曾子十篇」內容觀之，通篇皆爲曾子言論，則其體例又似弟子集錄老師言論以成書者（如《論語》輯孔子言論），故學者仍大體以爲是曾子之弟子後學所作。其中內容固不必皆視爲曾子思想，然要可歸諸曾子後學。另一方面，從〈內豊〉內容過半可見於「曾子十篇」一事觀之，則二者之文獻性質大體相近。因此，與「曾子十篇」相同，〈內豊〉或爲弟子記曾子之言，或爲弟子後學所著而托言曾子。換言之，即便〈內豊〉並非直接撰於曾子弟子後學，其中內容亦嘗爲曾子弟子後學接受且傳述，故其產生時間當不早於戰國。

〔註 103〕載《大戴禮記解詁》頁 84。

〔註 104〕例如：〈魯邦大旱〉戴孔子與魯哀公之對話，但相似內容亦見於傳世本《晏子春秋》。參第五章第二節第四小節「〈魯邦大旱〉之文獻性質」一段。

〔註 105〕部分學者認爲〈曾子大孝〉中載有此段，即認爲篇中所載足以代表樂正子春思想（如黃開國前揭文），亦值得商榷。蓋《大戴記・曾子大孝》中諸段亦見於《禮記・祭義》，而二者段落次序有所不同，可見此段與他段間並無文意上之關係，特意旨約略相同，可資參看，故編爲同篇，正如〈內豊〉末段附記「昔者君老」之事耳！

四、小　結

本節分析了上博楚簡「禮記類」文獻與傳世文獻之異文現象，以校正傳世文獻內容，或瞭解後者之成書過程，藉此顯示上博楚簡「禮記類」文獻的文獻價值。

總上，上博楚簡「禮記類」文獻中可在傳世文獻尋得對應篇章者有〈緇衣〉、〈民之父母〉、〈內豊〉三者。其中，〈緇衣〉、〈內豊〉屬「集錄體」，〈民之父母〉屬「對話體」。分析上博楚簡「禮記類」文獻與傳世文獻可對應之內容，可以發現，在段落安排的對應上，「集錄體」與「對話體」篇章呈現出不同的狀況：

第一、集錄體：以「集錄體」而言，〈緇衣〉除簡本及傳世本二者章節次序有所不同外，其內容大抵相同，而〈內豊〉前兩章則分別可與《大戴記・曾子立孝》、〈曾子事父母〉首章對應。對「集錄體」著作而言，篇中各章節間無直接之邏輯關係，故章節間之關連性較弱。因此，在流傳的過程中，「集錄體」著作篇中各章節乃呈現出較強的獨立性。同一名稱之「集錄體」著作，其中之章節多寡及其次序，亦可能在不同抄本中出現較大的差異，上述簡本與傳世本中二者可對應篇章——〈緇衣〉、〈內豊〉所呈現出的章節次序不同於傳世本，以及章節獨立性較強的現象即反映出此種差異。進一步而言，大小戴《記》中之「集錄體」著作，基本上乃保留較爲原始的面目。

第二、對話體：以「對話體」而言，〈民之父母〉與《禮記・孔子閒居》、《孔子家語・論禮》三者之的篇章結構大抵相同。唯從傳世本之內容觀之，其流傳其間經過了「錯簡」之事。由傳世本保存「錯簡」痕跡之，《禮記・孔子閒居》、《孔子家語・論禮》基本上仍保留漢人所見傳本之基本狀況，後人之更動不大。

值得注意的是，從上述分析可知，漢人對戰國典籍仍有基本的尊重，尚不致隨意變更全篇之結構。（若有重新更動其結構之事，則當重新命名，如劉向《說苑》、《別錄》等書，乃集錄相關主題篇章成書者，其中當不乏源於戰國典籍者）。進一步而言，漢人所述大小戴《記》爲戰國儒家文獻之說，則若無其他證據顯示書中某篇章爲秦漢著作，則基本上可視爲源自戰國、經漢人校訂之文獻。此爲上博楚簡「禮記類」文獻之重要價值之一。循此思路，則大、小戴《記》之文獻性質問題，乃有重新考究之必要，詳下節。

第三節 《大戴記》、《禮記》文獻性質重考

自民國「古史辨」運動以來，學者應用傳世文獻，即要求對其文獻性質有所釐清。在此過程中，發展出許多鑑別文獻性質之方法。但是，學者考究文獻性質之態度並不一致，而其使用之方法亦各有不同。故而，面對同一文獻，其性質則往往有多種說法，莫衷一是。以《禮記》、《大戴禮記》二書而言，對其年代之斷定及成書過程即有不同說法，而書中各篇，亦各有說。由於學者之推論所依據者皆爲傳世文獻，而非地下材料，故只要「持之有故，言之有理」，則不易論斷其是非。此爲近世應用大、小戴《記》進行研究者所遭遇之困境。

因此，上博楚簡「禮記類」文獻中之部分內容可在傳世文獻——《大戴記》、《禮記》及《孔子家語》中找到對應章節，且簡文抄寫年代爲戰國一事，乃可提供今人重新考察《大戴記》、《禮記》之線索，而使《大戴記》、《禮記》二書之文獻性質及成書過程的問題有了重新討論的契機。〔註106〕

對於《禮記》及《大戴記》成書的過程，記載較詳細且年代較早者爲《隋書・經籍志》（以下簡稱〈隋志〉），故學者對於此一問題之討論，多以其說爲主，進行辨析。今先列〈隋志〉所載：

> 漢初，河間獻王又得仲尼弟子及後學者所記一百三十一篇，獻之。時亦無傳之者。至劉向考校經籍，檢得一百三十篇，向因第而敘之。而又得《明堂陰陽記》三十三篇，《孔子三朝記》七篇，《王史氏記》二十一篇，《樂記》二十三篇，凡五種，合二百十四篇。戴德刪其煩重，合而記之爲八十五篇，謂之《大戴記》。而戴聖又刪大戴之書爲四十六篇，謂之《小戴記》。漢末馬融遂傳小戴之學，融又足〈月令〉一篇，〈明堂位〉一篇，〈樂記〉一篇，合四十九篇。而鄭玄受業於融，又爲之注。〔註107〕

依其說，《大戴記》、《禮記》的成書大抵經歷了幾個階段：

> 儒家先秦文獻→河間獻王→劉向、歆→戴德、戴聖→《大戴記》、《禮記》。

〔註106〕〈民之父母〉雖可同時在《禮記》、《孔子家語》二書找到對應內容，但關於《孔子家語》之成書問題，乃涉及其他傳世文獻，與本文以上博楚簡「禮記類」文獻爲主題之關係較遠，暫不論。

〔註107〕載唐・魏徵，《隋書》（台北：藝文印書館影清乾隆武英殿本）卷三十二，葉十九至二十，頁477。

關於此一問題，文獻中所載者之線索多存於〈漢志〉。故而，大、小戴《記》之文獻性質與成書問題又可以〈漢志〉爲界，分爲兩個子題：其一、〈漢志〉所載「《記》百三十一篇」、《明堂陰陽記》、《孔子三朝記》、《王史氏記》與《樂記》（以下簡稱「《記》等五種文獻」）之性質爲何？第二、大、小戴《記》書中所採篇章是否有〈漢志〉所載《記》等五種文獻之外的來源？此外，傳世本《大戴記》、《禮記》是否爲二戴原貌，亦爲考究其文獻性質的關鍵問題之一。以下，分別針對上述三個問題進行討論。

一、〈漢志〉所載「《記》等五種文獻」之性質

考諸漢代文獻所載，皆認爲「《記》等五種文獻」皆爲先秦著作。〈經典釋文序錄〉引劉向《別錄》載：

古文《記》二百四篇。〔註108〕

此處所謂「二百四篇」者，當即〈隋志〉所云「二百十四篇」（依〈漢志〉所列「《記》等五種文獻」之各篇數，〈經典釋文序錄〉所載當脫「十」一字）。然則，據劉向之說，「《記》等五種文獻」皆以「古文」書寫，而當時之古文乃泛指以戰國文字爲主之先秦文字。此說雖經陸德明轉引，但驗諸〈漢志〉所載，「《記》等五種文獻」乃爲先秦著作，其中亦不乏有明顯記載其以「古文」書寫而成者（詳下）。其中，又以對「六藝略，禮類」所載《記》百三十一篇之記載較多。以下，先討論《記》百三十一篇之文獻性質，再討論其他四種文獻：

（一）《記》百三十一篇

〈漢志〉「六藝略・禮類」載：

《記》百三十一篇（七十子後學者所記也）〔註109〕

此處《記》與上引二百四篇之《記》因文獻性質相同，故漢人皆稱爲「記」。但是，此處乃專指可用以說解《禮》之《記》，其篇幅佔上引二百四篇之《記》大半。班固自注《記》百三十一篇之作者爲「七十子後學者」。〈漢志〉乃班

〔註108〕載唐・陸德明，《經典釋文》（上海：上海古籍出版社影印北京圖書館藏宋刻本），卷一葉二十一。上海古籍出版社影印本中多有刮去文字部分，筆者於高雄國立中山大學圖書館檢得另一影本，但無出版頁，本文所引皆參中山大學圖書館藏本。唐・陸德明，

〔註109〕載《漢書》頁1709。

固約向、歆《錄》、《略》而成，其說當有據。然則，「七十子後學者所記」乃向、歆對《記》百三十一篇作者之說。至於《記》百三十一篇的來源，《漢書》他處另有提及，「書類」載：

> 武帝末，魯共王壞孔子宅，欲以廣其宮，而得《古文尚書》及《禮》、《記》、《論語》、《孝經》凡數十篇，皆古字也。〔註 110〕

今所稱「禮記」一詞，在漢時並非用以專指《小戴禮記》一書；「記」一詞，是指稱與《大戴禮記》、《小戴禮記》性質相近之文獻。因此，此處「禮記」二字當斷爲二詞，分指《禮》（漢時指《儀禮》）及《記》二者。又，《漢書·景十三王傳》載：

> 恭王初好治宮室，壞孔子舊宅以廣其宮，聞鐘磬琴瑟之聲，遂不敢復壞，於其壁中得古文經傳。〔註 111〕

以上兩則記載均指出魯恭王壞孔子宅時，曾出土一些以「古文」（即「戰國文字」）所書漢人稱爲《記》的文獻。又載：

> 河間獻王德以孝景前二年立，修學好古，實事求是。從民得善書，必爲好寫與之，留其眞，加金帛賜以招之。繇是四方道術之人不遠千里，或有先祖舊書，多奉以奏獻王者，故得書多，與漢朝等。……。河間獻王所得書皆古文先秦舊書，《周官》、《尚書》、《禮》、《記》、《孟子》、《老子》之屬，皆經傳說記，七十子之徒所論。〔註 112〕

然則，河間獻王亦藏有以與魯恭王性質相同，以「古文」書寫的《記》類文獻。

以上，所謂《記》者，其文獻性質乃與《漢志》《記》百三十一篇相同。〈經典釋文序錄〉引鄭玄〈六藝論〉云：

> 公後得孔氏壁中河間獻王古文《禮》五十六篇，《記》百三十一篇，《周禮》六篇。〔註 113〕

鄭玄嘗注《禮記》，親見古文《記》，所述當可信。據其說，則〈漢志〉所載《記》百三十一篇之來源有二，即前引魯恭王壞孔子宅所得，與河間獻王自民間徵得。二者皆爲以「古文」書寫之先秦舊籍。然而針對此說，晁公武卻

〔註 110〕載《漢書》頁 1706。
〔註 111〕載《漢書》頁 2414。
〔註 112〕載《漢書》頁 2410。
〔註 113〕載《經典釋文》卷一葉二十一。

有不同意見，其說乃據《史記・封禪書》以下所載：

> 趙人新垣平以望氣見上，言「長安東北有神氣，成五采，若人冠絻焉。或曰東北神明之舍，西方神明之墓也。天瑞下，宜立祠上帝，以合符應。」於是作渭陽五帝廟，同宇，帝一殿，面各五門，各如其帝色。祠所用及儀亦如雍五畤。夏四月，文帝親拜霸渭之會，以郊見渭陽五帝。五帝廟南臨渭，北穿蒲池溝水，權火舉而祠，若光輝然屬天焉。於是貴平上大夫，賜累千金，而使博士諸生刺六經作〈王制〉，謀議巡狩封禪事。〔註 114〕

「霸渭之會」乃霸水與渭水二水之會；「蒲池」，地名。晁公武〈郡齋讀書志〉認爲此篇被「河間獻王集而上之」，認爲河間獻王所上者除先秦舊輯外，尚有漢人著作。案：據上文所引《漢書・景十三王傳》及陸德明所引鄭玄〈六藝論〉之說，則河間獻王所上者皆以「古文」書寫，而景帝時通行於世的文字乃「隸書」（這一點，由馬王堆漢墓帛書己用「隸書」可證），當時博士所著〈王制〉似乎找不到以「古文」書寫的理由。因此，晁氏之說値得懷疑。今《禮記》中有〈王制〉一篇者，姑不論所載是否即此處所述〈王制〉，即令二者同篇，亦可能由戴勝或其後學纂入，而無法證明此處博士諸生所作之〈王制〉乃獻王「集而上之」者。

總上，《記》百三十一篇乃爲魯恭王及河間獻王所得，以「古文」書寫之先秦舊輯。

（二）《明堂陰陽》等四種文獻

〈漢志〉「六藝略・禮類」載：

> 《明堂陰陽》三十三篇（古明堂之遺事）
>
> 《王史氏》二十一篇（七十子後學者）〔註 115〕

以上，班固或云「七十子後學者」、或云「古明堂之遺事」，認爲皆先秦著作。値得注意的是，〈隋志〉載馬融「足」三篇（〈月令〉、〈明堂位〉與〈樂記〉），謂馬融所作之工作爲「補足」戴聖所輯。言下之意，〈月令〉等三篇亦無出於二百十四篇者。依其名稱，〈月令〉、〈明堂陰陽〉二者當屬《明堂陰陽》，而〈樂記〉一篇自屬《樂記》二十三篇。前者乃「古明堂之遺事」，則當爲

〔註 114〕載漢・司馬遷著、唐・司馬貞索隱、唐・張守節正義、宋・裴駰集解，《史記》（台北，樂天出版社，1975 年 9 月），頁 1382。

〔註 115〕以上《明堂陰陽》、《王史氏》之文俱戴《漢書》1709。

先秦著作；至於後者，「六藝略・樂類」載：

《樂記》二十三篇。〔註116〕

班固云：「武帝時河間獻王好儒，與毛生等共采《周官》及諸子言樂事者，以作《樂記》。」河間獻王喜好收藏先秦古籍，故所採之《周官》（以古文寫）、諸子書等文獻，當爲先秦舊籍。然則，《樂記》雖經漢人編纂成篇，但其來源仍爲先秦舊輯。又，「論語類」載：

《孔子三朝》七篇。〔註117〕

〈漢志〉對於此書雖無說明，但顏師古云：「今《大戴禮》有其一篇，蓋孔子對魯哀公語也。三朝見公，故曰『三朝』」。沈欽韓云：「今《大戴記》有〈千乘〉、〈四代〉、〈虞戴德〉、〈誥志〉、〈小辨〉、〈用兵〉、〈少閒〉七篇。劉向《別錄》云：『孔子三見哀公，作《三朝記》七篇，今在《大戴記》。』是也。顏籀僅云有一篇，彼蓋未見《大戴記》也。」然則，顏、沈二者皆以爲《孔子三朝》一書今存《大戴記》，後者更引劉向《別錄》所載，其說益可信。至於二者對篇數之認定不同，張舜徽云：「昔之傳書者，悉由手抄。「一」、「七」二字形近易譌，顏語蓋本作「七篇」，傳寫者偶誤「七」爲「一」耳。」〔註118〕其說合理。值得注意的是，上博楚簡「禮記類」文獻中亦有載孔子與哀公對話之篇章——《魯邦大旱》〔註119〕，而《魯邦大旱》乃爲依托孔子與魯哀公對話之作，可見戰國時期即有以孔子與魯哀公之對話爲論述方式的著作。另一方面，從《大戴記・曾子立孝》、〈曾子事父母〉首段在上博楚簡〈內豊〉中皆有可對應內容一點觀之，可以合理推測《大戴記》中「孔子見哀公」諸篇乃先秦文獻。《大戴記》「孔子見哀公」諸篇既採諸《孔子三朝》，且有先秦來源，則後者亦當爲先秦文獻。

總上，陸德明〈經典釋文序錄〉引劉向之說，提及「《記》二百四篇」皆爲「古文」，驗諸〈漢志〉及《漢書》他處，《記》百三十一篇爲以「古文」書寫之先秦舊籍，而其餘四種，亦皆爲先秦著作；二者所載若合符節。然則，「《記》等五種文獻」當如陸德明引述者，皆爲先秦舊輯。

〔註116〕載《漢書》頁1711。

〔註117〕載《漢書》頁1717。

〔註118〕張舜徽，《漢書藝文志通釋（與《廣校讎略》合刊）》（武漢：華中師範大學出版社，2004年3月），頁239。

〔註119〕《相邦大旱》雖因簡文殘佚而無以得知篇中所載「公」者是否即魯哀公。但是，從上博簡及傳世文獻皆有載孔子與哀公對話之著作，並參考時人依托著書的習慣，可以合理推測篇中所載「公」者爲魯哀公。

二、大、小戴《記》之文獻來源

關於大、小戴《記》二者之關係，其及文獻來源的問題，學者有多種說法，如上引〈隋志〉所載《小戴記》乃刪《大戴記》而成書之說。此外，錢大昕認爲大、小戴《記》分採《記》百三十一篇而成，其云：

> 此云百三十一篇者，合大、小戴所傳而言也。《小戴記》四十九篇，《曲禮》、《檀弓》、《雜記》皆以簡策重多，分爲上下，實止四十六篇。合大戴之八十五篇，正協有百三十一篇之數。」〔註 120〕

認爲大、小戴《記》各取諸〈漢志〉所載《記》百三十一篇，且所取各異。黃以周認爲：

> 今大戴所存之《紀》，已多同於小戴，則小戴所取，未必盡是大戴所棄。且大小戴之《記》，亦非盡取諸百三十一篇之中。〔註 121〕

此處所主有二：其一、反駁錢氏大、小戴《記》分取百三十一篇之說；其二、大小戴所取有出於百三十一篇者。如前所述，二戴所取至少涵蓋「《記》等五種文獻」，自有出於百三十一篇者。此外，陳壽祺認爲，河間獻王所得《記》百三十一篇乃經叔孫通所輯，再獻諸朝廷，其云：

> 孔壁所得書，魯恭王傳僅言數十篇，知非全書。《藝文志》依《七略》著錄，《記》百三十篇，蓋河間獻王所得者。故〈六藝論〉兼舉之。百三十一篇之《記》，合《明堂陰陽》三十三篇，《王史氏》二十一篇，《樂記》二十三篇，《孔子三朝記》七篇，凡二百十五篇，並見《藝文志》；而《別錄》言二百四篇，未知所除何篇。」……。然百三十一篇之《記》第之者劉向、得之者獻王，而輯之者蓋叔孫通也。魏張揖〈上廣雅表〉曰：「……。魯人叔孫通撰置《禮記》，文不違古。」通撰輯《禮記》，此其顯證。稚讓之言，必有所據。……。通本秦博士，親見古籍，嘗作《漢儀》十二篇，及漢禮器制度，而《禮記》乃先秦舊書。〔註 122〕

以上，〈隋志〉所說不知何據。考鄭玄〈六藝論〉之說：「戴德傳《記》八十五篇，則《大戴禮》是也。戴聖傳《記》四十九篇，則此《禮記》是也。」並無《小戴記》刪《大戴記》之說。欲明此一問題，黃以周比對傳世本大、

〔註 120〕載《漢書藝文志注釋彙編》頁 210。

〔註 121〕轉引自《漢書藝文志注釋彙編》頁 210。

〔註 122〕載清・陳壽祺，《左海經辨》（上海，上海古籍出版社，據復旦大學圖書館藏清道光三年刻本影印），卷上葉九十至九一。

小戴《記》之方法値得借鑑，若《小戴記》中載有《大戴記》未錄之篇，則此說有誤，唯今《大戴記》有所亡佚，故《禮記》中所存諸篇是否收於《大戴記》中亦難考究，此其憾矣。又，錢氏之說不知何據，且如其說，則大、小戴《記》之內容當無複重。考二者關係，如黃氏之說，大小戴《記》中部分篇章重複，故其說不可信。必須說明的是，以上二說之成立與否乃無礙於大、小戴《記》所採者皆先秦舊籍一事。蓋大、小戴《記》究爲各取諸「《記》等五種文獻」；或《小戴記》乃刪《大戴記》成書，而《大戴記》乃取諸「《記》等五種文獻」，其結果皆指向大、小戴《記》所採者皆先秦文獻。至於河間獻王所獻之書是否經叔孫通編輯的問題，亦與大、小戴《記》是否採自先秦文獻無直接關係，今不詳論。

然則，關於大、小戴《記》之文獻性質問題，其關鍵乃在二戴所採是否有出於前節所述《記》等五種文獻之外者。蓋若《大戴記》、《禮記》之來源果如《隋志》所載，純採自「《記》等五種文獻」，則其亦屬先秦文獻。於此，乃有學者提出異議，除前引黃以周之說外，趙匡疑《禮記》所採者，除先秦文獻外，尚有漢人著作，其云：

> 《禮記》諸篇，或孔門之後末流弟子所撰；或是漢初諸儒私譔之以求購金，皆約《春秋》爲之。〔註 123〕

康有爲《新學僞經考》則認爲大、小戴《記》爲戴德、戴聖二人採先秦至漢以來文獻輯成。其云：

> 五家先師，日加附益，故既采賈誼之〈保傅〉、〈禮察〉、〈公冠〉，並采及漢孝昭帝祝辭，則宣、元後先師之所采者矣。〔註 124〕

並云〈漢志〉、〈隋志〉、〈經典釋文〉所載關於大、小戴《記》採自「《記》等五種文獻」之說皆爲古文家之僞造、虛說。此外，徐堅《初學記》則認爲大、小戴《記》所採者乃《后氏曲臺記》。其云：

> 至漢宣帝世，東海后蒼著說禮於曲臺殿，撰《禮》一百八十篇，號曰《后氏曲臺記》。后蒼傳於梁國戴德及德從子聖。乃刪《后氏記》爲八十五篇，名《大戴禮》。聖又刪《大戴禮》爲四十六篇，名《小戴記》。其後諸儒又加〈月令〉、〈明堂位〉、〈樂記〉三篇，凡四十

〔註 123〕載唐陸淳，《春秋集傳纂例》，轉引自張心澂，《僞書通考》（上海：上海書店出版社，1998 年 1 月），頁 330。

〔註 124〕載清・康有爲，《新學僞經考》（臺北：世界書局，1969 年 5 月），頁 74。

九篇，則今禮記也。〔註125〕

依徐氏的理解，大小戴《記》所刪者爲后倉所著《后氏曲臺記》，然無云《后氏曲臺記》之文獻來源。案：以上，康氏考證之學背後乃有某種思想上之目的，其說全以否定古文家之立場出發，固不可盡信；而趙氏見《禮記》中有與《春秋》內容相似者，即認爲《禮記》「約《春秋》爲之」，亦屬臆測。至於徐氏對大小戴《記》成書之說，以爲小戴《記》乃刪大戴《記》而來者當據〈隋志〉，前已論；而大戴《記》刪《后氏曲臺記》者當據《漢書・儒林傳》，其文載：

倉說禮數萬言，號曰《后氏曲臺記》，授沛聞人通漢子方、梁戴德延君、戴聖次君、沛慶普孝公。孝公爲東平太傅。德號大戴，爲信都太傅；聖號小戴，以博士論石渠，至九江太守。由是《禮》有大戴、小戴、慶氏之學。〔註126〕

關於此段文字的理解，可參〈漢志〉所載：「六藝略・禮類」載有《曲臺后倉》九篇，當即此處所云《后氏曲臺記》。本文以爲，此處所述大、小戴傳自其師者當爲《儀禮》，「六藝略・禮類」載：

《古經》五十六卷

《經》十七篇（后氏、戴氏）。〔註127〕

《古經》指《儀禮》古文經，而此處《經》指今文經。其注文「后氏、戴氏」當指其時所立學官。〈漢志〉又載：

漢興，魯高堂生傳《士禮》十七篇。迄孝宣世，后倉最明。戴德、戴聖、慶普皆其弟子，三家立於學官。〔註128〕

《士禮》即今所謂《儀禮》。然則，漢時《禮記》未立學官，戴德、戴聖傳自后倉者當爲《儀禮》，而非后倉自著之《記》，徐氏之說乃緣於對《漢書・儒林傳》的誤讀。

總上，趙、康、徐之說並無的證，故其大、小戴《記》所採是否有出於「《記》等五種文獻」之外者，仍待進一步的研究。關於此一問題，又涉及今所見《大戴記》、《禮記》是否即爲二戴原貌之問題，詳下。

〔註125〕載唐・徐堅，《初學記》（北京：中華書局，1985年9月），頁498～499。

〔註126〕載《漢書》頁3615。

〔註127〕載《漢書》頁1709。又，《漢書》原載「七十篇」，劉敞認爲「七十」當爲「十七」之誤，可從。參《漢書藝文志注釋彙編》頁209。

〔註128〕載《漢書》頁1710。

三、傳世本《大戴記》、《禮記》是否爲二戴原貌問題之討論

在討論今所見《大戴記》、《禮記》是否爲二戴原貌的問題之前，有必要對問題之性質作一釐清。析而言之，所謂傳世本《大戴記》、《禮記》是否爲二戴「原貌」的問題，又可分爲兩個層面：其一指傳世本中所存之篇章是否爲二戴成書時所選，此就全書層面言；其二爲書中各篇中段落、字句等是否與漢代傳本一致，此就各篇層面言。以下分而述之：

第一、傳世本《大戴記》、《禮記》中所存之篇章是否爲二戴所選者：在《禮記》部分，〈隋志〉載其成書後經馬融整理而增益三篇，學者大抵無異議。然則，《禮記》一書之選篇問題基本上可以確定——除〈月令〉、〈明堂位〉與〈樂記〉外，餘皆爲戴聖所選。至於《大戴記》部分，則有學者提出異議。陳振孫《直齋書錄集解》云：

> 自《隋唐志》所載卷數皆與今同，而篇第乃自三十九而下，止於八十一，其前缺三十八篇，末缺四篇，所存當四十三。而於文中又缺四篇，第七十二複出一篇，實存四十篇。意其缺者，即聖所刪耶？然〈哀公問〉、〈投壺〉二篇與今《禮記》文不異，他亦間有同者。〈保傅〉傳世言賈誼書所從出也。今考〈禮詧〉篇「湯武秦，定取舍」一則，盡出誼疏中，反若取誼語勦入其中者。〈公符〉篇全錄漢昭帝冠辭。則此書殆後人好事者，采獲諸書爲之，故駁雜不經，決非戴德本書也。題「九江太守」，迺戴聖所歷官，尤非是。〔註129〕

認爲今所見《大戴記》部分篇章之內容抄錄漢人著作，乃「後人好事者，采獲諸書爲之，故駁雜不經，決非戴德本書也」。換言之，認爲今所見《大戴記》中之漢人著作，乃戴德以後所纂入，而其前提，則爲大戴所選者皆先秦舊輯。案：關於戴聖、戴德二人所選諸篇是否皆先秦舊籍，如上節所述，尚爲一無法確定之事，故陳氏以此爲前提，而推論今所見《大戴記》中有經後入纂入之篇章，亦失其據。值得注意的是，上博楚簡〈內豊〉一篇之中，有兩段可與《大戴記・曾子立孝》、〈曾子事父母〉對應，而簡文所載者乃不見於其他傳世文獻。然則，今所見《大戴記》一書即如陳氏所述經後人纂亂，其中亦有不見於其他傳世文獻之內容。如此一來，則在某種程度上提升了《大戴記》的文獻價值：如前節所述，《大戴記》「曾子十篇」文獻性質相同，而

〔註129〕載宋陳振孫，《直齋書錄解題》（北京：中華書局，影印叢書集成初編本），頁44。

其中兩段乃可見於簡文。因此，合理的推論是，保存於「曾子十篇」皆爲先秦文獻。同樣的推論，亦可用於《禮記》中可與簡文相對應之篇章，唯除少數篇章外，學者大抵肯定書中所錄篇章多爲先秦文獻，故簡文在證明《禮記》之文獻性質方面，乃不若《大戴記》之重要。此爲上博楚簡「禮記類」文獻有助於瞭解《大戴記》之文獻性質者。

第二、書中各篇中段落、字句等是否與漢代傳本一致：如本章第一節所述，簡本文獻在傳抄的過程中，常隨其流傳之特定時空而改變其內容。此種現象在簡本出現前，學者即經過對傳世文獻的考證而有所體悟。以《大戴記》、《禮記》爲例，即有學者認爲傳世本之內容，不但與當時出土之先秦原簡內容不同，且與二戴所校定之傳本有異，如陳邵〈周禮論序〉云：

> 後漢馬融、盧植考諸家同異，附戴聖篇章，去其繁重，及所敘略而行於世，即今《禮記》是也。〔註 130〕

認爲戴聖成書後，馬融、盧植乃對《禮記》一書進行「考諸家同異，附戴聖篇章，去其繁重」的校定工作。其云「考諸家同異，附戴聖篇章」，則所謂諸家同異者，乃指與戴聖不同之「家」。言下之意，書中各篇在當時己有不屬戴聖一系之傳本。依其說，則馬、盧二人曾搜羅各家傳本，以校正《禮記》。

以上所言，雖僅提及《禮記》，但不難想像與之性質相同之《大戴記》中諸篇，在傳抄的過程中，其內容亦會經後人更動。這一點，從前述上博楚簡「禮記類」文獻與傳世本對應內容的比較就可發現：《禮記》、《大戴記》部分內容的確有經後人更動的現象。

附帶一提的是，《禮記》中各篇作者，自漢以還即多不能明。前引〈隋志〉所載，河間獻王得古文《記》之後，「時亦無傳之者。至劉向考校經籍，檢得一百三十篇」，故〈漢志〉僅略云「七十子後學所著」。於此，孔穎達〈禮記正義序〉亦云：

> 至孔子沒後，七十二子之徒共撰所聞以爲此記，或錄舊禮之義，或錄變禮所由，或兼記體履，或雜序得失，故編而錄之以爲記也。……。其餘眾篇皆如此，但未能盡知其所記之人也。〔註 131〕

然則，自漢至唐，學者多不能確定各篇之作者，故何異孫《十一經問對》曰：

> 問：「《禮記》一書誰作？」對曰：「孔子說，七十二子共撰所聞以爲

〔註 130〕參《僞書通考》頁 328。
〔註 131〕載唐·孔穎達，《禮記正義》（臺北：新文豐出版社，2001 年），頁 3。

之記，及秦漢諸儒錄所記以成編。多非孔子之言，凡子曰者，多假託。」問：「各篇皆有作者之名乎？」對曰：「〈中庸〉子思作，〈緇衣〉公孫尼子作，〈月令〉呂不韋門人作，〈王制〉漢文博士作，〈樂記〉先儒以為荀卿作，〈經解〉疑治《易》之家者作，〈大學〉疑曾子作，其餘未聞」〔註132〕

然則，除〈中庸〉等篇有傳聞外，他篇之作者皆不能舉。今上博楚簡「禮記類」文獻中有提名為「子羔」、「仲弓」之篇章，但如前章所述，其是否為子羔、仲弓或其後人之著作，亦尚為一無法確定之事。

四、小　結

總上，本節大抵檢視上博楚簡「禮記類」文獻之問世以前，學者對《大戴記》、《禮記》二書文獻性質的說法，並將二書之成書過程分成三個階段討論。今將討論結果歸要如下：

第一、〈漢志〉所載「《記》等五種文獻」乃先秦文獻，乃漢人共識，當可信。

第二、大、小戴《記》所採之篇章大抵以先秦舊籍，或漢人抄錄先秦著作成篇者為主。換言之，二書所採大抵有先秦來源，唯其間或有採漢人著作之可能。

第三、傳世本《大戴記》、《禮記》之內容、篇章可能有經後人更動者。因此，前點所述，今所見《大戴記》、《禮記》中不屬先秦文獻之篇章，或為二戴輯入，或出於後人纂入。

此外，針對以上數點，本文亦指出上博楚簡「禮記類」文獻的問世對於上述問題研究之幫助。簡言之，簡文對瞭解《大戴記》、《禮記》二書文獻性質之幫助主要有二：

第一、對於《禮記》諸篇多為先秦舊籍，但其內容中有經後人纂改者一事提供地下證據。

第二、對於《大戴記》中保有未見於他書之先秦文獻一事加以肯定，提升了其書的重要性。

第三、二書中與「可對應於簡文內容之篇章」性質相近之其他篇章，如《大戴記》「曾子十篇」，乃可以合理推論其來源可上溯至先秦，而對此類篇

〔註132〕《偽書通考》頁331。

章之文獻價值有所提升。

第四節　〈仲弓〉三考

上博楚簡「禮記類」文獻中有反映史實之記載，以〈仲弓〉爲例，其作者及其寫作時間雖難以確定，但其爲戰國儒家所著則大抵無誤。其時儒家尚稱顯學，故文中所載仲弓往事季桓子之事當有據，且爲傳世史料中所無，有資於史實的考據。今就學者及本文之研究敘述如下：

一、仲弓所任爲「家宰」

〈仲弓〉載：

> 季桓子使仲弓爲宰，仲弓以告孔子曰：「季氏〔簡 1〕【□□□□□□□】使雍也從於宰夫之後，雍也憧悉〔簡 4〕愚，恐貽吾子憂，願因吾子而辭。」孔子曰：「雍，汝〔簡 26〕【行／往（？）！余】與聞之，夫季氏河東之盛家也，亦〔簡 2〕以行矣，爲之主謀如？」〔簡 5〕

對照《論語・子路》所載：

> 仲弓爲季氏宰，問政。子曰：「先有司，赦小過，舉賢才。」〔註 133〕

則「從於宰夫之後」之意當即「爲季氏宰」。晁福林考察《禮記・檀弓》、《禮記・雜記》「宰夫」一詞的用法及意義，認爲：

> 《禮記・檀弓》下篇載春秋時晉卿知悼子喪禮期間晉平公飲酒作樂而失禮之事，小臣杜蕢自稱「宰夫」，說自己的職責爲「刀匕是共（供）」，是侍候主人飲食者。《禮記・雜記》上篇載卿大夫喪禮時，國君派員弔唁，「宰舉璧與圭，宰夫舉襚，升自西階」，是皆可證宰夫只是宰的助手或下屬。……愚以爲宰夫之職當在宰之下，仲弓之語只不過是一種謙辭。〔註 134〕

上博〈季康子問於孔子〉載季康子問於孔子時自述其「從有司之後」，其文爲：

〔註 133〕載清・劉寶楠，《論語正義》（北京：中華書局，1998 年 12 月），頁 516。

〔註 134〕晁福林，〈上博簡《仲弓》疏證〉，《孔子研究》（濟南：中國孔子基金會，2005 年 2 期），頁 4～16。

> 季康子問於孔子曰：「肥從有司之後，一不知民務之安在！唯子之貽憂。〔簡1〕

用法與此處相同。在此二例之中，仲弓及季康子所處之地位分別爲「宰」及「卿」，其地位較「宰夫」、「有司」爲高。此外，林素清據《論語》載孔子自述「從大夫之後」之語，認爲「從於某某之後」爲貴族表明自己身份的一種含蓄用法，而「某某」者正是說者的職務。〔註135〕由以上的討論可知，所謂「從於某某之後」的說法，乃任職某職位時的一種謙辭。本文以爲，在此謙辭中，「某某」既可爲「下屬」職務，如〈仲弓〉、〈季康子問於孔子〉所載，亦可爲自己所屬職務，如《論語》所載；二者皆可表示自身的謙遜。總之，仲弓所任之職當爲「宰」，屬「家臣」的一種。錢穆云：

> 孔子曰：「天下無行，多爲家臣，仕於都，唯季次未嘗仕。」其見於《列傳》者，冉求爲季氏宰。仲由爲季氏宰，又爲蒲大夫，爲孔悝之邑宰。宰我爲臨淄大夫。端木賜常相魯衛。子游爲武城宰。子賤爲單父宰。高柴爲費郈宰。其見於《論語》者，原思爲孔氏宰。子夏爲莒父宰。可以見孔門之多爲家臣。〔註136〕

然春秋時「宰」可分爲「家宰」與「邑宰」二種，家宰總管家族的政務，邑宰則掌管某個邑的政務（詳下）。前人對仲弓所任之「宰」究屬「家宰」還是「邑宰」乃有不同意見，梁・皇侃《論語義疏》認爲是「邑宰」，而宋・李如圭《儀禮集釋》及宋・邢昺《疏》則認爲是「家宰」。廖名春引《左傳・定公十二年》、《禮記・禮器》、《孟子・離婁上》、《史記・仲尼弟子列傳》、《公羊傳・定公八年》及《新序・雜事》等文認爲，從行文習慣觀之，單稱「宰」乃指「家宰」；又引《論語》〈雍也〉、〈先進〉及〈子路〉等篇、《史記・仲尼弟子列傳》、《孔子家語》〈相魯〉、〈辯政〉及〈政思〉等篇所載，認爲若爲「邑宰」，則多於「宰」前加邑名。〔註137〕

此外，林志鵬認爲，從〈仲弓〉中仲弓及孔子討論的內容觀之，仲弓所任者當爲「家宰」，其云：

〔註135〕參林素清，〈讀《季庚子問於孔子》與《弟子問》札記〉，《楚地簡帛思想研究（三）》（武漢：湖北教育出版社，2007年4月），頁46～52。

〔註136〕參錢穆，《先秦諸子繫年》（台北：東大圖書公司，1990年9月），頁83。

〔註137〕以上所引諸書參廖名春，〈楚簡《仲弓》篇與《論語・子路》篇仲弓章對讀劄記〉，「孔子2000網站」2005年4月4日。http://www.confucius2000.com/admin/list.asp?id=1694。

> 從上博三〈仲弓〉所謂「爲之主謀焉」及孔子所告「老老慈幼，先有司，舉賢才，宥過赦罪」、慎喪祭之內容來看，仲弓所任季孫氏之宰當爲家宰。〔註138〕

本文以爲，〈仲弓〉所論兼及「爲政」及「事君」兩大主題。若僅爲「邑宰」，何需談及「事君」問題？因此，仲弓所任者當爲「家宰」無誤。「家宰」之權力甚大，足以影響一家之政，而在孔門之中，仲弓除德行列十哲之外，其從政能力亦爲孔子賞識。《論語·雍也》載：

> 子曰：「雍也可使南面。」〔註139〕

肯定仲弓之從政能力。〈雍也〉又載：

> 仲弓問子桑伯子。子曰：「可也簡。」仲弓曰：「居敬而行簡，以臨其民，不亦可乎？居簡而行簡，無乃太簡乎？」子曰：「雍之言然。」（〈雍也〉）〔註140〕

仲弓向孔子詢問子桑伯子其人如何，孔子稱許其能行簡。仲弓聽聞之後提出個人意見，孔子認爲其言無誤，可見孔子對仲弓從政能力之肯定。因此，孔門弟子中仲弓之德業乃可與顏淵比肩。錢穆云：

> 按荀子書屢稱仲尼子弓，楊倞注（見《非相》）子弓蓋仲弓也。……。今按後世常兼稱孔顏，荀卿獨舉仲尼子弓，蓋子弓之與顏回，其德業在伯仲之間，其年輩亦略相當，孔門前輩有顏回子弓，猶後輩之有游夏矣。〔註141〕

仲弓任季氏宰正可實施孔子抱負，故孔子鼓勵仲弓任季氏宰，可謂順理成章。

二、春秋時代「家宰」的職責

楊寬在《西周史》中提及兩類幫助卿大夫處理內、外事務的重要家臣。第一類爲「室老」或「宗老」。其云：

> 幫助宗子掌管宗族內部事務的「家臣」，主要有「室老」和「宗老」。室老也單稱老，宗老也稱宗人或宗。……宗老掌管各種禮儀，如夫

〔註138〕載林志鵬，〈仲弓任季氏宰小考〉，《孔子研究》（濟南：《孔子研究》編輯部，2010年第4期），頁58～60。此處所引〈仲弓〉文字與本文所採者有異，相關討論可參第三章第二節〈〈仲弓〉整理方案〉。

〔註139〕載《論語正義》頁209。

〔註140〕載《論語正義》頁210。

〔註141〕載《先秦諸子繫年》頁68。

人、宗子繼立的禮儀、婚禮、祭禮及祈禱等。

第二類爲「宰」。其云：

> 幫助卿大夫統治人民的家臣有「宰」。宰有家宰和邑宰二種，家宰掌管全家的政務，邑宰則掌管某個邑的政務，包括財政和軍政。〔註 142〕

限於史料，對於「室老」（或「宗老」）與「宰」二者間之職掌關係似乎無法做進一步說明，故揚氏於注中雖引胡匡衷《儀禮釋官》云：

> 郊特性注云：宰，群吏之長。此注（指《士昏禮》注）云：老，群吏之尊者。老與宰當即一人。以其主家之政教，謂之宰，以其爲家之貴臣，謂之老。宰著其職也。老優其名也。〔註 143〕

但仍言「此說沒有確據」。陳偉列舉古籍所載，認爲「「室老」可以簡稱爲「老」，爲卿大夫家相，亦名家宰」〔註 144〕。今觀〈仲弓〉所載，則除了治民之外，「家宰」對於宗族內部之儀禮如喪禮、祭禮等，亦有參與空間，其文爲：

> 孔子曰：「今之君子所竭其情、盡其愼者三，蓋近▨矣。〔簡 20〕雍，汝知諸？」仲弓答曰：「雍也弗聞也。」孔子曰：「夫祭，至敬之〔簡 6〕本也，所以立生也，不可不愼也；夫喪〔簡 23B〕，至愛之卒也，所以成死也，不可不愼也。〔簡 23A〕

乃屬「宗老」職責。羅新慧認爲，仲弓所任「季氏宰」，乃兼「宗伯」一職，又稱爲「宗」、「宗人」。並引《孔子家語》孔子回答閔子騫任「費宰」時提及「宗伯」的內容認爲，季氏家亦設有「宗伯」一職，「是爲季氏的管家，非必只管季氏之祭祀禮儀，簡文中其與孔子討論如何任用官員的問題可證」。〔註 145〕可以補充的是，〈仲弓〉中孔子對仲弓所云「汝思老其家」〔簡 3〕。此處「老」字若訓作「宗老」之「老」，則符於羅氏之說。然則，春秋時「家宰」之職責多有兼「室老」或「宗老」，而總管家族內、外事務者。

〔註 142〕參楊寬，《西周史》（臺北：臺灣商務印書館，1999 年 4 月），頁 421～422。

〔註 143〕參《西周史》頁 428。

〔註 144〕參陳偉，〈上博楚竹書《仲弓》「季桓子章」集釋〉，「簡帛網站」2005 年 12 月 10 日。http://www.bsm.org.cn/show_article.php?id=129。又，陳偉，〈竹書《仲弓》詞句試解（三則）〉，《古文字研究》第二十六輯（北京：中華書局，2006 年 11 月），頁 280～286。

〔註 145〕參羅新慧，〈孔子的歷史觀、入仕觀及其它——從上博楚竹書《仲弓》篇談起〉，《史學史研究》（北京：北京師範大學史學研究所，2005 年 3 期），頁 36～43。

三、「仲弓任季氏宰」之時間及所事對象

今所見傳世文獻中載及仲弓任宰者，僅云「任季氏宰」，而不知「季氏」所指何人。今知命仲弓爲宰者爲季桓子，故學者對於此一問題乃可重考。以下，就所見學者之說作一簡述：

1. 林志鵬在〈仲弓任季氏宰小考〉中認爲仲弓當在子路之後爲季桓子宰，故其任宰時間當在魯定公十二年（B.C.498）子路任季氏宰至魯哀公三年（B.C.492）季桓子卒之間四、五年間。〔註 146〕

2. 廖名春則據《左傳》，至定公八年（B.C.502 年）十月「陽虎爲政，魯國服焉」，認爲「季桓子使仲弓爲宰」只能在此之後。另一方面，魯定公十三（B.C.497）孔子去魯，故〈仲弓〉所載「季桓子使仲弓爲宰，仲弓以告孔子」之事不會發生在此之後，而前一年季桓子之宰乃子路，故仲弓任季桓子宰之事只能在子路任宰之前。換言之，仲弓任季氏宰的時間當在魯定公八年（B.C.502）至魯定公十二年之間（B.C.498）。

3. 羅新慧認爲，仲弓任季氏宰的時間當在魯定公五年「季桓子立」（B.C.505）至定公十四年「孔子離開魯國」（B.C.496），因爲只有這段時間仲弓方有機會向在魯國的孔子請教。〔註 147〕

以上，雖然學者對「仲弓任季氏宰」之時間有異見，但皆據〈仲弓〉所載立論，足見其史實考證價值。除〈仲弓〉之外，〈子羔〉中關於三代祖先之傳說，亦提供了傳世文獻所無的記載。據此，亦有學者針對此種記載加以討論。〔註 148〕此屬神話研究上之價值，今不詳述。

第五節　結　語

本章認爲上博楚簡「禮記類」文獻之學術價值大抵可分爲文獻學價值、文字學價值、「學術史、思想史」價值及一般史價值等四部分。但是，由於

〔註 146〕參林氏前揭文。

〔註 147〕參羅新慧，〈孔子的歷史觀、入仕觀及其它——從上博楚竹書《仲弓》篇談起〉，《史學史研究》（北京：北京師範大學史學研究所，2005 年 3 期）。

〔註 148〕如廖名春，〈《子羔》篇感生簡文考釋〉，《上博館藏戰國楚竹書研究續編》（上海：上海書店出版社，2004 年 7 月），頁 18～33。又魯瑞菁，〈上海博物館藏戰國楚竹書《子羔》感生神話內容析論——兼論其與兩漢經說的關係〉，《傳統中國研究集刊》第一輯（上海：上海人民出版社，2006 年 12 月），頁 294～306。

文字學價值及「學術史、思想史」價值部分，其例證多分別見於第二、三、四章及五、六、七章，故本章僅於開頭處作一簡要敘述，認爲在文字學價值方面，簡文提供了戰國時期楚文字的一手資料，使今人對戰國楚文字的瞭解更加詳細、深入；在學術思想史價值方面，簡文直接提供了戰國時期楚國儒家文獻的一手資料，讓今人對戰國時期儒家思想發展的某種嘗試，以及受他家思想影響，而在其著作中滲入非儒家觀念的情況有進一步地瞭解。並進而爲《韓非子・顯學》與《荀子・非十二子》篇中所提及之儒家世稱顯學之情況，以及儒家在戰國時之分流現象提供地下證據。

此外，由於待討論之問題多集中於文獻學部分，慮及各節篇幅之平衡，故將文獻學價值問題再分爲三個子題，並置於前三節加以討論，而將一般史價值的問題並置於末節。今簡述各節所論如下：

在第一節中，本文首先以上博楚簡「禮記類」文獻爲主要例證，論述「書寫者對簡本典籍內容之影響」，希望藉此說明簡文對瞭解簡本典籍傳抄現象理解之幫助。

第二節主要藉由簡文與傳世文獻之比較，校對傳世文獻之內容；並在比較二者異文的同時，對傳世文獻在傳抄過程中可能經歷之狀況作一推論。

第三節則以第二節爲基礎，重新檢視了《大戴記》、《禮記》的成書問題，並指出簡文的問世對瞭解此一問題之幫助。

第四節則指出簡文中有助於史實考證的部分，認爲在一般史價值方面，簡文之文獻性質雖不易確定，但其中部分篇章之載亦可作爲歷史考證之用。以〈仲弓〉爲例，藉由篇中所載，大抵可以確定仲弓所任爲「家宰」、所事者爲季桓子，並有助於我們瞭解其任宰時間及春秋時代「家宰」的職責等事。

第七章　結　論

本文關於上博楚簡「禮記類」文獻之研究既如前述，今將各篇之研究結果作一簡要整理。並以此爲基礎，爲上博楚簡「禮記類」文獻作一研究性評估。以下分而述之：

第一節　研究結果述要

簡言之，本文之研究工作依其性質可大分爲二：其一爲文獻整理的部分，其二爲內容論述的部分。前一部分又可分爲「文字考釋」、「殘簡拼合及補文」及「簡序排列」三部分，載於第二、三、四章。後一部分則以「思想論述」及「文獻性質」爲主，載於第五章。最後，整體討論上博楚簡「禮記類」之「學術價值」部分則兼取二者，置於第六章。今略從上所分，將各章節之研究結果簡述如下。

一、第二、三、四章——文獻整理方面

本文對上博楚簡「禮記類」文獻之整理工作，依各篇章是否有其他傳本或抄本可資校對，及其文體，分爲三大類，分別置於第二、三、四章。以下，簡要述敘各章之研究結果：

第二章主要討論者爲上博楚簡「禮記類」文獻中，有其他抄本或傳本可資校對之文獻，屬此類之篇章有〈緇衣〉、〈性情論〉、〈民之父母〉、〈天子建州〉等四篇。其中，〈緇衣〉可與傳世本《禮記・緇衣》校對；〈民之父母〉

可與傳世本《禮記・孔子閒居》及《孔子家禮・論禮》校對；〈性情論〉有同爲楚簡之另一抄本——郭店〈性自命出〉可資校對；〈天子建州〉則在上博楚簡中有兩本，可相互校對。由於有兩種以上之抄本或傳本可資對校，其簡序排列及拼合補文之工作難度不高，故討論的焦點僅在文字考釋部分。

第三章主要討論者爲上博楚簡「禮記類」文獻中，無其他抄本或傳本可資校對之「對話體」文獻，屬此類之篇章有〈子羔〉、〈仲弓〉、〈魯邦大旱〉、〈季康子問於孔子〉、〈孔子見季桓子〉及〈相邦之道〉等六篇。由於此類篇章無其他抄本或傳本可資校對，故文獻整理之工作除文字考釋問題外，另一重要工作即爲簡序之排列及佚文之補充。由於此類篇章之全篇內容屬同一整體，且大體有文章結構可言，故諸段落間之次序乃可依其文章結構推求之，而予以簡序編連工作某種程度的幫助。因此，此類篇章之簡序排列工作儘管仍有部分僅屬合理推測，而難以肯定，且少數零簡之歸置問題仍待決解，但整理後已可大致掌握全篇意旨。

第四章主要討論者爲上博楚簡「禮記類」文獻中，無其他抄本或傳本可資校對之「集錄體」文獻，屬此類之篇章者有〈從政〉、〈君子爲禮〉、〈弟子問〉及〈內豊〉（含〈昔者君老〉）等四篇。此類文獻由於以「集錄體」書寫，故各段落間並無文意上之關係，故無法依全文之意旨、結構或段落間之文意脈絡來推測其簡序。因此，此類文獻之簡序安排工作，除全篇首尾諸編連組可依其書寫位置、題名等形式確定外，同篇之中各章節之次序僅能依討論主題作「歸類」之安排。所幸，此類文獻由於各章節間基本獨立，故其間之次序對全篇內涵之掌握乃無關鍵性之影響。因此，只要篇中各章節之文句得以編聯，此種安排仍無礙於全篇內涵之理解。

以上，爲本文在第二、三、四章之研究結果概述，至於整理後各篇之具體內容，可參各節之「小結」部分，今不贅述。然而，由於各篇之研究成果分散各章節，檢索不易，今將本文第二、三、四章「文獻整理」部分之研究結果依「文字考釋」、「殘簡拼合」及「簡序排列」的分別表列如下，以求便覽。

（一）文字考釋

本文對上博楚簡「禮記類」文獻文字之考釋，或循學者考釋，或爲筆者釋讀（含學者未提出討論之字）。「循學者考釋」部分，可分爲「補充論述」及「加入新證」二者；而「筆者釋讀」部分，又可分爲「釋定文字」及「改讀他字」二者。爲減省篇幅，上述「循學者考釋」之「補充論述」部分予以省略，僅列出「加入新證」者，且於「備註」欄中加註「新證」。至於「筆者釋讀」部分，若爲「釋定文字」者，則於「備註」欄中加註「新釋」；若僅爲「改讀他字」者，則於「備註」欄中加註「改讀」。

序號	出處	文字	所載文句	備註
1	〈緇衣〉簡 1	㚆（服）	則民咸（咸）㚆（服）而型（刑）不刌（屯）	新證
2	〈緇衣〉簡 13	伓=（不悖）	信㠯（以）結之，則民伓=（不悖）	改讀
3	〈緇衣〉簡 15	㸚（爵）	古（故）上不可㠯（以）鼔（褻）型（刑）而翌（輕）㸚（爵）。	新證
4	〈緇衣〉簡 16	危（詭）	則民言不危（詭）行-（行，行）不危（詭）言。	改讀
5	〈緇衣〉簡 17	蔽（畢）	古（故）言則慮丌（其）所冬（終），行則旨（稽）丌（其）所蔽（敝）	改讀
6	〈緇衣〉簡 22	厓（重）	翌（輕）䋈（絕）貧賤，而厓（重）䋈（絕）賘（富）貴	新證
7	〈性情論〉簡 14-15	舀（蹈）	昏（聞）訶（歌）要（謠），【則舀（蹈）女（如）也斯奮】。	改讀
8	〈性情論〉簡 16	舊（久）	丌（其）居節也舊（久），丌（其）反善逿（復）司（始）也誓（慎）■。	改讀
9	〈性情論〉簡 21	敳（鼓）	敳（鼓），㕯（由）心也▌。	改讀
10	〈性情論〉簡 26	猷（由）	不同悅而交，㠯（以）猷（由）者也。	改讀
11	〈性情論〉簡 30	剌（裂）	凡交毋剌（裂），必貞（使）又（有）末■。	改讀
12	〈天子建州〉甲 4（乙 4）	屯（純）	型（刑）屯（純）用青（情），邦喪；屯（純）用勿（物），邦喪。	改讀
13	〈天子建州〉甲 5（乙 4）	信（伸）	信（伸）文㝵（得）事（吏），信（伸）武㝵（得）田。	改讀
14	〈天子建州〉甲 8（乙 7）	䎽（問）	不可㠯（以）不䎽（問）恥（尺）厇（度）	改讀
15	〈天子建州〉甲 8（乙 7）	㸒（饌）	凡天子鴿（歆）㸒（饌），邦君飤（食）蜀（濁），夫=（大夫）氶（承）廌（薦），士受余（餘）。	改讀
16	〈天子建州〉甲 10（乙 9）	凥（處）	凥（處）正（政）不語（語）樂	新證
17	〈天子建州〉甲 12（乙 11）	傷（傷）	古（故）見傷（傷）而爲之誓（祈）	改讀

18	〈天子建州〉甲 13（乙 13）	孶（學）	不韋（諱）所不孶（學）於帀（師）者三：弜（強）行、忠謀（謀）、信言，此所不孶（學）於帀（師）也。	改讀
19	〈子羔〉簡 7	奉（逢）	亦紀（紀）先王之遊道。不奉（逢）盟（明）王，則亦不大浻（使）。	改讀
20	〈仲弓〉簡 14	妥（委）匿（蛇）	喿（躁）叓（變）不行，妥（委）匿（蛇）又（有）成	新證
21	〈仲弓〉簡 19	者=（者之）	臤（賢）者=（者之）型（刑）正（政）不緩（緩），悳（德）孶（教）不惓（倦）。	新釋
22	〈仲弓〉簡 13	放（服）	緩（緩）悠（施）而思（順）放（服）之	新證
23	〈仲弓〉簡 25 末-12	它〈也〉	含（今）之君子叓（使）人，不盡（盡）丌（其）说（悅）也，它〈也〉，定不及丌（其）城（成）	新釋
24	〈仲弓〉簡 12	譅=（獨言）	譅=（獨言）猒（厭）人，難（難）爲從正（政）。	改讀
25	〈仲弓〉簡 18	埶（勑）	昔三戈（代）之明王又（有）四海之內，猷（猶）埶（勑）。	改讀
26	〈仲弓〉附簡	褱（懷）	前後無接續文字	新釋
27	〈仲弓〉附簡	忹（往）	夫子唯（雖）又（有）與（舉），女（汝）獨正之，幾（豈）不又（有）忹（往）也。	新證
28	〈季康子問於孔子〉簡 7	義（儀）	夫義（儀）者，巳（以）斤（謹）孝=（君子）之行也。	新證
29	〈季康子問於孔子〉簡 21	不=愄=（不威，不威）	【孝=（君子）不可巳（以）不】=愄=（不威，不威）則民㸌（然？）之。	改讀
30	〈季康子問於孔子〉簡 21	舉（舉）	因邦旂=（之所）臤（賢）而舉（舉）之。	改讀
31	〈季康子問於孔子〉簡 10	鹵（滷）	鹵（滷）則遊（失）眾	改讀
32	〈季康子問於孔子〉簡 19	少（小）	誓（慎）少（小）巳（以）畣（合）大	改讀
33	〈季康子問於孔子〉簡 23	翌（望）	此孝=（君子）從事者之所商翌（望）也。	新釋
34	〈季康子問於孔子〉簡 12	叓（事）	先=旂=(先人之所)叓(事)，【亦叓(事)之。】	改讀
35	〈季康子問於孔子〉簡 15 後	陞〈降〉	肰（然）則民陞〈降〉不善	新釋
36	〈季康子問於孔子〉簡 15 後	眯（靡）	眯（靡）父兄子俤（弟）而爯（稱）賕（讎）	改讀

37	〈內豊〉附簡	臺〈墉〉(庸)	肰（然）句（後）奉之以中臺〈墉〉（庸）	新證
38	〈季康子問於孔子〉簡 11 後	昏（聞）	毋乃肥之昏(聞)也是左(差)虖(乎)？	改讀
39	〈季康子問於孔子〉簡 18 前	硅（重）	子之言也已硅（重）	新證
40	〈季康子問於孔子〉簡 22	才（哉）	滅（滅）速毋死（恒）才（哉）！	改讀
41	〈季康子問於孔子〉簡 11 前	多（移）一（易）	氏（是）古（故）夫敀（迫）邦甚難，民能多（移）一（易）	改讀
42	〈季康子問於孔子〉簡 11 前	宗宗（深）佝（厚）	前後無接續文字	改讀
43	〈季康子問於孔子〉簡 18	咢（厚）	氏（是）古（故）臤（賢）人大於邦，而又（有）咢（厚）心。	改讀
44	〈孔子見季桓子〉簡 1	玄（賢）	害（蓋）玄（賢）者是能罕（親）急=（仁，仁）者是能行䀘（聖）人之道。	新證
45	〈孔子見季桓子〉簡 15	眊（矚）	君子眊（矚）之㠯（以）亓（其）所眊（矚）	改讀
46	〈孔子見季桓子〉簡 19	容貌	▨▨（容貌）皆求異於人。	新釋
47	〈孔子見季桓子〉簡 14	砎（飾）兇（美）	好砎（飾）兇（美）㠯（以）爲▨（異）	改讀
48	〈從政〉甲 5	折（愼）	固三折（愼）。	新證
49	〈從政〉乙 2	章（彰）	㬎（顯）訪（嘉）懽（勸）信，則憍（僞）不章（彰）	改讀
50	〈從政〉甲 8	滷（鹵）	滷（鹵）則遊（失）眾。	新證
51	〈從政〉甲 8	道（導）	愄（威）則民不道（導）。	改讀
52	〈從政〉甲 17	道（導）	【孝=（君子）先】人則啓道（導）之	改讀
53	〈君子爲禮〉簡 11	虗（乎）	仲屖（尼）與虗（乎）子產篙（孰）臤（賢）？	改讀
54	〈弟子問〉簡 7	子	子曰	新釋
55	〈弟子問〉簡 8	子	子曰	新釋
56	〈弟子問〉簡 20	成〈戎〉(農)	又(有)成〈戎〉(農)植其槈而訶(歌)安（焉）	新釋〔註 1〕

〔註 1〕此字讀法採陳劍之說，唯字形認定與陳劍有異（參第四章第三節第一小節〔三〕「子過曹」一段），今姑歸之「新釋」。

	〈弟子問〉簡 4	侒（偃）	子曰：「侒（偃）！」	改讀
58	〈內豊〉內 8	匱（負）	孝子不匱（負），若（匿）才（在）腹中。攷（巧）叓（變），古（故）父母安之	新證
59	〈內豊〉內 8	頌（容）	行不頌（容）。	新證
60	〈內豊〉內 10	㓜（幼）	古（故）爲㓜（幼）必聖（聽）長之命，爲戔（賤）必聖（聽）貴之命。	新釋
61	〈昔者君老〉昔 1	相（將）	大（太）子朝君=（君，君）之母俤（弟）是相（將）。	改讀
62	〈相邦之道〉簡 1	此〈出〉	此〈出〉事=（使事），出政=（正政），毋忘所司（治）事	新釋
63	〈相邦之道〉簡 1	事=（使事）	此〈出〉事=（使事），出政=（正政），毋忘所司（治）事	改讀
64	〈相邦之道〉簡 3	政=（正政）	此〈出〉事=（使事），出政=（正政），毋忘所司（治）事	改讀
65	〈相邦之道〉簡 4	壅（欣）	不亦壅壅（欣）虐（乎）？	改讀
66	〈相邦之道〉簡 4	訮（訊）	孔=（孔子）曰：「女（如）訮（訊）乚。	新證

以上，爲本文關於文字考釋之研究成果，計改讀 39 字（含合文，下同），新證 16 字，新釋 11 字，凡 66 字。

（二）殘簡拼合

在殘簡拼合方面，由於第二章諸篇有其他抄本或傳本可資校對，故殘簡拼合的工作在原釋發表時即已完成，且學者多無異見。另一方面，由於第四章爲「集錄體」文獻，其中可提供殘簡拼合的線索較少。因此，本文所做殘簡拼合的工作主要集中在第三章「無其他抄本或傳本可資校對之文獻——對話體」的部分。今將殘簡拼合之研究成果列表如下：

序號	篇名	簡號	拼合後文句（破讀）	備註
1	仲弓	簡 5＋ 簡 28＋ 簡 7	以行矣，爲之〔簡 5A〕主謀如？」仲弓曰：「敢問爲政何先？」〔簡 5B〕仲尼：「〔簡 28〕【曰】老老慈幼，先有司，舉賢才，宥過舉罪，〔簡 7〕	
2	仲弓	簡 14＋ 簡 9	躁變不行，委蛇〔簡 14〕有成，是故有司不可不先也。」仲弓曰：「雍也〔簡 9A〕不敏，雖有賢才，弗知舉也。敢問舉才〔簡 9B〕	

3	仲弓	簡 21＋簡 22	曰：「雍，古之事君〔簡 21A〕者以忠與敬，雖其難也，汝惟以〔簡 21B〕【忠】。上下相復以忠，則民懽承教，盍□者不〔簡 22〕	
4	仲弓	簡 18＋簡 27＋簡 15	毋自惰也。昔三代之明王又（有）四海之內，猶勑〔簡 18〕。」仲弓曰：「敢〔簡 27〕問民務。」孔子曰：「善哉！問乎足以教矣，君〔簡 15〕	
5	季康子問於孔子	簡 8＋簡 21	也縈。烈今語肥也以處邦家之術曰：『君子不可以不強，不強則不立〔簡 8〕【君子不可以不□，不□則□□。君子不可以不】威，不威則民然（？）之。毋信玄憎，因邦之所賢而舉之。大罪殺〔簡 21〕	
6	孔子見季桓子	簡 24＋簡 21	不窮，君子流其觀焉；品物備矣，而無成德〔簡 24〕者，君子德己而立師保。慎其禮樂，導其【□□□□□□□□】〔簡 21〕	

以上，爲本文關於殘簡拼合的研究成果，計拼合完、殘簡 6 枚。必須說明的是，以上部分被拼合之殘簡，已有學者依其所載指出具先後關係（亦即加以排序），但對是否可以拼合則無進一步申論。於此，本文則從通篇文意及竹簡形制的角度進行考論，而提出可能拼合之說。

（三）簡序排列

與殘簡拼合相同，由於第二章諸篇有其他抄本或傳本可資校對，此一部分在原釋發表時即已完成，且學者對其方案亦多無異議，故本文所做之簡序排列工作主要集中在第三、四章「無其他抄本或傳本可資校對之文獻」部分。必須說明的是，以下各篇全篇之簡序固然爲本文所提，但篇中簡序之安排亦多有採學者之說者。今將本文調整過之篇章簡序標示於下表，並將本文所提之簡序編連（不含殘簡拼合）部分於備註欄中標出（若無，則空白）：

篇名	全 篇 次 序	備 註
子羔	簡 9→簡 11A＋簡 10＋簡 11B＋《香港中文大學文物館藏簡牘》（甲・戰國楚簡）簡 3＋簡 12→簡 13→簡 1＋簡 6＋簡 2→簡 3＋簡 4→簡 5＋簡 8→補 1→簡 7＋簡 14	簡 8→補 1→簡 7（補入 1 簡。）
仲弓	簡 1A＋簡 1B＋簡 4＋簡 26＋簡 2＋簡 5A＋簡 5B＋簡 28＋簡 7＋簡 8A＋簡 8B＋簡 8C＋簡 14＋簡 9A＋簡 9B＋簡 10B＋簡 19＋簡 17＋簡 11A＋簡 11B＋簡 13→簡 18＋簡 27＋簡 15→簡 20A＋簡 20B＋簡 20C＋簡 6＋簡 23B＋簡 23A＋簡 24＋簡 25＋簡 12＋簡 21A＋簡 21B＋簡 22+簡 16+簡 3	1.簡 13＋簡 27 2.簡 25＋簡 12

季康子問於孔子	簡1＋簡2＋簡3＋簡4→簡11B＋簡18A→簡6＋簡7→簡5→簡22B→簡11A＋18B→簡17→簡12＋簡15B→〈內豊附簡→簡8＋簡21＋簡22A＋簡13＋簡14＋簡9＋簡10＋簡19＋簡20＋簡23。	簡5→簡22B→簡11A＋18B→簡17→簡12
孔子見季桓子	「簡1＋簡4」＋「簡20＋簡3」＋「簡24＋簡21」＋簡5＋簡15→「簡16＋簡6」＋「簡10＋簡8」→簡9→簡12＋「簡2＋簡7」→「簡26＋簡14」＋「簡11＋簡22」＋「簡19＋簡17」＋「簡18＋簡13」→簡27	1. 簡4＋簡10 2. 簡6＋簡20 3. 簡24＋簡5＋簡15
從政	甲1＋甲2＋甲3＋甲4→甲17＋甲18＋甲12＋乙5＋甲11＋甲14→乙4→甲13→甲16＋乙3→甲10→甲15＋甲5＋甲6＋甲7→乙1＋乙2→乙6＋甲8＋甲9→甲19	1. 甲8＋甲9 2. 乙4→甲13
君子爲禮	（一）簡1＋簡2＋簡3＋簡9A＋簡4＋簡9B （二）簡11＋簡15＋簡13＋簡16＋簡14＋簡12→簡10 （三）簡5＋簡6→簡7＋簡8→〈弟子問簡3〉	
弟子問	（一）簡2＋簡1→簡23→簡7＋簡8 （二）簡10→簡17＋簡20→簡4＋簡21→簡22 （三）簡13＋簡12＋簡15→簡16→簡5 （四）簡6＋簡9 （五）附簡＋簡11＋簡24 零簡：簡19、簡14	1. 簡1→簡23→簡7 2. 簡10→簡17 3. 簡4＋簡21→簡22 4. 附簡＋簡11 5. 簡6＋簡9
內豊（昔者君老）	內1＋內2＋內3＋內4＋內5＋內6A＋內6B＋內7＋內8＋內9＋昔3→內10→昔1→昔2＋〈季康子問於孔子〉簡16→昔4	1. 內6A→內7→內6B〔註2〕 2. 內8＋內9＋昔3

以上，爲本文在簡序排列方面之研究成果，計有排序或編連組16組。

附帶一提的是，經過對上博楚簡「禮記類」文獻整理方案的研究後，筆者對於出土簡本典籍——尤其是非經科學考古途徑所得，問世時簡序皆已散亂之簡本典籍之整理工作，有如下心得：

散亂之簡本典籍由於編繩往往俱已腐爛，無法繫連同一簡冊中之各單枚簡，故整理工作除文字之考釋外，另一重要工作即爲簡序之重新排列。若遇到像上博楚簡般，同時出現一種以上文獻之情況，且各篇竹簡皆混雜於一處，

〔註2〕本案與「內6A＋內6B＋內7」皆可通。

則簡序的安排即更為困難。面對此種情況，若有其他文獻可以對照，則其簡序安排的工作固然以「文本比較法」為主，但若無其他文獻可以對照，則可以依以下步驟進行：

第一、依竹簡之顏色、簡長、簡形、編繩數量與位置等形制，以及簡文字形字體、使用的符號與墨色等抄寫現象，將可能抄寫於同一簡冊之單枚簡初步歸類。

第二、初步考釋文字，並試圖拼合殘簡，將文字上可以連讀之單簡組成「編連組」。在形成編連組後，再對文字進行第二次考釋，並調整原來的考釋結果。在這個步驟之後，往往會出現無法被歸置於編連組中之零簡。

第三、依照文字書寫位置、題名、篇末符號等，決定首簡及末簡。若首尾簡與其他簡可以編連，則可定出首尾兩段之編連組。至此，即可參考各編連組文意，以推求全篇之文章結構。若全篇有文章結構可言，則可進一步依此對編連組進行排序；若無結構可言，則可姑將內容相近之編連組置於同處，並在整理方案中加以說明。

第四、依通篇整理後之面目，討論無法歸置於編連組之零簡，並依其文意安排至篇中，加以說明。必須注意的是，零簡之安排不可牽強附會，若發現零簡文意與全篇所述無涉，亦可將之摒除於該篇之外。

如第一章提及文獻整理之研究方法處所述，文獻整理工作並無固定之方法可言，端看竹簡殘存的實際情況而論，故以上所述僅為一般性之整理步驟。本文第三、四章之整理工作大抵依此步驟，亦取得某種程度的效果。當然，實際進行各篇之整理工作時，仍須針對該篇之實際狀況，靈活運用。

二、第五章——內容論述方面

本文在上博楚簡「禮記類」文獻之內容論述部分置於第五章，其研究成果主要表現在二方面：其一、討論上博楚簡「禮記類」文獻中之「特殊觀念」。其二、依上博楚簡「禮記類」文獻各篇之內容及其他訊息，推論其文獻性質。以下分而述之。

（一）討論上博楚簡「禮記類」文獻中之「特殊觀念」

第五章討論上博楚簡「禮記類」文獻中之「特殊觀念」。此處所云「特殊觀念」，指的是簡文所載未詳見於《論語》之觀念或議題。這些觀念或議題又可依是否受他家影響而分爲兩大類：第一類爲《論語》有所提及但無詳細討論之議題，可視爲孔子後學對《論語》思想的申論，純屬儒家內部思想之發展。在簡文中，這類議題有「人性論」、「人道與心術」及「樂論」三者，主要集中在〈性情論〉一篇。此外，〈性情論〉所載之「人性論」適可與傳世文獻作一比較，而可提供今人考究其文獻性質的線索，故本文在探究第一類思想時，亦對〈性情論〉所屬學派作一推測。第二類爲受他家思想影響之篇章。此一部分又可以分爲「議題的回應」及「觀念的引入」二者，前者指的是以〈子羔〉爲主，對「血緣在統治正當性中的地位」議題之討論，以及以〈君子爲禮〉、〈季康子問於孔子〉爲主，對「德位關係」之討論，而此二者又與先秦「尚賢」思想之發展，以及智識階層地位之提升有關。簡文中關於此二議題的主張，雖仍可在儒家思想中找到立足點，但儒家對於此一議題的重視，除緣於外在社會環境之改變外，恐亦與墨家對「尚賢」觀念的提倡有關。後者指的是〈民之父母〉中所反映出之道家「以無爲本」的論述方式，以及〈魯邦大旱〉、〈天子建州〉中之「陰陽刑德觀」。據此，亦可大致推求〈子羔〉、〈君子爲禮〉、〈季康子問於孔子〉、〈魯邦大旱〉及〈天子建州〉之時代背景。凡此，皆爲上博楚簡「禮記類」文獻中受他家思想影響者，可視之爲戰國儒家對他家思想的吸收或回應。

（二）各篇文獻性質之推論

藉由觀念之分析而指出上博楚簡「禮記類」文獻各篇之思想背景，並參考其他線索，考察其文獻性質，乃爲本文在內容論述上之第二項成果。略言之，上博楚簡「禮記類」文獻各篇所載，依上文所論乃可分爲三類：其一、僅反映先秦儒家思想特徵之觀念、第二、發展《論語》思想之觀念、第三、原不屬儒家之觀念。必須說明的是，此三類觀念可能同時出現於同一篇章。因爲，第一類文獻既無出現與《論語》明顯牴牾之觀念，則在某種程度上皆可視之爲對孔子思想的闡述，而上博楚簡「禮記類」文獻中引入他家觀念或論述方式之篇章，亦可視爲對《論語》思想之發展。換言之，單篇文獻中可能包含一類、兩類，甚至三類的內容。爲明眉目，今將各篇所載內容依上述分類列表如下：

篇　名	反映儒家思想特徵之觀念	發展《論語》思想之觀念	原不屬儒家之觀念	備　註
〈緇衣〉	✔			簡本尚未問世之前即有子思、公孫尼子二說。無論如何，其著作時間當在戰國。
〈性情論〉	✔	✔		其「人性論」與「樂論」與世碩、公孫尼子一派主張相近。
〈民之父母〉	✔	✔	✔	受道家「以無爲本」之論述方式影響，以「三無」說解內在精神與外在形式之關係。
〈天子建州〉	✔	✔	✔	「陰陽刑德觀」在政治與軍事上之應用與黃老思想所持相近。
〈子羔〉	✔	✔		所論「血統與統治的正當性」乃受墨家影響，而「德位關係」的討論，其時代背景當爲戰國。
〈仲弓〉	✔			參考不同文獻而成篇，其中亦包括《論語・子路》「仲弓爲季氏宰」章，故其著作時間大抵在《論語》成書後。
〈魯邦大旱〉	✔	✔	✔	引「陰陽刑德觀」入「旱災對應說」。
〈相邦之道〉	✔			
〈季康子問於孔子〉	✔			
〈從政〉	✔			
〈君子爲禮〉、〈弟子問〉	✔	✔		將孔子地位提升至堯舜之上。
〈內豊〉（含〈昔者君老〉）	✔			大部分內容嘗爲曾子弟子後學所傳。其產生時間不早於戰國。

在第五、六章對上博楚簡「禮記類」文獻之思想及價值進行討論時，往往隨文討論各篇文獻性質，但由於並非以專節的方式論述，故所論散見各處、難以檢閱。今透過本表，可以將各篇之文獻性質整理、說明如下：

其一、〈緇衣〉、〈仲弓〉、〈相邦之道〉、〈季康子問於孔子〉、〈從政〉及〈內豊〉（含〈昔者君老〉）等七篇，其內容大抵僅反映先秦儒家之思想特徵，可視之爲闡述孔子思想之著作。其中，〈緇衣〉之學派在簡文未問世前即有子思、公孫尼子二說，學者聚頌紛紛〔註 3〕。無論何說爲是，其著作時間當在戰國。又，〈仲弓〉對孔子之稱謂，或云「孔子」，或云「仲尼」，可知其乃參考不同文獻而成篇，而就其中一段與《論語・子路》「仲弓爲季氏宰」章僅爲簡繁之不同耳觀之，則所參考者亦包括《論語・子路》「仲弓爲季氏宰」章，故其著作時間當在《論語》成書後。又，〈內豊〉（含〈昔者君老〉）大部分內容嘗爲曾子弟子後學所傳，則其產生時間亦不早於戰國。至於其他篇章之詳細作者、學派及產生時間則無從考察。〔註 4〕

其二、〈性情論〉、〈子羔〉、〈君子爲禮〉及〈弟子問〉等篇，除闡述《論語》思想外，對於《論語》未詳述之觀念有所申論，可視之爲戰國儒家發展孔子思想之著作，而〈性情論〉並可就思想上考察其爲世碩、公孫尼子一派之著作。

其三、〈民之父母〉、〈天子建州〉及〈魯邦大旱〉等篇中有引他家之表述方式或觀念以入儒家思想的現象，而此種各家思想互相滲透、融合的情況當不致太早出現，故上述篇章大抵可視之爲戰國中期以後之儒家著作。

總上，可見上博楚簡「禮記類」文獻，大部分爲戰國時期之儒家著作，而其他難以確定其產生時間者，亦無從證明其可直接反映孔子思想一事。

三、第六章——學術價值方面

論述上博楚簡「禮記類」文獻之學術價值，乃爲本文之最後一項研究工

〔註 3〕相關問題可參程元敏，〈《禮記・中庸、坊記、緇衣》非出於《子思子》考〉，《張以仁先生七秩壽慶論文集》（臺北：學生書局，1999 年），頁 1～47。由於簡本〈緇衣〉與傳世本〈緇衣〉內容大體相近，故簡本的問世對於〈緇衣〉之學派歸屬問題並無法提供關鍵性之突破，故此不詳論。

〔註 4〕部分學者嘗試推論上述篇章之學派性質及產生時間，如楊朝明認爲〈從政〉各章以「聞之曰」起首之書寫方式，與《禮記》中沈約認爲採自《子思子》之四篇——〈坊記〉、〈中庸〉、〈表記〉及〈緇衣〉以「子曰」爲起首之書寫方式相同，且二者思想相近相通，故當爲《子思子》佚篇。參楊朝明，〈上博竹書《從政》篇與《子思子》〉，載《孔子研究》（濟南：中國孔子基金會，2005 年 2 期），頁 17～24。案：此說仍乏確證，其一、姑不論「聞之曰」與「子曰」二者文字已不同，即令相同，孔子既爲先秦儒家所共宗，則各學派引其語以述其說，亦爲常理。況且，〈內豊〉（含〈昔者君老〉）亦有「君子曰」之起首方式，其作用與「聞之曰」相同，僅爲各章起首標示語，並無深意可求。其二、就思想言，〈從政〉所載乃爲《論語》思想之闡述，其與同屬儒家之《禮記》等四篇思想相近相通，亦屬常理。因此，楊氏之說仍待商榷。

作。要言之，上博楚簡「禮記類」之學術價值凡四：「文字學價值」、「文獻學價值」、「學術史、思想史價值」及「一般史價值」。在第六章中，本文對上述學術價值皆有所論，唯依個人研究心得而將焦點置於「文獻學價值」部分。故而，在章節的安排上，前三節所論皆爲其文獻學價值部分，僅於第四節討論「一般史價值」。以下就全章所述提要如下：

在第一節之前，本文略述上博楚簡「禮記類」文獻之「文字學價值」及「學術史、思想史價值」，認爲：在文字學方面，簡文之問世提供了許多戰國楚文字的材料，而其中有其他抄本或傳本的部分，對於今人考察文字提供了較爲有力的證據，對戰國楚文字的研究有相當程度的幫助。在學術思想史方面，其價值則在爲儒學史的研究上提供地下材料，而印證傳世文獻所反映出之情況——孔子歿後，戰國儒家在社會環境及其他思想之衝擊下，所產生之分化現象及進行之各種嘗試。此外，上博楚簡中儒家文獻所佔比率高於他家文獻的情況，亦反映出儒學在楚國興盛的程度。

第一節以「書寫者對簡本典籍內容之影響」爲題，指出「簡本典籍內容之異文性」現象，並將「簡本典籍內容之改變及其內涵之轉移」的現象分爲「文字層次」、「字句層次」及「段落層次」一一說明。其中，在段落層次的部分並以「郭店〈性自命出〉篇章之分合問題」爲例，說明「簡本典籍篇章之分合」現象，試圖說明簡本典籍在流傳過程中書寫者對其內容改變之關鍵地位，以說明上博楚簡「禮記類」文獻之問世對今人瞭解先秦簡本典籍流傳狀況之幫助，以及簡本典籍及其所處環境之關係。

第二節以「上博楚簡『禮記類』文獻與傳世文獻考論」爲題，藉由上博楚簡「禮記類」文獻中可與傳世文獻對應之篇章——「上博、郭店本〈緇衣〉與《禮記・緇衣》」、「〈民之父母〉與《禮記・孔子閒居》、《孔子家語・論禮》」及「〈內豊〉與《大戴記》曾子諸篇」等篇異文關係之討論，指出簡文的問世對傳世文獻內容之解讀及成書過程瞭解之幫助。

第三節以「《大戴記》、《禮記》文獻性質重考」爲題，對《大戴記》、《禮記》之成書過程及文獻性質的傳統說法重新析論，並參考前節對簡文與傳世文獻對校的結果，重新對《大戴記》、《禮記》之文獻性質問題作一討論，認爲上博楚簡「禮記類」文獻的問世，有助於肯定傳統上對《大戴記》、《禮記》所載大抵源自先秦之說，而對二書文獻價值之提升有所幫助。

第四節以「〈仲弓〉三考」爲題，討論簡文之「一般史」價值，認爲：

在一般史研究方面，上博楚簡「禮記類」文獻部分載有歷史人物的內容，有助於今人考察先秦某些歷史事件或傳說。例如，〈仲弓〉所載適可幫助今人「確定仲弓所任爲『家宰』」，且「有助於瞭解春秋時代『家宰』的職責」，並「確定仲弓所事者爲季桓子，並可進一步討論考其任宰時間」。又如，〈子羔〉中關於夏商周三代先王之神異傳說，亦可作爲先秦神話研究之材料。凡此，皆爲簡文之「一般史價值」。

第二節　上博楚簡「禮記類」文獻之研究性評估

如上所述，上博楚簡「禮記類」文獻之學術價值大抵可分爲「文字學」、「文獻學」、「學術史、思想史」及「一般史」價值四部分。其中，在一般史研究方面，由於簡文之考古資料闕如，且文獻性質無法完全肯定，加上內容多可見於傳世文獻，故其研究價值相對有限。除前所述〈仲弓〉所反映之問題外，學者著墨較多者僅爲〈子羔〉中所載，「三王」傳說中所見傳世史料所無內容。〔註 5〕此外，其餘三方面在學界皆引發研究風潮，相關論述甚多。然而，由於上博楚簡尚未完全發表，故學者之研究往往止於單篇文獻，對上博楚簡之整體或專題性研究則不多。因此，本文乃以「上博楚簡『禮記類』文獻研究」爲題，希望從較爲宏觀的角度出發，針對上博楚簡中屬「禮記類」之已發表文獻作一整體性研究。相關研究結果如上節所述。今乃依筆者對上博楚簡「禮記類」文獻之瞭解，在「文字學」、「文獻學」及「學術思想史」等學術領域作一簡要之研究性評估。

一、文字學方面

由於上博楚簡文字載於典籍文獻之上，而不似載於其他材料（如銅器、玉石、陶器）、文獻（如公文、法令）之文字，故所載文字得以依文本內涵加以推求，在釋讀上較爲有利。再者，上博楚簡「禮記類」文獻提供了部分異體字或假借字，對於戰國文字實際之使用方式提供了一手資料。此外，透過上博楚簡與其他出土、傳世文獻「可對應篇章」之校讀，對於楚簡中部分

〔註 5〕如羅新慧，〈從上博簡《子羔》和《容成氏》看古史傳說中的后稷〉，《史學月刊》（河南：《史學月刊》編輯部，2005 年 2 期）。又，魯瑞菁，〈上海博物館藏戰國楚竹書《子羔》感生神話內容析論——兼論與兩漢經說的關係〉，《傳統中國研究集刊》（上海：上海人民出版社，2006 年 12 月），頁 294～306。

文字的釋讀往往可以提供關鍵性的證據。

職是之故，文字學研究乃爲上博楚簡研究中最爲興盛之學術領域。憑藉網站發表的便利性，研究論著與原釋發表之時間幾爲同時。甚至，有時原釋尚未出版，已有學者發表相關研究論著。因此，文字學家對上博楚簡諸篇之文字幾可以「地毯式」研究形容，而「禮記類」文獻亦不例外。值得注意的是，楚簡的大量出土，除提供文字學領域之研究材料外，亦提供許多其他語言學領域，如聲韻學〔註6〕、語法學〔註7〕的一手材料，已引學者的注意，並在研究上古漢語時作爲材料。

儘管如此，上博楚簡「禮記類」文獻在文字釋讀部分上之研究仍存有爭論，原因在於楚簡文字性質之「雅正性」與「代表性」令人懷疑。在缺乏出土報告、文字使用狀況缺乏規範、書寫者知識水準良莠不齊，且部分文字具「哲學性」意涵的情況下，許多文字的釋讀依然見仁見智。

因此，本文在文字釋讀上，除參考一般文字學、語言學之知識外，其焦點乃置於配合該字所屬文獻（或性質較爲接近之其他上博文獻）之思想內涵以釋讀文字。由於上博楚簡「禮記類」文獻屬思想性文獻，且戰國時之文字使用狀況尚無嚴格規範，故許多文字之釋讀問題，若僅依恃文字學的知識乃無法解決。於此，本文所作全篇思想內涵之研究，以及文獻性質相近之「禮記類」文獻的系統研究，即可提供文字釋讀在思想內涵方面之訊息。

最後，筆者以爲在上博楚簡「禮記類」文獻之文字釋讀方面若欲有重大突破，則需將文字研究本身由個別單一文字的考釋，擴充至對整體楚簡文字系統的研究，再從整體的文字系統反觀個別文字。今日，已有學者針對戰國楚文字之「用字」進行調查〔註8〕，亦有學者對上博楚簡進行「文字構作系統

〔註6〕如沈建民、霍冬梅，《上博館藏戰國楚竹書音韻研究》華南師範大學「漢語言文字學」碩士論文，2007年5月。李存智，〈郭店與上博楚簡諸篇音韻研究——陰聲韻部通假關係試探〉，「2007中國簡帛學國際論壇」論文（台北：國立臺灣大學中國文學系、武漢大學簡帛研究中心、芝加哥大學顧立雅古文字學研究中心，2007年11月）。

〔註7〕巫雪如，〈由先秦指代詞用法探討郭店、上博及今本《禮記》〈緇衣〉之相關問題——兼探三本〈緇衣〉之流傳〉，「2007中國簡帛學國際論壇」論文（台北：國立臺灣大學中國文學系、武漢大學簡帛研究中心、芝加哥大學顧立雅古文字學研究中心，2007年11月）。

〔註8〕參詹鄞鑫、韓同蘭，《戰國楚文字用字調查》（華東師範大學「漢語言文字學」專業博士論文，2003年5月）。

分析」〔註 9〕，其中，即納入了部分上博楚簡文字。隨著簡文發表數量的增加，已有學者針對上博楚簡之文字進行系統性研究。舉例而言，李守奎以其指導之學位論文爲基礎，已針對《上海博物館藏戰國楚竹書》（一）至（五）冊作出文字編。〔註 10〕就數量上言，郭店、上博楚簡所載文字，已提供全面研究楚國文字系統的條件。相信藉由戰國楚文字系統的全面研究，可以爲上博楚簡「禮記類」的文字釋讀問題提供許多關鍵性的幫助。

二、文獻學方面

就出土文獻之性質言，上博楚簡在文獻學上之價值固然甚高，但尤爲重要者，乃爲其在數量上之「多」。以數量而言，上博楚簡乃近百年來出土之最大批先秦典籍，爲先秦簡本典籍提供了豐富的一手研究材料。

但是，由於上博楚簡之問世一波三折，經文物市場而至學術單位，在幾經波折後其簡文已不完整，故其簡序之編連排列相較於其他楚簡文獻，如郭店楚簡，難度乃高出許多。因此，上博楚簡全篇簡序之編連排列問題乃成爲其在文獻學研究上的基礎工作，而學者亦對此一工作有所關注。上博楚簡各篇文獻中，從細部的殘簡拼合至全篇之簡序編連排列，多有學者提出其說。以「禮記類」文獻而言，有其他抄本或傳本可資校對者在簡序編連上自不成問題；然而，在無抄本或傳本可資校對的篇章部分，各篇除原釋所提之外，學者亦多有提出調整者，且少數學者甚至針對全篇之整理方案提出其說，本文即爲一例。因此，在上博楚簡「禮記類」文獻的簡序編連排列方面，學者之研究論著在數量上雖不如文字學領域多，但在無抄本或傳本可資校對的文獻部分仍有許多研究論著。但是，由於各篇文獻之簡文殘損況狀不同、文體有異，故部分篇章之編連排列工作與文字學領域一樣，存在見仁見智的困境。又，部分篇章由於殘損嚴重，無足夠之訊息足以推求其簡序，故存在簡序無法編連排列的情況。此爲上博楚簡「禮記類」文獻之整理工作所遭遇的問題。

另一方面，在簡序沒有問題的篇章部分，學者研究之焦點乃在藉由不同抄本或傳本的校對以探求新知。此種校對文獻之方法屬「校讎學」，只是所校

〔註 9〕參臧克和、吳建偉《戰國楚文字構件系統分析和《上海博物館藏楚竹書（一）》文字考辨》（華東師範大學「漢語言文字學專業」博士論文，2004 年 4 月。）

〔註 10〕李守奎、曲冰、孫偉龍，《上海博物館藏戰國楚竹書（一）～（五）文字編》（北京：作家出版社，2007 年 12 月）。

對象為簡本典籍文獻而已。但是，與文字學一樣，對於上博楚簡之校對研究，必須顧慮者仍為簡本之「雅正性」與「代表性」問題。由於缺乏考古訊息，使今人無法得知此批文獻之載體（即竹簡）及書寫現象是否足以代表戰國楚人之一般狀況。尤其是部分文獻文字水準低劣之程度（如〈孔子見季桓子〉），甚至令人懷疑其是否可讀，抑或僅為非正式之草稿？因此，以之作為文獻校對之底本是否合適，乃為一必須討論的問題。

面對上述問題，部分學者採取之態度如下：其一、針對無其他抄本或傳本可資校對的材料，全篇「有文章結構可言者」以其文章結構作為安排簡序之重要依據；「無文章結構可言者」則以歸類之原則安排其簡序。其二、針對有傳世本可資校對的文獻，在研究上除參考簡文外，仍須多方參考其他材料。以上幾點，筆者以為合理，故本文在文獻研究方面亦予以採用。準此，在本文中，上博楚簡「禮記類」文獻各篇雖尚無法完整復原，但已足以掌握全篇之思想大旨；而在以文獻校對為基礎之研究方面，亦針對上博楚簡「禮記類」文獻之「文獻學」價值從三方面加以論述：其一為可讓今人對戰國時期之文獻傳抄狀況有進一步的瞭解；其二為可用以校對傳世文獻的內容，並依推論其在傳抄過程中可能發生的情況。其三為可用以考察與之性質相近之傳世文獻——《大戴記》、《禮記》之性質。

最後，筆者以為上博楚簡「禮記類」文獻在文獻整理及文獻校對方面，可從以下數端進行研究，以求突破現有困境：其一、在文獻整理方面，研究以科學儀式或方法測量竹簡之可能性。在長沙子彈庫帛書中，即運用紅外線拍攝帛書而得出字跡、圖畫異常清晰的照片〔註 11〕；在古瓷研究中，運用「熱釋光」（thermoluminescence）法可以估算出瓷器燒制年代。〔註 12〕凡此，皆為科學方法對文獻或文物研究之幫助；簡帛研究，亦可借鑑。其二、在上博楚簡文獻之性質方面，可以從楚國之隨葬習慣、楚人對儒家思想之接受程度等「文化環境」的角度來審視簡文之文獻性質，而評估其文獻學價值，使簡文之應用更為適切。

〔註 11〕參李零，《長沙子彈庫戰國楚帛書研究》（北京：中華書局，1985 年 7 月），頁 20～21。

〔註 12〕「熱釋光」是晶體受到輻射作用後積蓄起來的能量，在熱過程中重新以光的形式釋放出來的結果。利用這一現象，可以測定陶瓷器和磚瓦等物體的燒制年代。參王維達，《中國熱釋光與電子自旋共振測定年代研究》（北京：中國計量出版社，1997 年 3 月），頁 1。

三、學術史、思想史方面

藉由出土文獻的研究以改變傳統文獻所建立之學術觀點，在學術界上已非新說，且廣爲學者認同。故而，上博楚簡在學術史、思想史之價值，最顯而易見者爲爲無傳世文獻可以對應之篇章。然而，有傳世文獻可以對應之篇章，其學術價值亦不容小覷。因爲，前者固可爲今人提供新抄本，但後者藉由與傳世文獻的校對，而透露之「內涵轉移」訊息，亦可作爲思想演變之例證，故其學術史、思想史價值亦不在前者之下。

因此，如同郭店楚簡一般，上博楚簡於尚未正式發表前即已引起學者關注；在正式發表後，學者在學術史、思想史之研究方面亦甚爲熱烈，相關論述甚多。然而，學者關於上博楚簡之學術、思想研究多限於個別篇章，尚且無法討論「禮記類」文獻在思想史、學術史研究上之整體面貌。故而，筆者乃以「觀念」爲論述單位，將上博「禮記類」文獻所載觀念大分爲二：「反映儒家思想特徵之觀念」及「特殊觀念」，以凸顯其整體思想風貌。

另一方面，由於學術觀點之不同，學者看待上博楚簡之態度亦有異。淺野裕一認爲，日本學者在上博楚簡之產生時間問題上，大抵可分爲三種觀點：其一、將之視爲僞造品；其二、將之視爲戰國晚期著作；其三、將之視爲西元前 300 年左右的寫本。〔註 13〕較之於華人學界，淺野氏所云的三種觀點中，除第一種甚爲少見外，其他兩種觀點亦各有學者主張。從科學鑑定的結果觀之，除第一種可以被完全排除外，另外兩種情況皆有可能。因爲上海博物館曾於西元 1995 年「兩次請中國科學院上海原子核研究所對竹簡作了歷史年代測定，由超靈敏小型回旋加速器質譜儀測出竹簡距今時間爲 2257 ±65 年」。〔註 14〕2257±65 年前即爲西元前 328～198 年，約當戰國中、晚期至漢初，然從抄寫文字觀之，簡文當爲戰國時期楚文字，故此批竹簡可視之爲戰國中、晚期之抄本。慮及簡本之產生可能在抄寫時間之前（亦可能同時），以及年代測定之誤差範圍以下迄漢代，科學鑑定並無法爲上述第二、三種觀點何者較佳提供任何評定。而此兩種觀點之關鍵性差別乃在簡文所載是否足以如實反映孔子及其弟子思想。認爲足以反映孔子及其弟子思想者，動輒以之作爲論述孔子思想之材料，並認爲另一種觀點過爲「疑古」，而「疑

〔註 13〕參淺野裕一著、佐藤將之譯，《戰國楚簡研究》（臺北：萬卷樓圖書股份有限公司，2004 年 12 月），〈原作者序〉頁 vii。

〔註 14〕參馬承源、朱淵清，〈馬承源先生談上博簡〉，《上博館藏戰國楚竹書研究》（上海：上海書店出版社，2002 年 3 月），頁 3。

古」爲民國初年之特殊學術風氣，不足採信；而認爲不足以反映孔子思想者，較爲嚴謹地看待簡文，大抵將之視爲戰國儒家之作，並認爲前者不尊重民國以來對文獻研究所建立之學術規範。

面對此一問題，本文大抵採取後者之態度，但亦不否認上博楚簡可上溯至孔子弟子的可能性。蓋民國以來所謂「古史辨」運動，其學術成就不在對傳統典籍之否定，而在史料鑑別觀念及理論之建立。而且，就實際研究而言，在典籍之文獻性質研究上完全否定史籍所載之學者乃屬一小部分，亦有學者透過古史研究強調史籍所載之不可忽視。〔註 15〕因此本文以爲，面對出土材料，仍須對其文獻性質作一討論。關於此一問題，本文大抵藉由對篇中「觀念」的討論，並參照其他訊息，以推論上博楚簡「禮記類」文獻諸篇之性質。

研究後發現，上博楚簡「禮記類」文獻雖屬新出土文獻，但其中所載未見於傳世文獻者僅佔少數。另一方面，藉由簡文與傳世文獻的校對，可以發現漢人有關大、小戴《記》之敘述大抵可信，值得重視。因此，筆者以爲在學術史、思想史的研究上，與其過度強調簡文所載，不如將焦點置於與其性質相近之傳世本大、小戴《記》。

鄭吉雄在《出土文獻研究方法論文集（初集）》〔註 16〕的〈導言〉指出「東亞文獻研究既要加強傳統文獻學諸如版本、目錄學的研究以及文獻的蒐訪、輯佚，同時也應以廣義的語文學（philology）爲基礎，將語言學、古文字學等涉及語源學（etymology）的知識領域，和經典解釋、思想史（intellectual history）等研究領域相整合。邁入二十一世紀，隨著新材料的出現、新觀念的提出，以及新方法的運用，『整合』早已是人文學研究的一條坦途。」其說甚是。因此，「整合」不同研究方法以綜合討論上博楚簡「禮記類」文獻，亦爲本文努力以致的目標。

〔註 15〕例如錢穆在《國史大綱》中所云，甲骨文字所載商代先公王與符於《史記》所載，故《史記》中所載夏事即不必不信。參錢穆，《國史大綱》（臺北：商務印書館，1994 年 1 月），頁 14。

〔註 16〕葉國良、鄭吉雄、徐富昌，《出土文獻研究方法論文集初集》（臺北：國立臺灣大學出版社，2005 年 9 月）。

引用、參考書目

一、專　著

1. 丁四新，《郭店楚墓竹簡思想研究》（北京：東方出版社，2000 年 10 月）。
2. 丁四新，《楚地簡帛思想研究（一）》（武漢：湖北教育出版社，2002 年 12 月）.
3. 丁四新，《楚地簡帛思想研究（二）》（武漢：湖北教育出版社，2005 年 4 月）。
4. 丁四新，《楚地簡帛思想研究（三）》（武漢：湖北教育出版社，2007 年 4 月）。
5. 丁原植，《楚簡儒家性情說研究》（臺北：萬卷樓圖書有限公司，2002 年 5 月）。
6. 王國維，《觀堂集林》（上海：上海書店民國叢書影印商務印書館 1940 年本）。
7. 王應麟，《漢藝文志考證》（臺北：商務印書館景印文淵閣四庫全書第六七五冊）。
8. 朱淵清、廖名春，《上博館藏戰國楚竹書研究》（上海：上海書店出版社，2002 年 3 月）。
9. 朱淵清、廖名春，《上博館藏戰國楚竹書研究續編》（上海：上海書店出版社，2004 年 7 月）。
10. 牟宗三，《政道與治道》（收錄於《牟宗三先生全集》）（臺北，聯經出版社，2003 年 4 月）。
11. 吳・韋昭，《國語》（臺北：宏業書局，1980 年 9 月）。
12. 宋・朱熹，《四書章句集注》（北京：中華書局，2001 年 11 月）。
13. 李天虹，《郭店竹簡《性自命出》研究》（武漢：湖北教育出版社，2003 年 1 月）。

14. 李守奎、曲冰、孫偉龍，《上海博物館藏戰國楚竹書（一）～（五）文字編》（北京：作家出版社，2007 年 12 月）。
15. 李伯謙、艾蘭、李學勤，《新出簡帛研究・序》（北京：文物出版社，2004 年 12 月）。
16. 李珍華、周長楫，《漢字古今音表》（北京：中華書局，1999 年 1 月）。
17. 李解民，《尉繚子譯注》（河北：人民出版社，1995 年 4 月），頁 6。
18. 李零，《上博楚簡三篇校讀記》（北京：中國人民大學出版社，2007 年 8 月）。
19. 李零，《簡帛古書與學術源流》（北京：新華書店，2004 年 4 月）。
20. 李滌生，《荀子集釋》（臺北：學生書局，1988 年 10 月）。
21. 汪榮寶，《法言義疏》（北京：中華書局，1996 年 9 月）。
22. 清・阮元，《曾子十篇・敍錄》（北京：中華書局，叢書集成初編本）。
23. 宗福邦、陳世鐃、蕭海波，《故訓匯纂》（北京：商務印書館，2003 年 7 月）。
24. 季旭昇，《上海博物館藏戰國楚竹書（一)》讀本》（臺北：萬卷樓圖書，2007 年 10 月）。
25. 季旭昇，《上海博物館藏戰國楚竹書（二)》讀本》（臺北：萬卷樓圖書，2003 年 7 月）。
26. 季旭昇，《上海博物館藏戰國楚竹書（三)》讀本》（臺北：萬卷樓圖書，2005 年 10 月）。
27. 季旭昇，《上海博物館藏戰國楚竹書（四)》讀本》（臺北：萬卷樓圖書，2007 年 3 月）。
28. 韋伯（Max Weber）著、康樂等編譯，《支配的類型：韋伯選集（Ⅲ)》（臺北：遠流出版事業股份有限公司，1997 年 2 月）。
29. 唐・孔穎達，《毛詩正義》（臺北：新文豐出版公司，2001 年 6 月）。
30. 唐・孔穎達，《尚書正義》（臺北：新文豐出版公司，2001 年 6 月）。
31. 唐・孔穎達，《禮記正義》（臺北：新文豐出版公司，2001 年 6 月）。
32. 唐・徐堅，《初學記》（北京：中華書局，1985 年 9 月）。
33. 唐・陸德明，《經典釋文》（上海：上海古籍出版社影印北京圖書館藏宋刻本）。
34. 唐・魏徵，《隋書》（台北：藝文印書館影清乾隆武英殿本）。
35. 晉・王肅，《孔子家語》（臺北：中華書局，1985 年 3 月影印宋蜀本）。
36. 晉・王肅，《孔子家語》四部叢刊本（上海：涵芬樓影印江南圖書館藏明翻宋本）。

37. 荊門市博物館，《郭店楚墓竹書》（北京：文物出版社，2005年4月）。
38. 馬承源等，《上海博物館藏戰國楚竹書（一）》（上海：上海古籍出版社，2001年11月）。
39. 馬承源等，《上海博物館藏戰國楚竹書（二）》（上海：上海古籍出版社，2002年12月）。
40. 馬承源等，《上海博物館藏戰國楚竹書（二）》，（上海：上海古籍出版社，2002年12月）。
41. 馬承源等，《上海博物館藏戰國楚竹書（三）》（上海：上海古籍出版社，2003年12月）。
42. 馬承源等，《上海博物館藏戰國楚竹書（五）》（上海：上海古籍出版社，2005年12月）。
43. 馬承源等，《上海博物館藏戰國楚竹書（六）》（上海：上海古籍出版社，2007年7月）。
44. 馬承源等，《上海博物館藏戰國楚竹書（四）》（上海：上海古籍出版社，2004年12月）。
45. 高亨，《古字通假會典》（北京：齊魯書社，1997年7月）。
46. 國家文物局古文獻研究室，《馬王堆漢墓帛書》（北京：文物出版社，1980年3月）。
47. 張舜徽，《漢書藝文志通釋（與《廣校讎略》合刊）》（武漢：華中師範大學出版社，2004年3月）。
48. 曹峰，《上博楚簡思想研究》（臺北：萬卷樓圖書股份有限公司，2006年12月）。
49. 梁啓超，〈韓非子顯學篇釋義〉，《飲冰室合集（專集七十九）》（北京：中華書局，1989年3月）。
50. 淺野裕一著、佐藤將之譯，《戰國楚簡研究》（臺北：萬卷樓圖書公司，2004年12月）。
51. 清・王念孫，《讀書雜志》（臺北：世界書局，1972年4月影印同治庚午十一月金陵書局重刊本）。
52. 清・王聘珍，《大戴禮記解詁》（臺北：漢京文化事業有限公司，1987年10月影印四部刊要本）。
53. 清・周廷寀，《韓詩外傳校注拾遺》（北京：中華書局，叢書集成初編據畿輔叢書排印本），頁23。
54. 清・段玉裁，《說文解字注》（臺北：黎明文化事業股份有限公司，1993年7月影印經韵樓臧版本）。
55. 清・孫希旦，《禮記集解》（北京，中華書局，1995年5月）。

56. 清・孫星衍，《尚書今古文注疏》（北京：中華書局，1998 年 12 月）。
57. 清・康有爲，《新學僞經考》（臺北：世界書局，1969 年 5 月）。
58. 清・章學誠著、葉瑛校注，《文史通義校注》（臺北：里仁書局，1984 年 9 月）。
59. 清・焦循，《孟子正義》（北京：中華書局，1998 年 12 月）。
60. 清・劉寶楠，《論語正義》（北京：中華書局，1998 年 12 月）。
61. 清・蘇輿，《春秋繁露義證》（北京：中華書局，1996 年 9 月）。
62. 陳弘治分段標點，《孝經注疏》（臺北：新文豐出版公司，2001 年 6 月）。
63. 陳奇猷，《呂氏春秋校釋》（上海，學林出版社，1995 年 10 月）。
64. 陳奇猷，《韓非子集釋》（高雄，復文圖書出版社，1991 年 7 月）。
65. 陳榮捷，《王陽明與禪》（臺北：學生書局，1984 年 11 月），頁 8。
66. 張光裕、袁國華《郭店楚簡研究第一卷：文字編》（臺北：藝文印書館，1992 年 11 月）。
67. 黃人二，《出土文獻論文集》（臺中：高文出版社，2005 年 8 月）。
68. 黃俊傑，《春秋戰國時代尚賢政治的理論與實際》（臺北：問學出版社，1977 年 9 月）。
69. 黃暉，《論衡校釋》（北京：中華書局，1995 年 5 月）。
70. 黃德寬、何琳儀、徐在國，《新出楚簡文字考》（合肥：安徽大學出版社，2007 年 9 月）。
71. 黃懷信，《上海博物館藏戰國楚竹書《詩論》解義》（北京：社會科學文獻出版社，2004 年 8 月）。
72. 馮友蘭，《中國哲學史》（臺北：藍燈文化事業有限公司，1989 年 10 月）。
73. 詹鄞鑫、韓同蘭，《戰國楚文字用字調查》（華東師範大學「漢語言文字學」專業博士論文，2003 年 5 月）。
74. 詹群慧，〈《郭店楚簡中子思著述考》〉（上、中、下），分載於「簡帛研究網站」2003 年 5 月 19 日、5 月 21 日、5 月 24 日。
http://www.bamboosilk.org/Wssf/2003/zhanqunhui02-1.htm。
http://www.bamboosilk.org/Wssf/2003/zhanqunhui02-2.htm。
http://www.bamboosilk.org/Wssf/2003/zhanqunhui02-3.htm。
75. 楊伯峻，《春秋左傳注》（臺北：漢京文化事業有限公司，1987 年 9 月影印四部刊要本）。
76. 楊朝明，《儒家文獻與早期儒學研究》（濟南：齊魯書社，2002 年 3 月）。
77. 楊寬，《西周史》（臺北：臺灣商務印書館，1999 年 4 月）。
78. 裘錫圭，《古文字研究》（臺北：萬卷樓圖書有限公司，1995 年 4 月）。

79. 鄒太華，《晏子逸箋》（臺北：臺灣中華書局，1973 年 2 月）。
80. 漢・司馬遷著、唐・司馬貞索隱、唐・張守節正義、宋・裴駰集解，《史記》（北京，中華書局，2010 年 5 月）。
81. 漢・桓寬，《鹽鐵論校注》（北京：中華書局，1996 年 9 月），頁 149。
82. 漢・班固，《漢書》（臺北：宏業書局，1992 年 4 月）。
83. 漢・劉向，《新序》四部叢刊初編縮本，卷二，頁九。
84. 漢・劉向，《戰國策》（臺北：里仁書局，1990 年 9 月）。
85. 清・劉文典，《淮南鴻烈集解》（北京：中華書局，1997 年 1 月）。
86. 劉信芳，《孔子詩論述學》（合肥：安徽大學出版社，2007 年 1 月）。
87. 劉釗，《郭店楚簡校釋》（福建：福建人民出版社，2003 年 12 月）。
88. 樓宇烈，《王弼集校注》（北京：中華書局，1999 年 12 月）。
89. 蕭公權，《中國政治思想史》（臺北：國文化大學出版社，1988 年 11 月）。
90. 錢穆，《先秦諸子繫年》（台北：東大圖書公司，1990 年 9 月）。
91. 錢穆，《國史大綱》（臺北：商務印書館，1994 年 1 月）。
92. 錢穆，《論語新解》（臺北：東大圖書有限公司，1998 年 5 月）。
93. 謝維揚、朱淵清，《新出土文獻與古代文明研究》（上海：上海大學出版社，2004 年 12 月）。
94. 顏昌嶢，《管子校釋》（湖南：新華書店，1996 年 2 月）。
95. 蘇建洲，《上博楚竹書文字及相關問題研究》（臺北：萬卷樓，2008 年 1 月）。
96. 顧俊，《漢書藝文志注釋彙編》（臺北：木鐸出版社，1983 年 9 月）。

二、紙本論文

1. 大西克也，〈試論上博楚簡緇衣中的「㐭」字及相關諸字〉，《第四屆國際中國古文字學研討會論文集》（香港：香港中文大學，2003 年 10 月），頁 331-346。
2. 孔仲溫，〈郭店楚簡〈緇衣〉字詞補釋〉，《古文字研究》二十二輯（北京：中華書局，2000 年），頁 243～250。
3. 方旭東，〈上博簡《民之父母》篇論析〉，《上博館藏戰國楚竹書研究續編》（上海：上海書店出版社，2004 年 7 月），頁 256～276。
4. 王平，〈上海博物館藏《戰國楚竹書・緇衣》引《詩》異文考〉，《華東師範大學學報》第 35 卷第 4 期（上海：華東師範大學，2003 年 7 月），頁 72～78。
5. 王志平，〈上博簡（二）箚記〉，《上博館藏戰國楚竹書研究續編》（上海：上海書店出版社，2004 年 7 月），頁 495～510。

6. 王金凌，〈《禮記・緇衣》今本與郭店、上博楚簡比論〉，《新出楚簡與儒家思想論文集》（臺北：輔仁大學文學院，2002 年 7 月），頁 1～33。
7. 王輝，〈郭店楚簡釋讀五則〉，《簡帛研究 2001》（桂林：廣西師範大學出版社，2001 年 9 月），頁 172～173。
8. 白於藍，〈釋敀〉，《古文字研究》二十四輯（北京：中華書局，2002 年），頁 355～357。
9. 白於藍，〈讀上博簡（二）劄記〉，《上博館藏戰國楚竹書研究續編》（上海：上海書店出版社，2004 年 7 月），頁 484～494。
10. 刑文，〈楚簡《緇衣》與先秦禮學〉，《郭店楚簡國際學術研討會論文匯編（第二冊）》（武漢：武漢大學，1999 年 10 月 15～18 日），頁 33～42。
11. 池田末利，〈「天道」與「天命」：理神論的發生〉，《中國觀念史》（鄭州：中州古籍出版社，2006 年 1 月），頁 207～239。
12. 池田知久，〈郭店楚簡《眚自命出》篇中的「道之四術」〉，《池田知久簡帛研究論集》（北京：中華書局，2006 年 2 月），頁 271～320。
13. 何琳儀，〈第二批滬簡選釋〉，《上博館藏戰國楚竹書研究續編》（上海：上海書店出版社，2004 年 7 月），頁 444～455。
14. 吳安安，〈《昔者君老》「相」字義析論〉，《上博館藏戰國楚竹書研究續編》（上海：上海書店出版社，2004 年 7 月），頁 213～219。
15. 李天虹，〈楚簡文字形體混同、混訛舉例〉，《江漢考古》（武漢：江漢考古編輯社，2005 年 3 期），頁 83～87。
16. 李存智，〈郭店與上博楚簡諸篇音韻研究——陰聲韻部通假關係試探〉，「2007 中國簡帛學國際論壇」論文（台北：國立臺灣大學中國文學系、武漢大學簡帛研究中心、芝加哥大學顧立雅古文字學研究中心，2007 年 11 月）。
17. 李守奎，〈讀《上海博物館藏戰國楚竹書》（二）雜識〉，《上博館藏戰國楚竹書研究續編》（上海：上海書店出版社，2004 年 7 月），頁 478～483。
18. 李家浩，〈讀《郭店楚墓竹簡》瑣議〉，《中國哲學》第二十輯（瀋陽：遼寧教育出版社，1999 年 1 月），頁 339～358。
19. 李家浩〈楚大府鎬銘文新釋〉，《語言學論叢》22 輯（北京：商務印書館，1999 年），頁 98～99。
20. 李零，〈上博楚簡校讀記（之二）——緇衣〉，《上博楚簡三篇校讀記》（北京：中國人民大學出版社，2007 年 8 月），頁 38～49。
21. 李零，〈上博楚簡校讀記（之三）〉，《上博楚簡三篇校讀記》（北京：中國人民大學出版社，2007 年 8 月），頁 50～69。
22. 李零，〈郭店楚簡校讀記（之一）——《緇衣》〉，《上博楚簡三篇校讀記》（北京：中國人民大學出版社，2007 年 8 月）頁 73～100。
23. 李零，〈郭店楚簡校讀記（之二）——《性自命出》〉，《上博楚簡三篇校讀記》(北京：中國人民大學出版社，2007 年 8 月)，頁 101～128。

24. 李銳，〈上博楚簡續劄〉，《上博館藏戰國楚竹書研究續編》(上海：上海書店出版社，2004 年 7 月)，頁 532～540。

25. 李銳，〈試論上博簡《子羔》諸章的分合〉，《上博館藏戰國楚竹書研究續編》(上海：上海書店出版社，2004 年 7 月)，頁 85～96。

26. 李銳，〈讀上博館藏楚簡（二）劄記〉，《上博館藏戰國楚竹書研究續編》(上海：上海書店出版社，2004 年 7 月)，頁 523～531。

27. 李學勤，〈上博楚簡《魯邦大旱》解義〉，《上博館藏戰國楚竹書研究續編》(上海：上海書店出版社，2004 年 7 月)，頁 97～101。

28. 李學勤，〈先秦儒家著作的重大發現〉，《郭店楚簡研究》(瀋陽：遼寧教育出版社，1999 年 1 月)，頁 18～21。

29. 李學勤，〈荊門郭店楚簡中的《子思子》〉，《郭店楚簡研究》(瀋陽：遼寧教育出版社，1999 年 1 月)，頁 75～80。

30. 李學勤，〈楚簡《子羔》研究〉，《上博館藏戰國楚竹書研究續編》(上海：上海書店出版社，2004 年 7 月)，頁 12～17。

31. 李學勤，〈釋《性情論》簡「逸蕩」〉，《故宮博物院院刊》(北京：故宮博物院，2002 年 2 期)，頁 25～26。

32. 沈培，〈卜辭「雉眾」補釋〉，《語言學論叢》第 26 輯（北京：商務印書館，2002)，頁 237～256。

33. 吳振武，〈假設之上的假設——金文「𩵦公」的文字學解釋〉，《吉林大學古籍研究所建所二十周年紀念文集》，吉林文史出版社，2003 年 12 月，頁 1～8。

34. 沈培，〈試説郭店楚簡〈性自命出〉關於賚、武、韶、夏之槳一段文字中的幾個字詞〉，《第四屆國際中國古文字學研討會論文集》(香港：香港中文大學中國語言及文學系，2003 年 4 月)，頁 217～231。

35. 沈培〈上博簡《緇衣》篇「𢉦」字解〉，《新出土文獻與古代文明研究》(上海：上海大學出版社，2004 年 12 月)，頁 132～136。

36. 周桂鈿，〈郭店楚簡《緇衣》校讀札記〉，《中國哲學》(瀋陽：遼寧教育出版社，1999 年 1 月)，頁 204～220。

37. 周鳳五，〈讀上博楚竹書《從政》甲篇劄記〉，《上博館藏戰國楚竹書研究續編》(上海：上海書店出版社，2004 年 7 月)，頁 181～195。

38. 周鳳五〈上博三《仲弓》篇重探〉，《多元視野中的中國歷史研討會論文集》(北京：清華大學，2004 年 8 月 21 日)。

39. 周鳳五，〈上博《性情論》小箋〉，《新出楚簡與儒學思想國際學術研討會論文》，(北京，清華大學思想文化研究所，2002 年 3 月 31 日～4 月 2 日)；又載《先秦、秦漢史》(北京：中國人民大學，2002 年 6 期)，頁 23～26。

40. 周鳳五，〈上博六〈莊王既成〉、〈申公臣靈王〉、〈平王問鄭壽〉、〈平王與王子木〉新訂釋文註解語譯〉，「2007 中國簡帛學國際證壇」論文（臺北：臺灣大學中國文學系、武漢大學簡帛研究中心、芝加哥大學顧立雅古文字學研究中心，2007 年 11 月 10～11 日）。

41. 周鳳五，〈郭店楚簡識字札記〉，《張以仁先生七秩壽慶論文集》（臺北：學生書局，1999 年），頁 351～362。

42. 孟蓬生，〈上博竹書（二）字詞劄記〉，《上博館藏戰國楚竹書研究續編》（上海：上海書店出版社，2004 年 7 月），頁 472～477。

43. 孟蓬生，〈上博簡《緇衣》三解〉，《上博館藏戰國楚竹書研究》（上海：上海書店出版社，2002 年 3 月），頁 443～447。

44. 房振三，〈上博館藏楚竹書（四）釋字二則〉，《古籍研究》總第 49 期（安徽：安徽大學出版社，2006 年），頁 124～126。

45. 林志鵬，〈仲弓任季氏宰小考〉，《孔子研究》（濟南：《孔子研究》編輯部，2010 年第 4 期），頁 58～60。

46. 林志鵬，〈楚竹書《子羔》篇補釋四則〉，《江漢考古》（武漢：江漢考古編輯社，2005 年 1 期），頁 87～91。

47. 林志鵬，〈戰國楚竹書《子羔》篇復原芻議〉，《上博館藏戰國楚竹書研究續編》（上海：上海書店出版社，2004 年 7 月），頁 53～84。

48. 林素清，〈上博（二）《民之父母》幾個疑難字的釋讀〉，《上博館藏戰國楚竹書研究續編》（上海：上海書店出版社，2004 年 7 月），頁 230～235。

49. 林素清，〈上博楚竹書《昔者君老》新釋〉，《上博館藏戰國楚竹書研究續編》（上海：上海書店出版社，2004 年 7 月），頁 196～212。

50. 林素清，〈利用出土戰國楚竹書資料檢討《尚書》異文及相關問題〉，《龍宇純先生七秩晉五壽慶論文集》（臺北：學生書局，2002 年），頁 79～100。

51. 林素清，〈郭店、上博《緇衣》簡之比較——兼論戰國文字的國別的問題〉，《新出土文獻與古代文明研究》（上海：上海大學出版社，2004 年 12 月），頁 83～96。

52. 林素清，〈讀《季庚子問於孔子》與《弟子問》札記〉，《楚地簡帛思想研究（三）》（武漢：湖北教育出版社，2007 年 4 月），頁 46～52。

53. 林素清〈上博四《內豊》篇重探〉，《簡帛》（第一輯）（上海：上海古籍出版社，2006 年 10 月），頁 153～160。

54. 邱德修，〈《上博簡・子羔》「人子」新證〉，《中國文化大學中文學報》（臺北：中國文化大學，2005 年 4 月），頁 23～41。

55. 俞志慧，〈《上博館藏戰國楚竹書》（二）二題〉，《上海博物館藏戰國楚竹書研究續編》（上海：上海書店出版社，2004 年 7 月），頁 511～519。

56. 范麗梅，〈上博楚簡《魯邦大旱》注譯〉，《上博館藏戰國楚竹書研究續編》（上海：上海書店出版社，2004 年 7 月），頁 163～180。

57. 范麗梅，〈上博楚簡考釋四則〉，「2007 中國簡帛學國際論壇」論文（台北：國立臺灣大學中國文學系、武漢大學簡帛研究中心、芝加哥大學顧立雅古文字學研究中心，2007 年 11 月）。
58. 徐少華〈論《上博五・君子爲禮》的編聯與文本結構〉，《楚地簡帛思想研究（三）》（武漢：湖北教育出版社，2007 年 4 月），頁 70～78。
59. 徐在國，〈上博竹書《子羔》瑣記〉，《上博館藏戰國楚竹書研究續編》（上海：上海書店出版社，2004 年 7 月），頁 42～45。
60. 徐在國，〈郭店楚簡文字三考〉，《新出楚簡文字考》（合肥：安徽大學出版社，2007 年 9 月），頁 25～43。
61. 徐在國，《隸定古文疏證・黃德寬序》（合肥：安徽大學出版社，2002 年 6 月），頁Ⅰ。
62. 晁福林，〈上博簡《仲弓》疏證〉，《孔子研究》（濟南：中國孔子基金會，2005 年 2 期），頁 4～16。
63. 袁國華，〈郭店楚墓竹簡從七諸字以及與此相關的詞語考釋〉，《中央研究院歷史語言研究所集刊》第七十四本第一分（臺北：中央研究院，2003 年 3 月），頁 17～29。
64. 袁國華，〈郭店楚簡文字考釋十一則〉，《中國文字》新 24 期（臺北：藝文印書館，1998 年），頁 138～139。
65. 康少峰，〈《魯邦大旱》歧釋文字管見〉，《四川大學學報（哲學社會科學版）》，（成都：四川大學學報（哲社版）編輯部，2004 年 5 期），頁 140～144。
66. 張桂光，〈《上博簡》（二）《子羔》篇釋讀劄記〉，《上博館藏戰國楚竹書研究續編》（上海：上海書店出版社，2004 年 7 月），頁 34～41。
67. 張強，〈儒學南漸考〉，《江海學刊》（南京：江蘇省社會科學院，2006 年 6 月），頁 138～145。
68. 張富海，〈上博簡《子羔》篇」后稷之母」節考釋〉，《上博館藏戰國楚竹書研究續編》（上海：上海書店出版社，2004 年 7 月），頁 46～52。
69. 張懷通，〈先秦時期的山川崇拜〉，《河北師院學報》（河北，河北師範學院，1997 年 2 期），頁 50～57。
70. 曹建國，〈上博竹書《弟子問》關於子路的幾條簡文疏釋〉，《楚地簡帛思想研究（三）》（武漢：湖北教育出版社，2007 年 4 月），頁 85～94。
71. 曹峰，〈楚簡《昔者君老》新注〉，《楚地簡帛思想研究（二）》（武漢：湖北教育出版社，2005 年 4 月），頁 31～51。
72. 梁立勇，〈釋」晵」〉，《上博館藏戰國楚竹書研究續編》（上海：上海書店出版社，2004 年 7 月），頁 547～552。
73. 梁書弦，〈郭店簡、上博簡中的禪讓學說與中國古史上的禪讓制〉，《史學集刊》（吉林：吉林大學，2006 年 3 期），頁 3～7。

74. 梁濤，〈「仁」與「孝」——思孟學派的一個詮釋角度〉，《郭店竹簡與孟思學派》（北京：中國人民大學出版社，2008 年 5 月），頁 468～508。
75. 淺野裕一，〈上博楚簡《相邦之道》的整體結構〉，《新出土文獻與先秦思想重構國際學術研討會論文集》（臺北：台灣大學哲學系、中央研究院中國文哲研究所、輔仁大學文學院、東吳大學哲學系，2005 年 3 月），頁 8-1～8-10；又收入《清華學報》新 35 卷第 2 期（新竹：國立清華大學，2005 年 12 月），頁 283～294。
76. 陳立，〈上博簡（二）補釋四則〉，《上博館藏戰國楚竹書研究續編》（上海：上海書店出版社，2004 年 7 月），頁 541～546。
77. 陳來，〈儒家系譜之重建與史料困境之突破——郭店楚簡儒書與先秦儒學研究〉，《郭店楚簡國際學術研討會論文匯編（第一冊）》（武漢：武漢大學，1999 年 10 月 15～18 日），頁 102～109。
78. 陳秉新，〈《上海博物館藏戰國楚竹書（二）補釋》〉，《江漢考古》（武漢：江漢考古編輯部，2004 年 2 期），頁 89～91。
79. 陳桐生，〈孔子語錄的節本和繁本〉，《孔子研究》（濟南：中國孔子基金會，2006 年 2 期），頁 116～122。
80. 陳高志，〈郭店楚墓竹簡〈緇衣〉篇部分文字隸定檢討〉，《張以仁先生七秩壽慶論文集》（臺北：學生書局，1999），頁 363～377。
81. 陳偉，〈《性自命出》諸簡編連問題及校釋〉，《郭店竹書別釋》（武漢：湖北教育出版社，2003 年 9 月），頁 175～176。
82. 陳偉，〈《緇衣》零識〉，《郭店竹書別釋》（武漢：湖北教育出版社，2003 年 9 月），頁 33～44。
83. 陳偉，〈上博、郭店二本《緇衣》對讀〉，《上博館藏戰國楚竹書研究》（上海：上海書店出版社，2002 年 3 月），頁 417～425。
84. 陳斯鵬，〈上博藏簡（二）釋字二篇〉，《上博館藏戰國楚竹書研究續編》（上海：上海書店出版社，2004 年 7 月），頁 520～522。
85. 陳劍，〈上博簡〈子羔〉、〈從政〉篇的拼合與編連問題小議〉，《文物》（北京：文物出版社，2003 年 5 期），頁 56～69。
86. 陳霖慶、季旭昇〈性情論譯釋〉，《上海博物館藏戰國楚竹書（一）讀本》，頁 152～221。
87. 陳麗桂，〈由表述形式與義理結構論《民之父母》與《孔子閒居》及《論禮》之優劣〉，《上博館藏戰國楚竹書研究續編》（上海：上海書店出版社，2004 年 7 月），頁 236～250。
88. 單周堯、黎廣基，〈讀上博楚竹書《從政》甲篇「悟則亡新」札記〉，《中國文字研究》（上海：華東師範大學，2007 年 9 月），頁 48～49。
89. 彭浩，〈郭店楚簡《緇衣》的分章及相關問題〉，《簡帛研究》第 3 輯（南寧：廣西教育出版社，1998 年 12 月），頁 44～49。

90. 程元敏，〈郭店楚簡〈緇衣〉引書考〉，《古文字與古文獻》試刊號（臺北：楚文化研究會，1999年），頁119～152。

91. 馮勝君，〈讀上博簡《緇衣》劄記二則〉，《上博館藏戰國楚竹書研究》（上海：上海書店出版社，2002年3月），頁448～455。

92. 黃人二，〈讀上博藏簡子羔書後〉，《出土文獻論文集》（臺中：高文出版社，2005年8月），頁211～229。

93. 黃德寬，〈戰國楚竹書（二）釋文補正〉，《上博館藏戰國楚竹書研究續編》（上海：上海書店出版社，2004年7月），頁434～443；並收錄於《新出楚簡文字考》（合肥：安徽大學出版社，2007年9月），頁143～154。

94. 黃德寬、徐在國，〈《上海博物館藏戰國楚竹書（一）緇衣・性情論》釋文補正〉，《新出楚簡文字考》（合肥：安徽大學出版社，2007年9月），頁101～117。

95. 黃錫全，〈讀上博楚簡（二）劄記八則〉，《上博館藏戰國楚竹書研究續編》（上海：上海書店出版社，2004年7月），頁456～464。

96. 黃錫全，〈讀上博楚簡札記〉，《新出簡帛研究》（北京：文物出版社，2004年12月），頁94～102。

97. 楊芬，〈上博簡《中弓》編聯札記二則〉，《楚地簡帛思想研究（三）》（武漢：湖北教育出版社，2007年4月），頁237～239。

98. 楊朝明，〈上海博物館竹書《魯邦大旱》管見〉，《儒家文獻與早期儒學研究》（濟南：齊魯書社，2002年3月），頁245～261。

99. 虞萬里，〈上博簡、郭店簡《緇衣》與傳本合校拾遺〉，《上博館藏戰國楚竹書研究》（上海：上海書店出版社，2002年3月），頁426～439。

100. 虞萬里，〈上博簡、郭店簡《緇衣》與傳本合校補證（上）〉，《史林》（上海：上海社會科學院歷史研究所，2002年4月），頁1～17。

101. 虞萬里，〈上博簡、郭店簡《緇衣》與傳本合校補證（中）〉，《史林》（上海：上海社會科學院歷史研究所，2003年3月），頁68～79。

102. 虞萬里，〈上博簡、郭店簡《緇衣》與傳本合校補證（下）〉，《史林》（上海：上海社會科學院歷史研究所，2004年1月），頁65～76。

103. 裘錫圭，〈由郭店簡〈性自命出〉的「室性者故也」說到《孟子》的「天下言性也」章〉，《第四屆國際中國古文字學研討會論文集》（香港：香港中文大學，2003年10月），頁43～56。

104. 裘錫圭，〈談談上博簡《子羔》篇的簡序〉，《上博館藏戰國楚竹書研究續編》（上海：上海書店出版社，2004年7月），頁1～11；並收錄於《中國出土古文獻十講》（上海：復旦大學出版社，2004年12月），頁317～328。

105.裘錫圭，〈談談上博簡和郭店簡中的錯別字〉，《新出文獻與古代文明研究》（上海：上海大學出版社，2004 年 4 月），頁 77～80。

106.廖名春，〈《子羔》篇感生簡文考釋〉，《上博館藏戰國楚竹書研究續編》（上海：上海書店出版社，2004 年 7 月），頁 18～33。

107.廖名春，〈上海簡《性自命出》篇探原〉，《新出楚簡試論》（台北：台灣古籍出版有限公司，2001 年 5 月），頁 249～256。

108.廖名春，〈上博簡〈子羔〉篇釋補〉，《中州學刊》（河南：中州學刊雜誌社， 2003 年 11 月第 6 期〔总第 138 期〕），頁 85～87。

109.廖名春，〈荊門郭店楚簡與先秦儒學〉，《郭店楚簡研究》（瀋陽：遼寧教育出版社，1999 年 1 月），頁 36～74。

110.廖名春，〈郭店楚簡《緇衣》引《書》考〉，《西北大學學報（哲社版）》（西安：西北大學學報編輯部，2000 年 2 月），頁 57～58；並收錄於《新出楚簡試論》（臺北：台灣古籍出版有限公司，2001 年 5 月），頁 83～110。

111.廖名春，〈郭店簡《性自命出》的編連與分合問題〉，《新出楚簡試論》（臺北：台灣古籍出版有限公司，2001 年 5 月），頁 205～218。

112.廖名春，〈楚竹書〈內豊〉、〈曾子立孝〉首章的對比研究〉，《出土文獻研究方法論文集》（臺北：臺灣大學出版社，2005 年 9 月），頁 265～287。

113.廖名春，〈試論楚簡《魯邦大旱》的內容與思想〉，《上海博物館藏戰國楚竹書研究續編》（上海：上海書店出版社，2004 年 7 月），頁 102～114。

114.福田哲之，〈上博五《季康子問於孔子》的編聯與結構〉，《楚地簡帛思想研究（三）》（武漢：湖北教育出版社，2007 年 4 月），頁 53～69。

115.福田哲之，〈上博楚簡《內豊》的文獻性質〉《簡帛》（第一輯）（上海：上海古籍出版社，2006 年 10 月），頁 161～175。

116.趙平安，〈上博藏《緇衣》簡字詁四篇〉，《上博館藏戰國楚竹書研究》（上海：上海書店出版社，2002 年 3 月），頁 440～442。

117.趙平安，〈戰國文字的「遊」與甲骨文「奉」爲一字說〉，《古文字研究》第二十二輯（北京：中華書局，2000 年 7 月），頁 275～277。

118.趙建偉，〈郭店竹簡《忠信之道》、《性自命出》校釋〉，《中國哲學史》（北京：北京圖書館出版社，1992 年 2 期），頁 34～39。

119.劉昕嵐，〈郭店楚簡《性自命出》篇箋釋〉，《郭店楚簡國際學術研討會論文集》（武漢：武漢大學中國文化研究院，1999 年 10 月 15～18 日），頁 227～259。

120.劉信芳，〈上博藏五試解四則〉，《楚地簡帛思想研究（三）》（武漢：湖北教育出版社，2007 年 4 月），頁 79～84。

121.劉信芳，〈郭店簡〈緇衣〉解詁〉，《郭店楚簡國際學術研討會論文匯編（第二冊）》（武漢：武漢大學，1999 年 10 月 15～18 日），頁 14～32。

122.劉釗，〈讀《上海博物館藏戰國竹書》（一）箚記〉，《上博館藏戰國楚竹書研究》（上海：上海書店出版社，2002 年 3 月），頁 289～291。

123.劉釗，〈讀郭店楚簡字詞札記（一）〉，《郭店楚簡國際學術研討會論文集》（武漢：人民教育出版社，2000 年 5 月），第冊頁 12～18。

124.劉釗，〈讀郭店楚簡字詞札記（二）〉，《郭店楚簡國際學術研討會論文集》（武漢：人民教育出版社，2000 年 5 月），第二冊頁 7～13。

125.劉彬徽，〈讀上博楚簡小識〉，《新出土文獻與古代文明研究》（上海：上海大學出版社，2004 年 12 月），頁 116～119。

126.劉樂賢，〈上博簡《魯邦大旱》簡論〉，《文物》（北京：《文物出版社》，2003 年 5 期），頁 60～63。

127.劉樂賢，〈上博簡魯邦大旱簡論〉，《文物》（北京：文物出版社，2003 年 5 月）第 564 期，頁 60。

128.劉樂賢，〈讀上博簡箚記〉，《上博館藏戰國楚竹書研究》（上海：上海書店出版社，2002 年 3 月），頁 383～387。

129.劉樂賢，〈讀郭店楚簡札記三則〉，《中國哲學》第二十輯（瀋陽：遼寧教育出版社，1999 年 1 月），頁 359～364。

130.劉曉東，〈郭店楚簡〈緇衣〉初探〉，《蘭州大學學報》（蘭州：蘭州大學，2000 年 4 期），頁 108～115。

131.廣瀨薰雄，〈〈魯邦大旱〉再詮〉，《「上海博物館藏戰國楚竹書學術研討會」論文》（武漢：華中師範大學，2003 年 3 月 29 日）。

132.蔡明田，〈先秦政治思想中的禪讓觀念〉，《國立政治大學學報》第 60 期（臺北：國立政治大學，1989 年 12 月），頁 15～47。

133.鍾宗憲，〈《禮記・緇衣》的論述結構及其版本差異〉，《新出楚簡與儒家思想論文集》（臺北：輔仁大學文學院，2002 年 7 月），頁 151～173。

134.顏世鉉，〈上博楚竹書散論（四）〉，《齊魯學刊》（曲阜：曲阜師範大學，2003 年 6 期），頁 101～103。

135.顏世鉉，〈郭店楚簡淺釋〉，《張以仁先生七秩壽慶論文集》（臺北：學生書局，1999 年），頁 379～396。

136.魏宜輝，〈讀上博簡文字箚記〉，《上博館藏戰國楚竹書研究》（上海：上海書店出版社，2002 年 3 月），頁 388～396。

137.魏啓鵬，〈說「四方有敗」及「先王之遊」〉，《上博館藏戰國楚竹書研究續編》（上海：上海書店出版社，2004 年 7 月），頁 224～229。

138.羅新慧，〈孔子的歷史觀、入仕觀及其它——從上博楚竹書《仲弓》篇談起〉，《史學史研究》（北京：北京師範大學史學研究所，2005 年 3 期），頁 36～43。

139.羅新慧，〈從上博簡《子羔》和《容成氏》看古史傳說中的后稷〉，《史學月刊》（河南：《史學月刊》編輯部，2005 年 2 期），頁 14～20。

140.龐樸，〈上博藏簡零箋〉，《上博館藏戰國楚竹書研究》（上海：上海書店出版社，2002 年 3 月），頁 233～242。

141.蘇建洲，〈上博楚竹書（一）．緇衣〉簡 1「服」字再議，《上博楚竹書文字及相關問題研究》（臺北：萬卷樓，2008 年 1 月），頁 8～16。

142.蘇建洲，〈從古文子材料談「棗」、「棘」的文字構形及相關問題〉，《中國學術年刊》第 24 期（臺北：國立臺灣師範大學國文學系，2003 年 6 月），頁 117～139。

143.顧頡剛，〈禪讓傳說起於墨家考〉，《古史辨》第七冊下（臺北：藍燈文化事業股份有限公司，1993 年 8 月），頁 30～107。

三、網站論文

1. 凡國棟、何有祖，〈《孔子見季桓子》札記一則〉，「簡帛網」2007 年 7 月 15 日。http://www.bsm.org.cn/show_article.php?id=622。

2. 小虫（筆名），〈說《上博五．弟子問》「延陵季子」的「延」字〉，「簡帛網 2006 年 5 月 22 日。http://www.bsm.org.cn/show_article.php?id=351。

3. 井上亘，〈《內豊》篇與《昔者君老》篇的編聯問題〉，「簡帛研究網站」2005 年 10 月 16 日。http://www.jianbo.org/admin3/list.asp?id=1432。

4. 孔子研究網站編輯部，〈「上海博物館藏戰國楚竹書（二）學術研討會」1 月 10 日在北京召開〉，「孔子 2000」網站 2003 年 1 月 11 日。http://www.confucius2000.com/scholar/shgccj2xsythzk.htm。

5. 牛新房〈讀上博（五）《季康子問於孔子》瑣議〉，「簡帛網」2006 年 3 月 9 日。http://www.bsm.org.cn/show_article.php?id=277。

6. 王三峽，〈也談「君之母俤是相」句〉，「簡帛研究網站」2004 年 8 月 7 日。（網站已廢置，轉引自 http://big.hi138.com/wenxueyishu/gudaiwenxue/200605/4068.asp。）

7. 王中江，〈上博館藏戰國楚竹書（二）《從政》試編〉，「清華大學簡帛研究網－Confucius2000」2003 年 1 月 10 日。http://www.confucius2000.com/confucian/shgczgcj2czsb.htm。

8. 王中江〈《從政》重編校注〉，「清華大學簡帛研究網－Confucius2000」2003 年 1 月 16 日。http://www.confucius2000.com/confucian/czcbjzhu.htm。

9. 王化平，〈讀上博五《季康子問於孔子》札記六則〉，「簡帛網」2007 年 10 月 30 日。http://www.bsm.org.cn/show_article.php?id=740。

10. 王寧，〈上博簡〈子羔〉[illegible]字辨略〉，「簡帛研究網站」2003 年 2 月 18 日。http://www.bamboosilk.org/Wssf/2003/wangning02.htm。

11. 史杰鵬，〈上博竹簡（三）注釋補正〉，「簡帛研究網站」2005 年 7 月 16 日。http://www.jianbo.org/admin3/2005/shijiepeng001.htm。

12. 史儀，〈《從政》篇編連拾遺〉，「簡帛研究網站」2003年1月17日。http://www.jianbo.org/Wssf/2003/shiyi01.htm。
13. 田煒，〈上博五《弟子問》「登年」小考〉，「簡帛網」2006年3月22日。http://www.bsm.org.cn/show_article.php?id=297。
14. 田煒，〈讀上博竹書（四）瑣記〉，「簡帛研究網站」2005年4月3日。http://www.jianbo.org/admin3/2005/tianwei001.htm。
15. 申紅義，〈《上海博物館藏戰國楚竹書》（三）《仲弓》雜記〉，「簡帛研究網站」2004年6月30日。http://www.jianbo.org/admin3/html/shenhongyi01.htm。
16. 白於藍，〈《上海博物館藏戰國楚竹書（一）》釋注商榷〉，「簡帛研究網站」2002年1月8日。http://www.bamboosilk.org/wssf/2002/baiyulan01.htm。
17. 白於藍，〈釋」玄咎」〉，「簡帛研究網站」2003年1月19日。http://www.bamboosilk.org/Wssf/2003/baiyulan01.htm。
18. 白雲（筆名），〈「中國簡帛學國際論壇」2008召開〉，「簡帛網」2008年11月9日。weilaiwansui.blog.hexun.com.tw/25904480_d.html。
19. 白雲（筆名），〈「中國簡帛學國際論壇」會議簡況〉，「簡帛網」2006年12月4日。http://www.bsm.org.cn/show_news.php?id=81。
20. 何有祖，〈《天子建州》札記一則〉，「簡帛網」2007年8月1日。http://www.bsm.org.cn/show_article.php?id=683。
21. 何有祖，〈《季庚子問於孔子》與《姑成家父》試讀〉，「簡帛網」2006年2月19日。http://www.bsm.org.cn/show_article.php?id=202。
22. 何有祖，〈上博三《仲弓》小札〉，「簡帛研究網站」2004年5月12日。http://www.jianbo.org/admin3/html/heyouzhu03.htm。
23. 何有祖，〈上博五《君子爲禮》試讀〉，「簡帛網」2006年2月19日。http://www.bsm.org.cn/show_article.php?id=205。
24. 何有祖，〈上博楚簡釋讀札記〉，簡帛網，2011年7月24日。http://www.bsm.org.cn/show_article.php?id=1525。
25. 何有祖，〈上博簡《昔者君老》偶得〉，「簡帛研究網站」2003年8月7日。http://www.jianbo.org/Wssf/2003/heyouzhu02.htm。
26. 何有祖，〈吳命小札〉，「簡帛網」2009年1月2日。http://www.bsm.org.cn/show_article.php?id=931。
27. 何有祖，〈楚簡校讀四則〉「簡帛網」2008年3月18日。http://www.bsm.org.cn/show_article.php?id=800。
28. 何有祖，〈讀《上博六》札記（三）〉，「簡帛網」2007年7月13日。http://www.bsm.org.cn/show_article.php?id=613。
29. 何有祖，〈讀《上博六》札記（四）〉，「簡帛網」2007年7月14日。http://www.bsm.org.cn/show_article.php?id=621。

30. 何有祖，〈讀《上博六》札記〉，「簡帛網」2007 年 7 月 9 日。http://www.bsm.org.cn/show_article.php?id=596。
31. 何有祖，〈讀《上博六》札記三則〉，「簡帛網」2007 年 7 月 17 日。http://www.bsm.org.cn/show_article.php?id=633。
32. 何琳儀，〈滬簡二冊選釋〉，「簡帛研究網站」2003 年 1 月 14 日。http://www.bamboosilk.org/Wssf/2003/helinyi01.htm。
33. 吳辛丑，〈竹書《昔者君老》一、四簡疏解〉，「簡帛研究網站」2004 年 7 月 25 日。（網站已廢置，轉引自 http://www.guoxue.co/thread-32150-1-1.html。）
34. 吳辛丑，〈關於楚竹書中「是」字的用法問題——兼答王三峽先生〉，「簡帛研究網站」2004 年 8 月 25 日。（網站已廢置，轉引自 http://www.guoxue.co/thread-32130-1-1.html。）
35. 宋華強，〈由新蔡簡肩忠疾說到平夜君成所患爲心痛之症〉，「簡帛網」2005 年 12 月 7 日。http://www.bsm.org.cn/show_article.php?id=127。
36. 宋華強，〈新蔡簡「肩」字補證〉，「簡帛網」2007 年 3 月 14 日。http://www.bsm.org.cn/show_article.php?id=284。
37. 李天虹，〈《季康子問於孔子》「詉」字小議〉，「簡帛網」2007 年 8 月 21 日。http://www.bsm.org.cn/show_article.php?id=701。
38. 李天虹，〈讀《季康子問於孔子》札記〉，「簡帛網」2006 年 2 月 24 日。http://www.bsm.org.cn/show_article.php?id=229。
39. 李銳，〈《孔子見季桓子》重編〉，「簡帛網」2007 年 8 月 22 日。http://www.bsm.org.cn/show_article.php?id=703。
40. 李銳，〈《孔子見季桓子》新編（稿）〉，「簡帛網」2007 年 7 月 11 日。http://www.bsm.org.cn/show_article.php?id=606。
41. 李銳，〈《仲弓》新編〉，「清華大學簡帛研究網－Confucius2000」2004 年 4 月 23 日。http://www.confucius2000.com/qhjb/zhonggongxinbian.htm。
42. 李銳，〈《仲弓》補釋〉，「清華大學簡帛研究網－Confucius2000」2004 年 4 月 18 日。http://www.confucius2000.com/qhjb/。
43. 李銳，〈《仲弓》續釋〉，「清華大學簡帛研究網－Confucius2000」2004 年 4 月 18 日。http://www.confucius2000.com/qhjb/zhonggongxushi.htm。
44. 李銳，〈上博六札記二則〉，「簡帛網」2007 年 7 月 24 日。http://www.bsm.org.cn/show_article.php?id=661。
45. 李銳，〈上博簡《子羔》、《交交鳴烏》劄記二則〉，「清華大學簡帛研究網－Confucius2000」2006 年 10 月 2 日。http://www.confucius2000.com/admin/list.asp?id=2658。
46. 李銳，〈清華大學簡帛講讀班第三十二次研討會綜述〉，「清華大學簡帛研究網－Confucius2000」2004 年 4 月 15 日。http://www.confucius2000.com/qhjb/032.htm。

47. 李鋭，〈讀《孔子見季桓子》札記〉，「簡帛研究網站」2008 年 3 月 27 日。http://jianbo.sdu.edu.cn/admin3/2008/lirui001.htm。
48. 李鋭，〈讀《季康子問於孔子》札記〉，「清華大學簡帛研究網－Confucius2000」2005 年 2 月 26。http://www.confucius2000.com/admin/list.asp?id=2272。
49. 李鋭，〈讀上博四札記（二）〉，「清華大學簡帛研究網－Confucius2000」2005 年 2 月 20 日。http://www.confucius2000.com/admin/list.asp?id=1618。
50. 孟蓬生，〈上博竹書（四）閒詁〉，「簡帛研究網站」2005 年 2 月 15 日。http://www.jianbo.org/admin3/2005/mengpengsheng002.htm。
51. 季旭昇，〈《上博三・仲弓》篇零釋三則〉，「簡帛研究網站」2004 年 4 月 23 日。http://www.jianbo.org/ADMIN3/HTML/jixusheng02.htm。
52. 季旭昇，〈上博二小議（三）：魯邦大旱、發命不夜〉，「簡帛研究網站」2003 年 5 月 21 日。http://www.jianbo.org/wssf/2003/jixusheng03.htm。
53. 季旭昇，〈上博五芻議（上）〉，「簡帛網」2006 年 2 月 18 日。http://www.bsm.org.cn/show_article.php?id=195。
54. 季旭昇，〈上博五芻議（下）〉，「簡帛網」2006 年 2 月 18 日。http://www.bsm.org.cn/show_article.php?id=196。
55. 季旭昇，〈也談《容成氏》簡 39 的「德惠而不失」〉，「復旦大學出土文獻與古文字研究中心網站」，2009 年 1 月 26 日。http://www.gwz.fudan.edu.cn/SrcShow.asp?Src_ID=681。
56. 季旭昇〈《上博二》小議（二）：《民之父母》「五至」解〉，「簡帛研究網站」2003 年 3 月 19 日。http://www.jianbo.org/Wssf/2003/jixusheng02.htm。
57. 房振三，〈釋諧〉，「簡帛研究網站」2005 年 9 月 25 日。http://www.jianbo.org/admin3/2005/fangzhensan002.htm。
58. 林文華，〈《天子建州》「強行」考〉，「簡帛網」2008 年 2 月 23 日。http://www.bsm.org.cn/show_article.php?id=795。
59. 林文華，〈《天子建州》釋讀五則〉，「簡帛網」2008 年 7 月 15 日。http://www.bsm.org.cn/show_article.php?id=852。
60. 林文華，〈《天子建州零釋》〉，「簡帛網」2007 年 10 月 10。http://www.bsm.org.cn/show_article.php?id=730。
61. 林聖峰，〈《上博六・孔子見季桓子》簡 5「君子行㤖弗視也……」句疏釋〉，「簡帛網」2008 年 9 月 30 日。http://www.bsm.org.cn/show_article.php?id=879。
62. 林聖峰，〈讀〈《上博六・孔子見季桓子》札記三則〉，「簡帛網」2008 年 7 月 12 日。http://www.bsm.org.cn/show_article.php?id=851。
63. 侯乃峰，〈《天子建州》「恥度」解〉，「簡帛網」2008 年 2 月 16 日。http://www.bsm.org.cn/show_article.php?id=792。

64. 侯乃鋒，〈《仲弓》篇「敢析」試解〉，「清華大學簡帛研究網－Confucius2000」2004年4月24日。http://www.confucius2000.com/confucian/zgphxsjie.htm。
65. 侯乃鋒，〈上博六賸義贅言〉，「簡帛研究網站」2007年10月30日。http://www.bsm.org.cn/show_article.php?id=742。
66. 俞志慧，〈〈子羔〉：」播諸」還是」采諸」畎畝之中〉，「簡帛研究網站」2003年1月24日。（網站已廢置，轉引自 http://big.hi138.com/wenxueyishu/gudaiwenxue/200605/72113.asp。）
67. 俞志慧，〈《從政》：「三誓」、「三制」或者「三愼」〉，「清華大學簡帛研究網－Confucius2000」2003年1月18日。http://www.confucius2000.com/confucian/cz3sszhss.htm。
68. 俞志慧，〈《魯邦大旱》句讀獻疑〉，「簡帛研究網站」2003年1月27日。http://www.bamboosilk.org/Wssf/2003/yuzhihui03.htm。
69. 胡瓊，〈《上博六》零札〉，「簡帛網」2008年7月1日。http://www.bsm.org.cn/show_article.php?id=846。
70. 范常喜，〈《上博五・弟子問》1、2號簡殘字補說〉，「簡帛網」2006年5月22日。http://www.bsm.org.cn/show_article.php?id=349。
71. 范常喜，〈上博簡《容成氏》和《天子建洲》中「鹿」字合證〉，「簡帛網」2007年8月10日。http://www.bsm.org.cn/show_article.php?id=695。
72. 范常喜，〈讀《上博六》札記六則〉，「簡帛網」2007年7月25日。http://www.bsm.org.cn/show_article.php?id=667。
73. 徐在國，〈上博竹書（二）文字雜考〉，「簡帛研究網站」2003年1月14日。http://www.jianbo.org/Wssf/2003/xuzaiguo02.htm；《學術界》（安徽：安徽省社會科學界聯合會，2003年第1期），頁100-101。
74. 晁福林，〈上博三《仲弓》篇簡序調整之一例〉，「簡帛研究網站」2004年6月6日。http://www.jianbo.org/admin3/list.asp?id=1211。
75. 秦樺林，〈上博簡《魯邦大旱》虛詞劄記〉，「簡帛研究網站」2003年2月15日。（網址已佚，文參 http://167.88.34.237/paper/96-jnrfpqfx871315664471.html）。
76. 秦樺林，〈楚簡《君子爲禮》札記一則〉，「簡帛網」2006年2月22日。http://www.bsm.org.cn/show_article.php?id=220。
77. 秦樺林，〈楚簡《魯邦大旱》「重命」解〉，「簡帛研究網站」2006年1月15日。http://www.bsm.org.cn/show_article.php?id=171。
78. 高佑仁，〈《孔子見季桓子》劄記（一）〉，「簡帛網」2007年9月8日。http://www.bsm.org.cn/show_article.php?id=715。
79. 高佑仁，〈談楚系「親」字的一種特殊寫法－兼釋《上博三・仲弓》「宥過與親」〉，「簡帛網」2007年9月25日。http://www.bsm.org.cn/show_article.php?id=724。

80. 高佑仁，〈論《魯邦大旱》、《曹沫之陣》之「飯」字〉，「簡帛研究網站」2005 年 2 月 20 日。http://www.jianbo.org/admin3/2005/gaoyouren001.htm。
81. 張振謙，〈上博（五）札記二則〉，「簡帛網」2006 年 2 月 27 日。http://www.bsm.org.cn/show_article.php?id=244。
82. 張崇禮（2007），〈釋《孔弓見季桓子》中的」榜専」〉，「簡帛研究網站」2007 年 7 月 31 日。http://jianbo.sdu.edu.cn/admin3/2007/lirui006.htm。
83. 張崇禮（2009），〈釋《容成氏》39 號簡的」斫剌」〉，「復旦大學出土文獻與古文字研究中心網站」，2009 年 1 月 25 日。http://www.gwz.fudan.edu.cn/SrcShow.asp?Src_ID=678。
84. 張崇禮，〈讀《天子建州》劄記〉，「簡帛研究網站」2007 年 10 月 9 日。http://www.jianbo.org/admin3/2007/zhangchongli010.htm。
85. 張豐乾，〈《民之父母》「得氣」說〉，「簡帛研究網站」2003 年 2 月 25 日。http://www.jianbo.org/Wssf/2003/zhangfengqian01.htm。
86. 曹建國，〈子游與《性自命出》〉，「簡帛研究網站」2003 年 8 月 15 日。http://www.bamboosilk.org/Wssf/2003/caojianguo05.htm。
87. 曹建國，〈讀上博簡〈子羔〉劄記〉，「簡帛研究網站」2003 年 1 月 12 日。http://www.bamboosilk.org/Wssf/2003/caojianguo01.htm。
88. 曹建敦，〈用新出竹書校讀傳世古籍札記一則——上博簡《內豊》校讀《大戴禮記》一則〉，「簡帛研究網站」2005 年 3 月 6 日。http://www.bamboosilk.org/showarticle.asp?articleid=1078。
89. 曹建敦，〈讀上博藏楚竹書《內豊》篇札記〉，「清華大學簡帛研究網－Confucius2000」2005 年 2 月 25 日。http://www.confucius2000.com/admin/list.asp?id=1629。
90. 梁靜，〈《孔子見季桓子》校讀〉，「簡帛網」2008 年 3 月 4 日。http://www.bsm.org.cn/show_article.php?id=798。
91. 梁濤，〈上博簡《內禮》與《大戴禮記・曾子》〉，「清華大學簡帛研究網－Confucius2000」2005 年 8 月 1 日。http://www.confucius2000.com/admin/list.asp?id=1881。
92. 許无咎，〈《內禮》札記一則〉，「簡帛研究網站」2005 年 3 月 1 日。（網站已廢棄，華韻國學交流網站有轉引內容，可參：http://www.guoxue.co/thread-32090-1-1.html。）
93. 郭永秉，〈讀《六德》、《子羔》、《容成氏》札記三則〉簡帛網 2006 年 5 月 26 日。http://www.bsm.org.cn/show_article.php?id=353。
94. 陳來，〈郭店楚簡與儒學的人性論〉，「簡帛研究網站」2008 年 8 月 22 日。http://www.jianbo.org/admin3/2008/chenlai001.htm。
95. 陳思婷，〈試釋《上博（四）・相邦之道》之「女迺」〉，「簡帛研究網站」2005 年 4 月 3 日。http://www.jianbo.org/admin3/2005/chensiting001.htm。

96. 陳英傑，〈讀上博簡（二）箚記五則〉，「簡帛研究網站」2003 年 2 月 15 日。http://www.jianbo.org/admin3/2005/chenyingjie002.htm。
97. 陳偉，〈《上海博物館藏戰國楚竹書》（二）零釋〉，「簡帛研究網站」2003 年 3 月 17 日。http://www.bamboosilk.org/Wssf/2003/chenwei03.htm。
98. 陳偉，〈《天子建州》校讀〉，「簡帛網」2007 年 7 月 13 日。http://www.bsm.org.cn/show_article.php?id=616
99. 陳偉，〈《孔子見季桓子》22 號簡試讀〉，「簡帛網」2007 年 7 月 24 日。http://www.bsm.org.cn/show_article.php?id=657。
100. 陳偉，〈《君子爲禮》9 號簡的綴合問題〉，「簡帛網」2006 年 3 月 6 日。http://www.bsm.org.cn/show_article.php?id=266。
101. 陳偉，〈《弟子問》零識（續）〉，「簡帛網」2006 年 3 月 7 日。http://www.bsm.org.cn/show_article.php?id=270。
102. 陳偉，〈《季康子問孔子》零識（續）〉，「簡帛網」2006 年 3 月 2 日。http://www.bsm.org.cn/show_article.php?id=255。
103. 陳偉，〈上海博物館藏戰國楚竹書《從政》校讀〉，「簡帛研究網站」2003 年 1 月 10 日。http://www.jianbo.org/Wssf/2003/chenwei01.htm。
104. 陳偉，〈上博五《弟子問》零釋〉，「簡帛網」2006 年 6 月 21 日。http://www.bsm.org.cn/show_article.php?id=215。
105. 陳偉，〈上博五《季康子問於孔子》零識〉，「簡帛網」2006 年 2 月 20 日。http://www.bsm.org.cn/show_article.php?id=210。
106. 陳偉，〈上博楚竹書《仲弓》「季桓子章」集釋〉，「簡帛網」2005 年 12 月 10 日。http://www.bsm.org.cn/show_article.php?id=129。
107. 陳偉，〈竹書《仲弓》詞句試解（三則）〉，「簡帛網」2005 年 11 月 6 日。http://www.bsm.org.cn/show_article.php?id=48。
108. 陳偉，〈讀《上博六》條記〉，「簡帛網」2007 年 7 月 9 日。http://www.bsm.org.cn/show_article.php?id=597。
109. 陳偉，〈讀《上博六》條記之二〉，「簡帛網」2007 年 7 月 10 日。http://www.bsm.org.cn/show_article.php?id=602。
110. 陳偉，〈讀《魯邦大旱》札記〉，「簡帛研究網站」2003 年 1 月 27 日。http://www.jianbo.org/Wssf/2003/chenwei02.htm。
111. 陳斯鵬，〈初讀上博竹書（四）文字小記〉，「簡帛研究網站」2005 年 3 月 6 日。http://www.jianbo.org/admin3/2005/chensipeng001.htm。
112. 陳斯鵬，〈初讀上博楚簡〉，「簡帛研究網站」2002 年 2 月 5 日。http://www.bamboosilk.org/wssf/2002/chensipeng01.htm。
113. 陳斯鵬，〈讀《上博竹書（五）》小記〉，「簡帛網」2006 年 4 月 1 日。http://www.bsm.org.cn/show_article.php?id=310。

114.陳劍，〈《上博（六）．孔子見季桓子》重編新釋〉，「復旦大學出土文獻與古文字研究中心網站」，2008 年 3 月 22 日。http://www.gwz.fudan.edu.cn/SrcShow.asp?Src_ID=383。又載《出土文獻與古文字研究（第二輯）》（上海：復旦大學出版社，2008 年 8 月），頁 167-187。

115.陳劍，〈上博竹書「葛」字小考〉，「簡帛網」2006 年 3 月 10 日。http://www.bsm.org.cn/show_article.php?id=279。

116.陳劍，〈上博竹書《仲弓》篇新編釋文（稿）〉，「簡帛研究網站」2004 年 4 月 18 日。http://www.jianbo.org/admin3/html/chenjian01.htm。

117.陳劍，〈上博簡〈子羔〉、〈從政〉篇的拼合與編連問題小議〉，「簡帛研究網站」2003 年 1 月 8 日。http://www.bamboosilk.org/Wssf/2003/chenjian01.htm。

118.陳劍，〈上博簡《民之父母》「而得既塞於四海矣」句解釋〉，「簡帛研究網站」2003 年 1 月 18 日。http://www.bamboosilk.org/Wssf/2003/chenjian03.htm。

119.陳劍，〈談談《上博（五）》的竹簡分篇、拼合與編聯問題〉，「簡帛網」2006 年 2 月 19 日。http://www.bsm.org.cn/show_article.php?id=204。

120.陳霖慶，〈再議《性自命出》作者及學派（摘要）〉，「簡帛研究網站」2004 年 4 月 11 日。（網站已廢置，轉引自 http://jdyjs.sysu.edu.cn/Itcm/350.aspx。）

121.單育辰，〈佔畢隨錄之二〉，「簡帛網」2007 年 7 月 28 日。http://www.bsm.org.cn/show_article.php?id=676。

122.單育辰，〈佔畢隨錄之十五〉，復旦大學出土文獻與古文字研究中心網站，2011 年 7 月 23 日。http://www.gwz.fudan.edu.cn/SrcShow.asp?Src_ID=1606。

123.彭林，〈思孟心性說簡論〉，「簡帛研究」2003 年 9 月 20 日。（網站已廢置，轉引自 http://tieba.baidu.com/p/138402633。）

124.彭裕商，〈上博簡《民之父母》對讀《禮記．孔子閒居》〉，「簡帛研究網站」2004 年 3 月 13 日。http://www.jianbo.org/admin3/list.asp?id=1120。

125.復旦大學出土文獻與古文字研究中心研究生讀書會（2008），〈《上博七．武王踐阼》校讀〉，「復旦大學出土文獻與古文字研究中心網站」2008 年 12 月 31 日。http://www.guwenzi.com/SrcShow.asp?Src_ID=576。

126.復旦大學出土文獻與古文字研究中心學生讀書會，〈攻研雜志（三）——讀《上博（六）．孔子見季桓子》札記（四則）〉，「復旦大學出土文獻與古文字研究中心網站」，2008 年 3 月 22 日。http://www.gwz.fudan.edu.cn/SrcShow.asp?Src_ID=439。

127.黃人二、林志鵬，〈上博藏簡第三冊仲弓試探〉，「簡帛研究網站」2004 年 4 月 23 日。http://www.jianbo.org/ADMIN3/HTML/huangrener01.htm。又，《文物》（北京：文物出版社，2006 年 1 期），頁 82-86。

128.楊朝明，〈上博竹書《從政》篇分章釋文〉，「簡帛研究網站」2003 年 5 月 11 日。http://www.jianbo.org/Wssf/2003/yangchaoming03.htm。

129.楊澤生，〈《上海博物館所藏竹書》（二）補釋〉，「簡帛研究網站」2003年2月15日。http://www.jianbo.org/Wssf/2003/yangzesheng02.htm。
130.楊澤生，〈《上博五》零釋十二則〉，「簡帛網」2006年3月20日。http://www.bsm.org.cn/show_article.php?id=296。
131.楊澤生，〈上博竹書第三冊零釋〉，「簡帛研究網站」2004年4月29日。http://www.jianbo.org/admin3/html/yangzesheng02.htm。
132.楊澤生，〈讀《上博六》小劄〉，「簡帛網」2007年7月21日。http://www.bsm.org.cn/show_article.php?id=647。
133.楊澤生，〈讀《上博六》劄記（三則）〉，「簡帛網」2007年7月24日。http://www.bsm.org.cn/show_article.php?id=658。
134.楊懷源，〈讀上博簡《中弓》札記四則〉，「簡帛研究網站」2004年8月7日。http://www.jianbo.org/admin3/html/yanghuaiyuan01.htm。
135.楊懷源，〈讀上博簡《中弓》札記四則補〉，「簡帛研究網站」2004年9月20日。http://www.jianbo.org/ADMIN3/HTML/yanghuaiyuan02.htm。
136.董珊，〈讀《上博六》雜記〉，「簡帛網」2007年7月10日。http://www.bsm.org.cn/show_article.php?id=603。
137.董珊，〈讀《上博藏戰國楚竹書（四）》雜記〉，「簡帛研究網站」2005年2月20日。http://www.jianbo.org/admin3/2005/dongshan001.htm。
138.裘錫圭，〈《天子建州》（甲本）小札〉，「簡帛網」2007年7月16日。http://www.bsm.org.cn/show_article.php?id=627。
139.鄒濬智，〈經學詮解《上博・緇衣》疑字三則〉，「簡帛研究網站」2003年1月11日。http://www.bamboosilk.org/showarticle.asp?articleid=476。
140.雷黎明，〈試析上博簡《孔子見季桓子》第22簡中的」吾子」——兼論孔子的」知言」觀〉，「復旦大學出土文獻與古文字研究中心網站」，2008年3月22日。http://www.guwenzi.com/SrcShow.asp?Src_ID=714。
141.廖名春，〈《上博五・君子爲禮》篇校釋劄記〉，「清華大學簡帛研究網——Confucius2000」2006年2月28日。http://www.confucius2000.com/admin/list.asp?id=2276。
142.廖名春，〈《魯邦大旱》的「重命」和「寺乎名」〉，「簡帛研究網站」2003年6月5日。http://www.jianbo.org/Wssf/2003/liaomingchun02.htm。
143.廖名春，〈楚簡《仲弓》篇與《論語・子路》篇仲弓章對讀劄記〉，「清華大學簡帛研究網－Confucius2000」2005年4月4。http://www.confucius2000.com/admin/list.asp?id=1694。
144.廖名春，〈讀楚竹書《內豊》篇劄記〉，「清華大學簡帛研究網－Confucius2000」2005年2月19日。http://www.confucius2000.com/admin/list.asp?id=1617。

145.福田哲之，〈《孔子見季桓子》1 號簡的釋讀與綴合〉，「簡帛網」2007 年 8 月 6 日。http://www.bsm.org.cn/show_article.php?id=689。

146.福田哲之，〈上博四〈內禮〉附簡、上博五〈季康子問於孔子〉簡 16 的歸屬問題〉，「簡帛網」2006 年 3 月 7 日。http://www.bsm.org.cn/show_article.php?id=271。

147.趙建偉，〈「民有娛心」與「民有順心」說——上博簡（一）拾零之二〉，「簡帛研究網站」2003 年 8 月 30 日。http://www.bamboosilk.org/Wssf/2003/zhaojianwei04.htm。

148.趙炳清，〈《昔者君老》與楚國的太子教育〉，「簡帛研究網站」2005 年 4 月 30 日。（網站已廢置，轉引自 http://www.guoxue.co/thread-32058-1-1.html）。

149.趙炳清，〈上博簡三《仲弓》的編聯及講釋〉，「簡帛研究網站」2005 年 4 月 10 日。http://www.jianbo.org/admin3/2005/zhaobinqing002.htm。

150.趙苑夙，〈論《孔子見季桓子》之「盈於人」〉，「簡帛網」2008 年 6 月 28 日。http://www.bsm.org.cn/show_article.php?id=844。

151.趙苑夙，〈釋《孔子見季桓子》簡 17」興道學淫，言不當其所」〉「簡帛網」2008 年 6 月 24 日。http://www.bsm.org.cn/show_article.php?id=843。

152.趙健偉，〈談上博簡《緇衣》札記〉，「簡帛研究網站」2003 年 9 月 9 日。http://www.bamboosilk.org/showarticle.asp?articleid=749。

153.劉信芳，〈《上博藏六》試解之三〉，「簡帛網」2007 年 8 月 9 日。http://www.bsm.org.cn/show_article.php?id=694。

154.劉信芳，〈上博藏竹書試讀〉，「簡帛研究網站」2003 年 1 月 9 日。http://www.bamboosilk.org/wssf/2003/liuxinfang01.htm。

155.劉信芳，〈上博藏楚簡《從政》「四毋」補釋〉，「簡帛研究網站」2003 年 2 月 3 日。http://www.bamboosilk.org/Wssf/2003/liuxinfang02.htm。

156.劉信芳，〈關於上博藏楚簡的幾點討論意見〉，「簡帛研究網站」2002 年 2 月 13 日。http://www.bamboosilk.org/Wssf/2002/liuxinfang01.htm。

157.劉洪濤，〈上博五《弟子問》小考兩則〉，「簡帛網」2006 年 7 月 5 日。http://www.bsm.org.cn/show_article.php?id=375。

158.劉洪濤，〈談上海博物館藏戰國竹書《君子爲禮》的拼合問題〉，「簡帛網」2006 年 9 月 6 日。http://www.bsm.org.cn/show_article.php?id=415。

159.劉洪濤，〈讀上博竹書《天子建州》箚記〉，「簡帛網」2007 年 7 月 12 日。http://www.bsm.org.cn/show_article.php?id=612。

160.劉國勝，〈上博（五）零札（六則）〉，「簡帛網」2006 年 3 月 31 日。http://www.bsm.org.cn/show_article.php?id=307。

161.劉樂賢，〈《性自命出》的學派性質〉，「簡帛研究網站」2000 年 3 月 3 日。http://www.bamboosilk.org/Wssf/Liulexuan.htm。

162.劉樂賢，〈讀上博簡《民之父母》等三篇札記〉，「簡帛研究網站」2003 年 1 月 10 日。http://www.bamboosilk.org/wssf/2003/liulexian01.htm。

163.墨子涵，〈《天子建州》中所見反印文、未釋字及幾點臆斷〉，「簡帛網」2007 年 12 月 25 日。http://www.bsm.org.cn/show_article.php?id=764。

164.鄭玉姍，〈上博〈子羔〉十一簡字管見〉，「簡帛研究網站」2003 年 3 月 19 日。http://www.bamboosilk.org/Wssf/2003/zhenyushan04.htm。

165.鄭玉姍，〈上博〈子羔〉十一簡字管見補述〉，「簡帛研究網站」2003 年 3 月 25 日。http://www.bamboosilk.org/Wssf/2003/zhenyushan05.htm。

166.鄭玉姍，〈由《上博三・仲弓》的「[illegible]」、「[illegible]」等字討論上博簡與郭店簡中從「興」、「遷-」、「興」的字〉，「簡帛研究網站」2005 年 2 月 20 日。http://www.jianbo.org/admin3/2005/zhengyushan001.htm。

167.黎廣基，〈上博楚竹書（二）叢考——「無體之禮，日逑月相」〉，「簡帛研究網站」2004 年 5 月 12 日。http://www.jianbo.org/admin3/html/liguangji02.htm。

168.冀小軍，〈《季康子問於孔子》補說〉，「簡帛網」2006 年 6 月 26 日。http://www.bsm.org.cn/show_article.php?id=372。

169.冀小軍，〈釋楚簡中的[illegible]字〉，「簡帛研究網站」2002 年 7 月 21 日。http://www.bamboosilk.org/wssf/2002/jixiaojun01.htm。

170.禤健聰，〈上博《緇衣》「[illegible]」字試析〉，「簡帛研究網站」2003 年 12 月 13 日。http://www.bamboosilk.org/showarticle.asp?articleid=809。

171.禤健聰，〈上博楚簡（五）零札（一）〉，「簡帛網」2006 年 2 月 24 日。http://www.bsm.org.cn/show_article.php?id=226。

172.禤健聰，〈上博簡（三）小札〉，「簡帛研究網站」2004 年 5 月 12 日。http://www.jianbo.org/admin3/html/xuejiancong01.htm。

173.雖然，〈「上海博物館藏戰國楚竹書學術研討會」綜述〉，「簡帛研究網站」2003 年 6 月 3 日。http://www.jianbo.org/Xyxw/2003/suiran01.htm。

174.顏世鉉，〈上博楚竹書散論（二），「簡帛研究網站」2002 年 4 月 18 日。http://www.bamboosilk.org/wssf/2002/yanshixuan02.htm。

175.顏世鉉，〈上博楚竹書散論（三）〉，「簡帛研究網站」2003 年 1 月 19 日。http://www.jianbo.org/Wssf/2003/yuanshixuan01.htm。

176.龐樸，〈試說「五至三無」〉，「簡帛研究網站」2003 年 1 月 15 日。http://www.jianbo.org/Wssf/2003/pangpu02.htm。

177.龐樸，〈再說「五至三無」〉，「簡帛研究網站」2003 年 3 月 12 日。http://www.bamboosilk.org/Wssf/2003/pangpu03.htm。

178.蘇建洲（2009），〈釋《孔子見季桓子》簡 13「色不察」〉，「復旦大學出土文獻與古文字研究中心網站」2009 年 4 月 14 日。http://www.guwenzi.com/Srcshow.asp?Src_ID=750。

179.蘇建洲，〈《上博（二）・從政甲篇》考釋一則〉，「簡帛研究網站」2003 年 6 月 16 日。http://www.bamboosilk.org/Wssf/2003/sujianzhou20.htm。

180.蘇建洲，〈《上博六・孔子見季桓子》小札二則〉，「簡帛網」2007 年 7 月 23 日。http://www.bsm.org.cn/show_article.php?id=653。

181.蘇建洲，〈《民之父母》簡 1「[illegible]」字再議〉，「簡帛研究網站」2003 年 2 月 27 日。http://www.jianbo.org/Wssf/2003/sujianzhou11.htm。

182.蘇建洲，〈上博〈子羔〉十一簡[illegible]字再議〉，「簡帛研究網站」2003 年 2 月 20 日。http://www.bamboosilk.org/Wssf/2003/sujianzhou10.htm。

183.蘇建洲，〈上博〈子羔〉十一簡[illegible]字考釋〉，「簡帛研究網站」2003 年 2 月 8 日。http://www.bamboosilk.org/Wssf/2003/sujianzhou07.htm。

184.蘇建洲，〈上博楚竹書《容成氏》、《昔者君老》考釋四則〉，「簡帛研究網站」2003 年 1 月 15 日。http://www.jianbo.org/Wssf/2003/sujianzhou04.htm。

185.蘇建洲，〈上博簡〈子羔〉十一簡[illegible]字三議〉，「簡帛研究網站」2003 年 2 月 21 日。http://www.bamboosilk.org/Wssf/2003/sujianzhou13.htm。

186.蘇建洲，〈讀《上博（六）・天子建州》筆記，「簡帛網」2007 年 7 月 22 日。http://www.bsm.org.cn/show_article.php?id=652。

187.蘇建洲，〈讀《上博六・孔子見季桓子》筆記〉，「簡帛網」2007 年 7 月 24 日。http://www.bsm.org.cn/show_article.php?id=659。

188.蘇建洲〈讀《上博（六）・孔子見季桓子》筆記之二〉（「簡帛網」2007 年 8 月 28 日。http://www.bsm.org.cn/show_article.php?id=706。